¡RENUÉVATE!

¡RENUÉVATE!

SEIS MENTALIDADES QUE TE CONVERTIRÁN EN EL SER QUE FUISTE CREADO

STEVEN FURTICK

FaithWords

NEW YORK   NASHVILLE

FaithWords
Hachette Book Group
1290 Avenue of the Americas, New York, NY 10104
faithwords.com
twitter.com/faithwords

Primera edición en español: abril 2024

FaithWords es una división de Hachette Book Group, Inc.
El nombre y logotipo de FaithWords corresponden a una
marca registrada de Hachette Book Group, Inc.

La editorial no es responsable de los sitios web (o su contenido)
que no son propiedad de la editorial.

Los libros de FaithWords se pueden comprar al por mayor para uso
comercial, educativo o promocional. Para obtener más información,
comuníquese con su librero local o con el Departamento de Mercados
Especiales de Hachette Book Group a special.markets@hbgusa.com.

Traducción, edición y corrección en español por LM Editorial Services
| lmeditorial.com | lydia@lmeditorial.com con la colaboración de
Belmonte Traductores (traducción del texto).

ISBN: 978-1-5460-0778-4 (tapa blanda)
E-ISBN: 978-1-5460-0779-1 (libro electrónico)

Impreso en los Estados Unidos de América | Printed in the USA

LSC-C

Printing 1, 2024

A mamá: tú convertías las piñas secas en platino.

ÍNDICE

MENTALIDAD 1

NO ESTOY ESTANCADO, A MENOS QUE ME DETENGA

PASO DE ACCIÓN: COMPROMÉTETE A PROGRESAR.

MENTALIDAD 2

CRISTO ESTÁ EN MÍ, POR LO QUE SOY SUFICIENTE

PASO DE ACCIÓN: ACEPTA TU YO.

MENTALIDAD 3

CON DIOS, SIEMPRE HAY UN CAMINO Y POR LA FE LO ENCONTRARÉ

PASO DE ACCIÓN: ENFÓCATE EN LA POSIBILIDAD.

MENTALIDAD 4

DIOS NO ESTÁ EN MI CONTRA; ÉL ESTÁ CONMIGO, OBRANDO A TRAVÉS DE MÍ Y PELEANDO POR MÍ.

PASO DE ACCIÓN: CAMINA CON CONFIANZA.

MENTALIDAD 5

ESTAR ALEGRE ES MI TAREA.

PASO DE ACCIÓN: APRÓPIATE DE TUS EMOCIONES.

MENTALIDAD 6

DIOS ME HA DADO TODO LO QUE NECESITO PARA LA TEMPORADA EN LA QUE ESTOY.

PASO DE ACCIÓN: ACEPTA TU PRESENTE.

LA TRAMPA, LA CAMINADORA Y EL YO VERDADERO

Una semana antes de irse a la universidad, mi hijo mayor me hizo una pregunta: «De todo lo que me has enseñado, ¿cuál es el mejor consejo que puedes darme en este momento?».

En ese momento no vino a mi mente ninguna respuesta profunda. La idea misma del «mejor» consejo me asusta un poco, como si se esperara de mí que condensara la sabiduría del mundo en una sola frase y la cincelara en una tabla de piedra. Yo no soy Moisés.

No sé cuál es el mejor consejo, pero sí sé cuál habría sido el peor consejo.

«Simplemente sé tú mismo».

Bueno, tal vez ese no es el peor consejo del mundo, pero por ahí está. ¿Por qué? Porque «tú mismo» es alguien a quien todavía no has conocido muy bien. Sin duda, no cuando te graduaste de la secundaria y, si somos sinceros, probablemente tampoco en ningún momento poco después de eso.

«Ser tú mismo» significa ser como eres, pero ¿realmente te conoces a ti mismo cuando tienes dieciocho años? ¿O cuando tienes veintiocho? ¿O cuando tienes ochenta, si vamos al caso? Con frecuencia, tu autopercepción está formada en su mayor parte por tu experiencia en la vida hasta ese momento, lo cual te conduce a una creencia sobre cómo son las cosas y siempre serán.

No me malentiendas. No estoy diciendo que *no* seas tú mismo. No estoy diciendo que seas otra persona. Ser tu yo pleno, auténtico y único es una meta sólida por la que esforzarte y un lugar sano en el que estar. Además, soltar la presión de compararte constantemente con otros es liberador. Por lo tanto, estoy totalmente a favor de la autoaceptación. Después de todo, ¿quién si no serías tú?

> Si te comprometes excesivamente con tu concepto de quién eres hoy, eso te aleja de lo que podrías llegar a ser mañana.

Y, sin embargo, si te comprometes excesivamente con tu concepto de quién eres hoy, eso te aleja de lo que podrías llegar a ser mañana. Ese es el problema de «ser tú mismo».

No te hace libre. Te mantiene paralizado.

No es consciencia de ti mismo. Es autosabotaje.

No es la verdad. Es una trampa.

LA CAMINADORA

Creo que la mayoría de nosotros entendemos instintivamente, tarde o temprano, que «ser simplemente tú mismo» no es suficiente. Quienes hemos sido hasta este punto puede llevarnos solamente hasta cierto lugar. Estoy seguro de que hay algunas cosas acerca de ti mismo que quieres modificar, y algunas otras que quieres transformar por completo. Sé que para mí las hay.

Por lo tanto, lo que hacemos normalmente es lo siguiente: escapamos de la trampa del «sé tú mismo» solamente para subirnos a la caminadora del «yo futuro», la cual resulta ser casi tan limitante e incluso más agotadora.

¿Quién es tu yo futuro? Eres tú, pero con una fe más grande, mejores amigos, un estómago plano, libertad financiera total, y una perfección casi absoluta en cada momento, para siempre y siempre, amén. El yo futuro es la versión brillante y perfecta de ti mismo. Es quien te gustaría poder ser. Es quien crees que deberías ser. Es quien serías si simplemente lo intentaras con más fuerza.

Tras perseguir el yo futuro por un tiempo y no llegar nunca a alcanzarlo, te quedas agotado y con frecuencia un poco abochornado. Pero no te preocupes, pues siempre hay otro rumbo, otro producto, otra dieta, otro plan, otro servicio en la iglesia u otra resolución de Año Nuevo que promete que, *esta vez*, realmente llegarás a ser tu yo futuro. Por lo tanto, te quedas en la caminadora, corriendo en el mismo lugar, persiguiendo una meta que sencillamente está fuera de tu alcance.

Mientras tanto, pasan días, semanas, meses y años, pero no puedes llegar a disfrutarlos porque estás sin aliento, persiguiendo a la persona que crees que podrías ser. La persona de la que estarías orgullosa. La persona que por fin será digna de aceptación, éxito, amor y satisfacción.

El problema, claro está, es que tu yo futuro es mayormente un delirio; es un espejismo que nunca puedes alcanzar. Y, con frecuencia, esa visión ni siquiera viene de tu interior, sino que se parece más a un rollo de reflejos de las supuestas fortalezas y éxitos de otra persona. Sin embargo, tú solamente ves sus reflejos, pero no sabes lo que está oculto en su interior, o lo que está oculto en tu interior.

Si *ser tú mismo* es una trampa que evita que crezcas, el *yo futuro* es una caminadora que mata el contentamiento. Si trabajas constantemente desde la suposición de que necesitas llegar a ser algo que no eres, nunca serás feliz con quién eres ahora, y podrías morir intentando producir algo que desde un principio nunca estuvo en tu interior.

EL YO VERDADERO

Por lo tanto, si *ser tú mismo* te ha dejado estancado y el *yo futuro* te ha dejado desalentado, ¿dónde deberías acudir? ¿Dónde debería conducirte la búsqueda de la identidad propia y la autoaceptación?

Al *verdadero yo*.

El ser que Dios creó en ti. La persona que Él conoce, ve y en la que cree. Esa persona incluye quién eres en el presente, pero no se queda ahí. Probablemente engloba muchos de los anhelos y los sueños que tienes para el futuro, pero no es frustrada por el hecho de que todavía no has llegado hasta ese punto.

Creo con todo mi corazón que Dios quiere que te veas a ti mismo como Él te ve, que es mucho más plenamente que como te ves a ti mismo. Entonces, Él quiere ayudarte a poner en práctica y vivir esa identidad que te ha dado.

Ese es el corazón y el centro de este libro: ayudarte a alinear tus mentalidades con la visión de Dios para ti, de modo que puedas vivir la versión más auténtica de ti mismo.

> Alinea tus mentalidades con la visión de Dios para ti, de modo que puedas vivir la versión más auténtica de ti mismo.

Después de todo, todavía no has llegado a conocer tu yo por completo. Pero Dios sí lo conoce; Él conoció esa versión de ti, porque fue Él quien creó esa versión de ti. La verdad de ti se sigue desarrollando en tu vida, pero Dios la conoce por completo.

Solamente Dios ve más allá de la personalidad que tú has mostrado hasta ahora; ve más allá de las circunstancias que has experimentado y que ayudaron a moldear la edición actual de ti; ve todo el camino hasta el ser que fuiste creado. Dios te ha conocido desde antes de que nacieras. Él sabe lo que puso en tu interior y lo que está llamando en ti.

Cuando Dios llamó a Jeremías a ser un profeta, primero tuvo que convencer a Jeremías de que era suficiente para su ministerio profético. Jeremías lo estaba pasando mal para ver más allá de la persona que había sido hasta ese momento. Dios dijo: «Antes de formarte en el vientre, ya te había elegido; antes de que nacieras, ya te había apartado; te había nombrado profeta para las naciones» (Jeremías 1:5).

Jeremías no se veía a sí mismo como profeta; pensaba que era demasiado joven, demasiado débil, y estaba demasiado asustado. Sin embargo, Dios le dijo: «Antes...ya te había elegido».

Piensa en eso.

Antes.

Él conocía a Jeremías antes de que naciera, antes de que el mundo lo hubiera herido, antes de que personas se burlaran de él o el temor lo silenciara.

Dios conocía al Jeremías real porque fue Él quien lo creó. Por lo tanto, le dijo: «Jeremías, escúchame. Yo te imaginé. Yo te formé. Yo te aparté y te elegí. Yo te nombré, y voy a estar contigo. ¿Qué más necesitas?». Cuando Jeremías creyó eso, lo cambió todo.

Sucederá lo mismo contigo.

Dios te conocía antes. Él te conocía antes de que nacieras. Te conocía antes de que este mundo te agarrara. Te conocía antes de que llegara la depresión. Te conocía antes de que te amenazaran las acusaciones falsas. Te conocía antes de que fueras abusado y abandonado. Mucho antes del error, antes del fracaso, antes de la adicción, Dios dijo: «Ya te conocía».

Él...te...conocía.

Él sabía que tendrías dificultades económicas. Sabía que tendrías problema para quedar embarazada. Sabía que batallarías con tu salud. Sabía que estarías lidiando con la depresión. Sabía que necesitarías un empleo. Él conocía los retos que atravesaría tu matrimonio y las necesidades que enfrentarían tus hijos.

Él sabía todo eso, y lo vio todo. Y declaró: «Yo tengo planes para ti. Tengo un lugar para ti. Tengo un propósito para ti».

El yo que Dios ve es el que todavía sigue pateando, todavía sigue adelante, todavía sigue aguantando. Es el yo que está a la espera de salir. Es el yo que va a cobrar vida.

Es el yo que este mundo no corromperá. Es el yo que el drama no distrajo y el trauma no pudo matar.

Fuiste creado y formado por un Dios cuya creatividad no conoce fin. Él dice que fuiste hecho maravillosamente, que Él te entretejió y te formó en el vientre, que tus días están escritos en su libro. Él es un Dios que cuenta las estrellas y a todas las llama por nombre. Él cuenta los cabellos de tu cabeza, y ve el periodo de vida de las aves. Su conocimiento de ti es tan específico como infinito. Lo engloba todo, desde cabellos y aves hasta las estrellas, de modo que indudablemente te incluye a ti: cada parte de ti, incluyendo las partes que no conoces aún y las partes que tú consideraste un error.

> Su conocimiento de ti es tan específico como infinito. Lo engloba todo, desde cabellos y aves hasta las estrellas, de modo que indudablemente te incluye a ti: cada parte de ti, incluyendo las partes que no conoces aún y las partes que tú consideraste un error.

Dios te conocía antes de crearte, como conocía a Jeremías, y el yo que Él conocía es el yo que Él llama a salir a la superficie. Tú eres la misma persona, pero es una versión nueva, una interacción nueva, una comprensión mayor, una experiencia más plena, y una definición ampliada de tu yo.

El *nuevo* yo, el yo *renovado*, es el que Dios *conocía*.

Y ese es el verdadero yo.

Podría ser desconocido para ti, al menos en parte y al menos hasta ahora, pero Dios lo ha conocido desde antes de crearte.

Aprender a «renovarte» te saca de la trampa de ser tú

mismo y de la caminadora del yo futuro. No tienes que conformarte con menos de lo que eres, y no tienes que esforzarte para ser lo que no eres. Sencillamente, tienes que verte a ti mismo como Dios te ve y después caminar en ese «yo renovado».

¿Estás preparado para salir de la trampa? ¿Estás preparado para salir de los patrones de pensamiento y las configuraciones por defecto de tu pasado? ¿Para salir de la historia del presente donde te ves a ti mismo como un esclavo de tu personalidad y tu programación?

¿Estás listo para bajarte de la caminadora? ¿Para no desperdiciar más días deprimiéndote a ti mismo al compararte con un ideal, una versión irreal de una persona que Dios no creó en un principio? ¿Estás listo para no esperar más para sentirte digno o terminar molido para estar a la altura de algo que está más allá de ti?

Es posible, pero no siempre es sencillo. Me gustaría poder decirte que hay una única decisión que podrías tomar para aceptarte a ti mismo tal como eres ahora, con todas las debilidades, a la vez que te vas desarrollando simultáneamente hacia el siguiente nivel de fortaleza que Dios tiene para ti, pero no funciona de ese modo. El verdadero yo intenta abrirse camino siempre, pero es una salida que no carece de tensión. Es una tensión con la que yo estoy demasiado familiarizado.

Conozco la tensión de vivir con quien soy en este momento y desear y querer convertirme en el ser que fui creado desde un principio. Conozco la vergüenza de no estar a la altura de mis expectativas para mi propia madurez cuando he estado estresado o enojado. Las veces en las que sé que soy capaz de hacer más, de hacerlo bien y, sin embargo, una vez más me he quedado corto. Puede ser un sentimiento muy confuso y muy contradictorio.

He tenido momentos en los que compartí sabiduría con mi hijo mayor mientras levantábamos pesas juntos, y me sentía como Yoda, Warren Buffett y Billy Graham todos en uno. Sin embargo, también he tenido otros momentos en los que me sentí más como Homer Simpson (personaje de "Los Simpson").

He tenido momentos como cuando llevé a mi hija a ver la obra teatral *Hamilton* en Nueva York, y creamos una eliminatoria con las mejores canciones de *Hamilton*, y me dije a mí mismo que ella probablemente nunca encontraría a un hombre tan bueno como yo. Sin embargo, también he tenido momentos en los que expresé a Dios mi esperanza de que ella nunca se case con alguien tan impaciente e irritable como puedo serlo yo mismo.

He experimentado ambas cosas.

Todos hemos experimentado ambas cosas.

Todos estamos familiarizados con la trampa de ser tú mismo y la caminadora del yo futuro. Estoy seguro de que tú también has tenido momentos de victoria seguidos por momentos de derrumbe, pero las victorias cumplen un propósito. Te hacen saber que es posible llegar a ser esa persona de la que viste un destello. No solo ocasionalmente, y tampoco de vez en cuando.

Esa persona que ves es el *yo verdadero* que se abre camino.

Piénsalo. Date permiso a ti mismo para creerlo.

Los momentos en los que actúas por un instinto de ser generoso. Los momentos en los que escogiste la libertad antes que la adicción. Los momentos en los que escogiste la compasión por encima del juicio. Los momentos en los que, en lugar de deslizarte hacia una conducta autodestructiva, realmente hiciste lo que sabes que te hará sentir mejor al final del día.

¿Has tenido esa clase de momentos? ¿Sientes un impulso hacia algo que Dios está haciendo en tu interior? ¿Sientes que hay algo más dentro de ti que lo que has visto hasta ahora? De eso estamos hablando en este libro: esa tensión. Ese espacio. Esa brecha entre quién eres en la actualidad y dónde te está llevando Dios.

Esos momentos de avance y victoria son recordatorios de que fuiste creado a imagen de Dios para hacer buenas obras, y el verdadero yo, el yo renovado, te está dejando saber: «Estoy aquí. Estoy preparado. Estoy esperando. Esta es tu invitación. ¡Vamos!».

En este libro voy a hablar de seis mentalidades, seis afirmaciones, para que las grabes profundamente en tu espíritu. Quiero que tengas una voz en tu cabeza que suene más parecida al Espíritu Santo y menos a tus viejos hábitos. Piensa en ellas como si fueran seis descargas del cielo para actualizar tu mente y renovar tu vida. Algunas de ellas podrían parecerte poco familiares, pero han estado en ti todo el tiempo; simplemente no han echado raíces. Tal vez ya estás haciendo parte de ellas, pero Dios quiere que experimentes más.

El consejo que di a mi hijo es el mensaje que me emociona compartir contigo.

No te conformes solamente con «ser tú mismo». Y no desperdicies ni un día más persiguiendo el «yo futuro».

El nuevo yo y la renovación no están esperando en el futuro.

Puedes entrar en ellos en este momento.

CAPÍTULO 1

EL YO RENOVADO

¿QUÉ YO SERÉ?

Cada día, sobre las seis de la mañana cuando suena mi alarma, comienzan las decisiones.

¿Dar vueltas en la cama sin pensar durante quince minutos, o abrir mi aplicación de la Biblia y leer el siguiente capítulo? ¿Una taza de café o dos? (Porque ninguna taza no es una opción). ¿Camiseta de color negro o de color blanco? (Porque la mayoría de los días soy bastante aburrido cuando se trata de mi armario). ¿Cepillarme los dientes y después hacer la cama, o al contrario? ¿Escribir en mi diario de gratitud en primer lugar, o la oración? ¿Ducha fría como sugirió ese tipo en YouTube, o ducha caliente como un ser humano normal?

Las opciones vuelan a un kilómetro por minuto en mi mente. Realmente debería tener fijada la rutina en la mañana. Las decisiones son abrumadoras, y a duras penas me he levantado de la cama.

Voy a la cocina. ¿Debería pasar por alto los platos que

hay en el fregadero, o lavarlos? ¿Debería quejarme de que mis hijos no ayudan y son perezosos, o enfocar ese sencillo acto de paternidad responsable como un mártir en silencio? Los escucho discutiendo en el piso de arriba, tocando sus puntos sensibles con una precisión profesional, inventando problemas por los que pelearse que impresionarían a cualquier político. ¿Cómo responderé? ¿Gritaré para que ellos dejen de gritar, o me mantendré en modo adulto, sabiendo que ningún problema puede resolverse intentando ponerme al nivel de la energía hormonal de los adolescentes que lo crearon?

Tengo una lista de quehaceres que escribí en un cuaderno, tengo hijos con horarios que ellos nunca anotan por completo, y tengo una esposa que se merece todo de mí. Tengo un equipo que liderar, un mensaje que escribir, una sesión de composición que me atemoriza y a la vez anticipo, porque no sé si conseguiremos algo bueno…pero ¿y si lo conseguimos? Estoy viendo el día mediante un delgado residuo de arrepentimiento por cosas que no quise decir ayer, o por una bondad que tenía intención de mostrar, pero no pude llegar a conseguir que saliera de mi boca.

Algunas veces, parece que mi mente es como uno de los hormigueros que solíamos patear en el patio de mi abuela cuando íbamos a visitarla en el otoño. En aquel entonces huíamos de las hormigas, pero no hay ningún lugar donde poder huir del movimiento constante de mi mente. Supongo que por eso los psicólogos lo llaman síndrome del pensamiento automático negativo. Lo único que hice fue despertar y comenzar a pensar en mi día, y los túneles del hormiguero comenzaron a derrumbarse y ahora las hormigas del pensamiento automático negativo me persiguen.

Inundando las decisiones y las dudas, los lamentos y las resoluciones, los planes y las preocupaciones, hay una decisión que debo tomar. Es la decisión más importante, la que da forma a todas las demás.

¿Qué yo seré?

La vida cambia y se mueve, algunas veces sutilmente y otras repentinamente. ¿Qué versión de mí mismo llevaré a la siguiente etapa de mi desarrollo? ¿Será el yo que es más sabio debido a las heridas del ayer, o el yo que está atrapado en la amargura del resentimiento y la culpabilidad del arrepentimiento?

¿Quién responderá en la puerta cuando las tentaciones llamen y una voz en mi cabeza susurre: *Nadie lo sabrá, te lo mereces, no es tan malo?* ¿Será el yo que está enfocado en lo que quiero verdaderamente, que es estar cerca de Dios y honrarlo en todos mis caminos, o el yo que está clavado en lo que anhelo ahora: deleite, escape, alivio?

¿Qué yo llevaré a esta batalla?

¿Qué yo llevaré a este momento?

¿Qué yo llevaré a esta temporada?

Es la decisión que también tú tienes que enfrentar. ¿Qué *yo* serás? Ya sea por defecto o por diseño, tomas esta decisión

¿Qué yo serás?

en cada momento, en cada situación, en cada relación, ante la puerta abierta de cada oportunidad y la puerta cerrada de cada decepción. Tú decides quién ser y cómo mostrarlo.

El otro día iba de camino hacia el estudio de grabación para una sesión de composición. Tenía una letra en mi cabeza que no quería olvidar, de modo que la grabé en mi teléfono mientras conducía. Era parecido a lo siguiente: «Jesús, por favor sé paciente conmigo. Estoy muy lejos de la persona que quiero ser».

En el momento exacto en que terminé de entonar esa línea en mi teléfono, alguien se interpuso delante de mí en el tráfico. Sin pensarlo, grité: «¡Idiota!».

Está claro que la persona no me escuchó, pero mi teléfono seguía grabando. Por lo tanto, ahora tenía una nota de voz con lo siguiente: «Jesús, por favor sé paciente conmigo. Estoy muy lejos de la persona que quiero ser. ¡IDIOTA!».

La ironía era obvia. Ni siquiera podía escribir una canción acerca de ser una obra en progreso sin interrumpir mi propia canción para demostrar cuánto progreso me quedaba aún por hacer.

Con frecuencia me siento muy lejos de la persona que quiero ser. De la persona que sé que Dios ve en mí. De la persona que soy capaz de ser, pero debo decidir ser, una y otra vez.

> Que puedas captar un destello del yo que Dios ve, y no solo el yo que tú has conocido siempre.

Por eso, es imperativo que veas quién eres *capaz* de ser, y no solo quién has sido siempre. Que puedas captar un destello del yo que Dios ve, y no solo el yo que tú has conocido siempre.

DIOS CONOCE ESE YO... ¿LO CONOCES TÚ?

En este libro estoy utilizando los términos «nuevo yo» o «yo renovado» para describir el concepto de la versión de ti mismo más verdadera y más auténtica. La versión que Dios ve en ti. El término está inspirado en un pasaje del libro de

Efesios que habla sobre ver esa versión de ti mismo creada por Dios y después hacerla una realidad. Pablo escribió a la iglesia en Éfeso:

> Con respecto a la vida que antes llevaban, se les enseñó que debían quitarse el ropaje de la vieja naturaleza, la cual está corrompida por los deseos engañosos; ser renovados en la actitud de su mente; y ponerse el ropaje de la nueva naturaleza, creada a imagen de Dios, en verdadera justicia y santidad. (4:22-24)

En otras palabras, hay un viejo yo y un nuevo yo. Hay una vieja manera de ser tú mismo, y hay una nueva manera de ser tú mismo.

Ahora bien, no estoy diciendo que el «viejo yo» sea una persona horrible y un gusano espantoso. Este no es un libro que habla de aborrecernos a nosotros mismos. Sin embargo, el viejo yo no eres tú *en tu mejor versión*. Eras tú sobreviviendo. Eras tú reaccionando. Eras tú viviendo según tu propia visión de quién eras y lo que podías hacer, pero esa visión estaba basada en tu propia perspectiva.

Hay mucho más en ti que eso.

Hay una manera de ser tú mismo que está empoderada por Dios, y eso es el yo en tu mejor versión. Es el ser que Dios creó y el ser que Él ve. Ese ser podría parecerte nuevo, pero no es nuevo en absoluto.

¿Recuerdas lo que Dios le dijo a Jeremías? «Antes de formarte en el vientre, *ya te había* elegido...». Dios le estaba pidiendo a Jeremías que se despojara de su vieja manera de verse a sí mismo y se pusiera el ropaje de otra nueva. El viejo Jeremías era pequeño, asustadizo y callado. El nuevo Jeremías fue llamado a predicar audazmente y a profetizar con valentía.

¿Cuál era el verdadero Jeremías? En un sentido, era ambos; sin embargo, el viejo tenía que ceder el paso al nuevo, porque el nuevo era como Dios lo había creado.

Dios te está llamando a renovarte y ser «tu nuevo yo». El nuevo yo es quien eres en realidad, solo que todavía no has visto su expresión más plena, porque es un proceso de autodescubrimiento que dura toda la vida.

> ¿Hay maneras en las que Dios me ha escogido, pero yo mismo aún necesito escoger?

Plantéate esta pregunta: *¿Qué conoce Dios sobre mí que yo no conozco de mí mismo? ¿Qué ve Dios en mí que yo he pasado por alto o incluso he negado? ¿Hay maneras en las que Dios me ha escogido, pero yo mismo aún necesito escoger?*

Tienes una versión de ti mismo en tu mente, pero podría no ser la visión que Dios tiene para ti. Si la versión actual de ti mismo no encaja con la visión de Dios para ti, es el momento de elevarte y renovarte. Es el momento de aprender cómo te ve Dios y de ver el ser que fuiste creado.

Nadie más puede ser esa persona: solamente tú. Por eso la comparación es una trampa tan grande. No estás intentando llegar a ser como otra persona. ¿Por qué ibas a subestimarte de ese modo? Esfuérzate en cambio por convertirte en *tú mismo*: el ser que fuiste creado.

La próxima vez que el viejo yo intente retenerte, recuerda el yo que Dios ya conocía. Él siempre ha sabido quién eres realmente, de modo que puedes convertirte en el ser que fuiste creado. No hay ninguna vergüenza en eso, solamente posibilidad interminable.

Dios no te ve como alguien adicto, atrapado o quebrantado; Él te ve como alguien libre, y está contigo en la lucha. Él ve que batallas con esos hábitos que parecen cadenas, pero también ve la fortaleza en tu interior mediante su Espíritu para romper esas cadenas. Él ve una versión de ti que es capaz de elevarse por encima de los sentimientos, una versión que camina en fe incluso en medio de la incertidumbre. Es una versión que podría parecer poco familiar e incómoda al principio, pero ese eres tú.

Imagínate a ti mismo libre. Dios conoce *esa* versión de ti.

Imagínate a ti mismo sano. Dios conoce *esa* versión de ti.

Imagínate a ti mismo venciendo hábitos que te sabotean. Dios conoce *esa* versión de ti.

Imagínate a ti mismo capaz de ser paciente y tener autocontrol, sin ceder a cada sentimiento que pasa por tu sistema nervioso central. Dios conoce *esa* versión de ti.

Ahora bien, no estoy diciendo que puedes ser o hacer cualquier cosa que imagines. Dios no siempre te dará exactamente lo que imaginabas en la vida. Si mides 1,55 metros de estatura y tienes cuarenta y siete años, probablemente no jugarás en la NBA. Creo que esa es una limitación sana que aceptar. Tu familia estará más contenta y tu pondrás comida sobre la mesa reconociendo quién no eres y escogiendo una carrera profesional diferente.

Pero puedo decirte con toda confianza que hay más en

quien tú eres de lo que has experimentado hasta ahora, y Dios quiere dártelo.

Sin embargo, tienes que decidir tomar parte en el proceso. Tienes que escoger *renovarte*.

GRACIA Y DETERMINACIÓN

En las páginas siguientes, quiero que te mires a ti mismo del modo que Dios te ve y que creas que puedes convertir esa visión en tu realidad. A medida que la practiques, se volverá natural. Te encontrarás diciendo: «Supongo que *soy* una persona paciente. *Soy* una persona amable. *Soy* un buen padre. *Soy* una buena madre. No solía sentirme así, pero lo estoy experimentando cada vez más ahora. No siempre actuó como tal, pero así es como soy, y quiero convertirme en más de esto. Y, por la gracia de Dios, puedo hacerlo».

Deja de decir: «Así soy yo, de modo que acostúmbrate», y en cambio di lo siguiente: «*Hasta ahora* he sido así, pero todavía no estoy muerto, de modo que Dios aún no ha terminado conmigo. Sigo creciendo. Sigo cambiando. Sigo aprendiendo. Me gustan muchas cosas acerca de esta edición de mí mismo, pero no me gustan todas, ¡y no me detendré hasta convertirme en quien Dios dice que puedo ser!».

Renovarte siempre se trata más de la gracia de Dios que de tu determinación. Por eso Dios dice que *el que* comenzó la buena obra en *ti* la irá perfeccionando hasta el día de Jesucristo (Filipenses 1:6). Él te dice que te ocupes en *tu* salvación porque *Él* es quien obra en ti para producir tanto el querer como el hacer para que su cumpla

> Renovarte siempre se trata más de la gracia de Dios que de tu determinación.

su buena voluntad (Filipenses 2:13). Y también dice que, por *su* gracia, eres lo que eres y *su* gracia no se quedó sin fruto (1 Corintios 15:10).

Él…tú…Él…tú…Él…tú. ¿Ves la colaboración? ¿El trabajo en equipo? Dios crea, define y empodera, y tú y yo lo ponemos en práctica.

A medida que creces, a medida que cambias, Dios siempre tiene gracia para ti. Gracia es la paciencia de Dios contigo y su poder en ti. ¡Gracias a Dios por su gracia!

Sin embargo, permíteme ser claro. Gracia es paciencia y poder. La gracia nunca es una excusa para ser perezoso o una manera de evitar el cambio. Eso es lo opuesto a lo que estoy diciendo. Algunas veces, escuchamos a personas utilizar la gracia como una cortina de humo para una conducta regularmente dañina. «Soy solamente un pecador salvado por gracia», dicen, como si esa gracia significara que nunca necesitan cambiar.

No, la gracia es precisamente el medio por el cual Dios nos cambia y nos convierte en las personas que Él sabe que podemos ser. Viene de Él, pero fluye a través de nosotros. Es una obra que se produce al unísono, y se lleva a cabo con el tiempo.

Por lo tanto, cuando tengas un arrebato de enojo, o cuando quieras agarrar las pastillas, o cuando manipules y mientas para salirte con la tuya, o cuando veas pornografía hasta las tres de la mañana y no puedas conectar en la vida real, o cuando te aferres al rencor hasta que te corroe desde el interior, recuerda que Dios no es así, de modo que tampoco tú eres así realmente, y su poder está obrando en ti para que cambies.

Dios sabe que eres capaz de mostrar bondad incluso si batallas con tu mal humor. Él sabe que fuiste creado para ser generoso incluso si has establecido un patrón de acumulación de lo que tienes. Dios te ve como alguien honesto, paciente, sabio, fiel, amoroso, estable y bueno. Así es Jesús y Jesús está en ti, de modo que ese es tu verdadero yo: el yo renovado. Ese es el yo que puedes escoger.

TEN EN TU CABEZA LA VOZ CORRECTA

Ahora bien, puede que tome un tiempo que la versión de ti que Dios conocía todo el tiempo se convierta en la versión de ti que tú mismo conoces en tu vida diaria. Y, para ser sinceros, en ciertos aspectos siempre batallarás con el cambio.

Sé que a mí me sucede. No estoy escribiendo este libro a causa de mis victorias. Lo escribo a causa de mis luchas y mi creencia en un Dios que da la victoria incrementalmente. Escribo estas palabras para ti como un hombre que está decidido a entrar más plenamente en su papel como padre, como pastor, y simplemente como una persona amada y conocida por Dios.

Yo no soy la persona que quiero ser; todavía me falta mucho. Puedo predicar el domingo acerca de la gracia inagotable de Dios para nuestros errores y hablar de que su fortaleza se perfecciona en nuestra debilidad, pero el lunes en la mañana puedo encontrarme muy deprimido, sintiendo que fracasé, porque repito una y otra vez la grabación mental de lo que dije en el púlpito y creo que no es lo bastante bueno, de modo que *yo* no debo ser lo bastante bueno. Puedo estar gritando a las personas que amo porque mis emociones están agotadas. Y, en lugar de volver a llenarme de maneras saludables, me insensibilizo hasta el punto de llegar a sentirme como un zombi.

Algunas veces me alegro de ser yo mismo, en ocasiones estoy orgulloso de ser yo mismo, y otras veces me siento avergonzado y asustado por ser yo mismo, pero el «yo» es lo único que tengo. Y ¿quieres saber algo? Ese yo es quien Dios quiere.

Todavía no soy quien quiero ser, pero tampoco voy a darme por vencido. Estoy decidido a continuar remodelando y renovando mi yo interior por el poder del Espíritu Santo a medida que crezco hacia la imagen de Cristo en mí. Es una decisión. Tengo que decidir constantemente ser la versión más madura y más consciente de mí mismo, incluso cuando mis ánimos son volátiles y mis emociones están al límite.

Efesios 4 hace que parezca muy sencillo: tan solo despójate del viejo yo y vístete del nuevo. La imagen aquí es como un cambio de ropa. Es como llegar a la casa, quitarte la camisa abotonada y ponerte tu camiseta favorita.

¡Ojalá fuera así de sencillo! Me gustaría que quitarme el viejo yo fuera tan fácil como quitarme una camisa, pero no lo es. Se parece más a batallar para salir de una camisa de fuerza. Los viejos hábitos mueren lentamente, después de todo. Y me gustaría que ponerme el nuevo yo fuera tan sencillo como ponerme una camiseta, pero no lo es. Hay que trabajar en ello.

Tenemos que aceptar el proceso.

El punto es el progreso constante, no la perfección al instante. De todos modos, la percepción es un espejismo.

La verdadera transformación llega al tomar incontables decisiones pequeñas y correctas que están en consonancia con quienes somos en Cristo, en lugar de tomar decisiones pequeñas e incorrectas que están en consonancia con quienes solíamos ser.

Renovarte significa remodelar y volver a formar tu mente para que reaccione de modo diferente. Después de todo, podrías ser nuevo; pero el mundo en el que vives es el mismo que ha sido siempre, y las sendas neuronales que se han desarrollado a partir de tus hábitos están profundamente establecidas. Eso significa que necesitas modelos y filosofías mentales que estén en consonancia con la Palabra de Dios y no con tus experiencias pasadas o tus circunstancias presentes. Significa que también tendrás que practicar.

Por eso quiero acompañarte hacia ese nuevo yo, casi como lo haría un entrenador.

Es ahí donde entran en juego las seis mentalidades. Puedes predicarte a ti mismo estas seis cosas dondequiera que vayas. Si te diriges a una entrevista de trabajo, si estás esperando un reporte médico, si vas a estar despierto toda la noche para estudiar para los exámenes finales, o si solamente intentas ir con tus hijos a recoger un pedido de comida rápida, lo que te dices a ti mismo importa mucho más de lo que podrías pensar, porque tiene el poder de cambiarte desde dentro hacia afuera. Sin importar cómo te hayan catalogado las personas o cómo te hayas catalogado tú mismo en el pasado, si obtienes un lenguaje nuevo para describirte y para describir quién eres en Cristo, quedarás asombrado ante la persona en la que te convertirás dentro de seis semanas, dentro de seis meses o dentro de seis años.

Cada una de estas verdades es muy personal para mí. Son las cosas que me repito a mí mismo cuando voy a predicar el domingo en la mañana, o cuando intento comportarme como es debido como padre, o cuando me obligo a mí mismo a levantarme de la cama el lunes en la mañana. Predico estas cosas, oro por estas cosas, digo estas cosas y creo estas cosas para ti y para mí.

Con cada una de estas mentalidades hay un llamado a la acción que Dios te capacitará para que emprendas. Una cosa es decir que eres cambiado, perdonado y redimido, pero otra muy distinta es ser todo eso en tu vida diaria.

Voy a compartir contigo la lista completa ahora, para que tengas una presentación preliminar antes de que avancemos.

1. *No estoy estancado, a menos que me detenga.*
   Paso de acción: Comprométete a progresar.

2. *Cristo está en mí, por lo que soy suficiente.*
   Paso de acción: Acepta tu Yo.

3. *Con Dios, siempre hay un camino y por la fe lo encontraré.*
   Paso de acción: Enfócate en la posibilidad.

4. *Dios no está en mi contra; Él está conmigo, obrando a través de mí y peleando por mí.*
   Paso de acción: Camina con confianza.

5. *Estar alegre es mi tarea.*
   Paso de acción: Aprópiate de tus emociones.

6. *Dios me ha dado todo lo que necesito para la temporada en la que estoy.*
   Paso de acción: Acepta tu presente.

¡Me emociono solamente por enumerar estas declaraciones! Espero que tú también te emociones. De hecho, si puedes, declara alguna de ellas en voz alta en este momento y comprueba lo que sientes cuando sale por tu boca. Quiero que tengas una buena sensación de lo que Dios está declarando sobre ti, de modo que puedas avanzar hacia ello con expectativa. A medida que incorpores estas cosas a tu sistema de creencias, comenzarás a actuar y a hablar de maneras nuevas.

Soy consciente de que estas seis declaraciones son sencillas, y lo son a propósito. Deben ser fáciles de memorizar, como lo sería una canción o un eslogan. De hecho, he compuesto canciones basándome en algunas de ellas. Quiero que sean como frases que se repiten en tu corazón para que tu fe pueda funcionar en la vida real.

El poder de Dios que obra en tu interior te da la libertad para renovarte. Mientras tengas aire en tus pulmones, no estás encerrado en la versión actual de ti mismo. Tienes autonomía. Tienes opciones. Tienes el poder para salir de las trampas, bajarte de las caminadoras y entrar en la verdad.

Detente antes de leer ni siquiera la próxima frase y celebra hasta dónde te ha traído Dios, cuántos obstáculos has superado, cuántos caminos Él ya ha abierto para ti, y cuántas cosas asombrosas ha hecho a través de ti.

Si crees que tienes que tenerlo todo arreglado para poder conseguir que Dios te ame más, estás comenzando desde la suposición equivocada. *Nunca serás más amado de lo que eres ahora mismo.* Nunca serás más aceptado de lo que eres en este instante. La obra de Jesús satisfizo eso de una vez por todas. No tienes que estresarte y esforzarte para demostrarle a Dios de algún modo lo que vales.

Dios está cerca de ti, te bendice, está orgulloso de ti, y te está animando *ahora mismo*. Él no se limita a tolerar el yo actual porque tiene la esperanza de que algún día serás digno.

Cada versión de ti mismo sigue siendo tú mismo. Todo es intencional. Todo obra en conjunto para cumplir un propósito general. Incluso las cosas que todavía no han salido bien encajarán en el plan que Dios tiene para tu futuro.

> *Nunca serás más amado de lo que eres ahora mismo.* Nunca serás más aceptado de lo que eres en este instante. La obra de Jesús satisfizo eso de una vez por todas. No tienes que estresarte y esforzarte para demostrarle a Dios de algún modo lo que vales.

Tú eres a quien Dios ama. Ese tiene que ser tu punto de inicio. Sin embargo, donde comienzas no es donde tienes que quedarte. Por eso estoy muy emocionado acerca de estas seis mentalidades. Cuando decides pensar y vivir de esas maneras, estás escogiendo ser *tú mismo*. Estás decidiendo superar la distracción, la derrota y el desaliento para así poder proseguir hacia el ser que Dios creó en ti.

Sé que esto es verdad: dondequiera que estés en tu viaje, Dios tiene cosas buenas planeadas para ti. No estoy diciendo que no enfrentarás desafíos o cometerás errores a lo largo del camino, pero creo que Dios ve días buenos

> Su llamado es tu confianza, y su gracia es tu garantía.

delante de ti. Él ha preparado buenas obras para que las pongas en práctica. Su llamado es tu confianza, y su gracia es tu garantía.

El yo *conocido* y el yo *renovado* son el mismo, y son el yo correcto. Son la mejor versión de ti porque son la versión de Dios de ti, y por la fe puedes entrar en lo que Dios ya ve.

La primera mentalidad que vamos a examinar es el fundamento para el resto: *No estás estancado, a menos que te detengas.* ¿Por qué importa tanto eso? Porque, sin un compromiso a progresar, estarás derrotado antes de comenzar. Sin embargo, si puedes grabar profundamente en tu corazón y tu mente que sirves a un Dios imparable que te está guiando hacia adelante, ninguna distracción, decepción, dificultad o diablo puede interponerse en tu camino.

MENTALIDAD 1

«NO ESTOY ESTANCADO, A MENOS QUE ME DETENGA».

PASO DE ACCIÓN:
COMPROMÉTETE A PROGRESAR.

CAPÍTULO 2

NO ES TAN SENCILLO

Recientemente, estaba en un combate de lucha viendo a mi hijo Graham. Una señora detrás de nosotros animaba a pleno pulmón a su equipo: los Spiders. Los Spiders no iban muy bien. Este combate en particular era de la división de pesos pesados, que llega hasta las 285 libras (129 kilos). El muchacho que iba ganando tenía todos esos kilos, y el Spider que estaba atrapado debajo de él no los tenía. Por mucho que lo intentara, ese muchacho no podía moverse.

Desde detrás de mí oí gritar a la señora: «¡Levántate! ¡Levántate! ¡Arriba!».

El muchacho no podía oír nada, está claro, pero si pudiera haberlo oído, puedo imaginar su respuesta: «¡Claro que sí! ¡Me olvidé! Eso es lo que debo hacer: *levantarme*. Gracias, señora en las gradas, por recordarme lo que se supone que debo hacer aquí. Es fácil. Es obvio. Tan solo levantarme».

Pero todos sabemos que no es tan sencillo.

Cuando estás sometido, lo último que necesitas son voces condescendientes desde las gradas superiores diciéndote que hagas lo que tú ya deseas poder hacer, lo que estás intentando hacer con todas tus fuerzas, lo que es muy fácil decir desde la comodidad de la vida de otra persona.

Tú quieres decirle: «Sí, claro, ¿por qué no lo intentas tú? ¿Por qué no bajas aquí a la lona? ¿Por qué no intentas lidiar con las demandas imposibles de mi jefe? ¿Por qué no intentas ser un papá o una mamá soltera que tiene dos empleos y tres hijos? ¿Por qué no intentas liquidar los préstamos escolares mientras pagas la renta cada mes? ¿Por qué no intentas recuperarte de la pérdida de un ser querido? Tú no conoces mi vida, así que no me digas que es tan fácil».

Cuando estás estancado en una rutina, en un hábito, en un bache creativo, en un empleo sin futuro, en una adicción, en una relación tóxica, en una enfermedad, en la ansiedad, en el mal humor, en la depresión, en la deuda, en el desaliento…lo que *no* necesitas son vergüenza y culpa. No necesitas que alguien te grite que tan solo te levantes y lo superes. Lo que necesitas es alguien que comprenda tu situación para estar a tu lado en medio de ella. Alguien que te aliente mientras la atraviesas. Alguien que te ayude a soportar.

Eso es exactamente lo que hace Dios.

Dios no solo te grita desde el cielo: «¡Levántate! ¡Arriba! ¡Haz más! ¡Pelea más duro! ¡Peca menos! ¡Deja de dudar! ¡Sé mejor persona!». Él no te avergüenza por estar atascado, porque sabe lo que estás atravesando. La Biblia dice: «Porque no tenemos un sumo sacerdote incapaz de compadecerse de nuestras debilidades, sino uno que ha sido tentado en todo de la misma manera que nosotros, aunque sin pecado. Así que acerquémonos confiadamente al trono de la gracia para recibir la misericordia y encontrar la gracia que nos ayuden oportunamente» (Hebreos 4:15-16).

En lugar de gritar desde las gradas, Dios salta a la batalla contigo. La vida no es un combate de lucha en la secundaria, después de todo, y no tienes que pelear solo. En tu momento de necesidad, su misericordia está ahí para ti. Su gracia está contigo. Su fortaleza está en ti.

> En lugar de gritar desde las gradas, Dios salta a la batalla contigo.

Sé que puede ser difícil creerlo si tu hijo está en el hospital, o si tu auto tiene una avería y el mecánico te dice que el arreglo te costará dos mil dólares, o si acabas de descubrir que tu esposo te engaña. Cuando te sientes aplastado y ahogado por el peso de la oposición, darte por vencido puede parecer la única opción.

Pero no lo es.

Eso es lo que quiero que grabes profundamente en tu corazón y tu mente: no estás atascado a menos que te detengas, y no tienes que detenerte, porque Dios está contigo en la lucha.

Al enfrentar circunstancias difíciles, tu viejo yo podría haber dicho: «Estoy estancado. Por eso me detuve. Por eso dejé de orar. Por eso dejé de intentarlo. Por eso cedí al cinismo. Por eso dejé de cuidar de mi cuerpo. Por eso comencé a medicarme con alcohol. Por eso soy una persona tan amargada. De hecho, no soy una persona amargada, sino realista: estoy atrapado, probé todo lo que dicen en la iglesia, en la religión, probé lo que Dios dice, pero no funcionó. Intenté ser amable y bueno, pero la gente utilizó mi bondad como una oportunidad para aprovecharse de mí, así que dejé de ser la persona buena».

Así eran tu viejo yo y mi viejo yo. Esa versión de nosotros mismos veía el estar *estancado* como un motivo para *detenerse*. Era una mentalidad que se apoyaba solamente en el yo y solo en el yo: tu fortaleza, tus recursos, tu experiencia, tu inteligencia. Cuando el viejo yo estaba inmóvil debajo de un reto de más de 120 kilos, se dio por vencido. Se rindió. ¿Qué otra cosa podías hacer?

Sin embargo, el yo renovado conoce una verdad diferente. El yo renovado acepta la mentalidad que afirma: «No estoy estancado, a menos que me detenga».

Esta versión de ti mismo no vive en la negación, ni tampoco se rinde a la decepción. No se da por vencida fácilmente. No se esconde de los retos. En lugar de evitar los gigantes de la vida, los ataca con confianza en Dios. El yo renovado hace todo lo que sea necesario por tanto tiempo como tome hasta recuperar el ímpetu y poder avanzar otra vez.

El yo renovado es consciente de los problemas, pero está comprometido a progresar. Eso significa pedir ayuda si es necesario. Significa abrirte a nuevas ideas y una mayor creatividad. Significa recibir consejos de personas que han estado antes donde tú estás ahora.

> El yo renovado es consciente de los problemas, pero está comprometido a progresar.

Hace varios años atrás me di cuenta de que necesitaba aprender más acerca de administrar mi dinero y de planificación de largo plazo. Mi papá me había enseñado todo lo que sabía sobre finanzas, pero yo no entendía los distintos tipos de inversiones como debía entenderlos, y lo sabía. Me sentía atrapado. Me sentía frustrado. El temor al riesgo y la pérdida parecía ser mayor que la recompensa de aprender y crecer.

Entonces me acordé de un amigo mío que está diez años por delante de donde yo estoy financieramente y que varias veces se había ofrecido a ayudarme con la planificación financiera. Lo contacté y le pedí dos horas de su tiempo. Programamos una llamada telefónica, y él me dio una lista de las diferentes categorías de inversiones, junto con los objetivos que él alcanzó y los errores que cometió en el camino.

Recuerdo tener una sensación de libertad después de esa llamada. Yo no era un maestro del dinero de ningún modo, pero al menos tenía un mapa. Podía ver un camino de avance y progreso.

Es chistoso cuán rápidamente puedes pasar de estar exasperado a estar emocionado.

De estar agitado a estar animado.

De ser inamovible a ser imparable.

Lo único necesario es una vislumbre de cuál es el paso siguiente.

Estar estancado es un modo de decir que no puedes avanzar y que *no hay nada que puedas hacer al respecto.* Las circunstancias han tomado el control. Las cosas son imposibles y tú estás desamparado, de modo que bien podrías dejar de intentarlo. Es una sensación de frustración e impotencia.

Sin embargo, no es así como Dios actúa. Eso no es ni siquiera su naturaleza. Él no es un Dios frustrado e impotente, y no te creó para que vivas una vida de frustración e impotencia.

Dios es quien abre camino. Él es todopoderoso, todo lo sabe, y todo lo llena. Él hace que valles se eleven y montañas bajen. Él convierte sepulcros en jardines y huesos en ejércitos. Nuestro Dios es un Dios que divide las aguas del mar, remueve piedras, susurra al viento, hace descender fuego del cielo, saca agua de la roca, y detiene la luna en el firmamento.

Cuando te sientas sin esperanza, Él está más cerca que nunca. Como decía un viejo predicador rural: «Cuando no te quede nada, ¡Dios hará algo!». En esos momentos cuando tu historia parece estar estancada y la esperanza está perdida, Dios abrirá un camino para ti. Él quiere devolverte tu valentía, tu poder, tu expectativa.

Aquella llamada telefónica sobre consejo financiero es solamente un ejemplo. Podría enumerar los cientos de veces que he dicho que estaba atascado, pero no lo estaba; tan solo me había detenido. Había dejado de pensar sobre el problema de modo creativo y comenzaba un autosabotaje y la retirada hacia el aislamiento por temor. Había dejado de orar y pedir a Dios que me mostrara cuál era mi siguiente paso. Había dejado de trazar estrategias con la mente del Espíritu, y caminaba solamente en la limitación de mi propia experiencia.

Ahora bien, no me malentiendas, pues este no es un enfoque de la fe que dice: nómbralo y reclámalo. No estoy diciendo que todos los obstáculos están en tu cabeza, ni que cada problema que enfrentas puede solucionarse en oración de la noche a la mañana. Entiendo que algunas situaciones y variables están fuera de tu control, y también entiendo que el cambio no se produce en un momento, y algunos estados mentales requieren mucho tiempo para ser remodelados y renovados por el Espíritu Santo. Y, claro está, en ciertas situaciones podrías necesitar buscar ayuda o consejo profesional.

Puedes esperar tener que trabajar para avanzar. Deberías planear el llamar a muchas puertas y pedir mucha ayuda. Jesús dijo: «Pidan y se les dará; busquen y encontrarán; llamen y se les abrirá. Porque todo el que pide, recibe; el que busca, encuentra y al que llama, se le abre» (Mateo 7:7-8). No hay vergüenza en pedir, buscar y llamar. No significa que te falta fe, y tampoco significa que Dios se quedó dormido en su obra.

Sencillamente significa que estás realizando el trabajo para llegar donde necesitas estar.

Sin embargo, si no crees que puedes avanzar, no pedirás, buscarás y llamarás. Te quedarás sentado sin hacer nada, sintiéndote desgraciado y con sobrepeso, deseando poder estar en algún otro lugar mientras personas te gritan desde las gradas.

Ahora bien, ten en mente que el camino hacia el avance podría no ser lo que tú creías que sería. La idea de progreso de Dios y su definición de éxito no siempre tienen sentido para nosotros al principio. Algunas veces quedamos tan atrapados en nuestras expectativas de lo que pensamos que ha de suceder, que no reconocemos las puertas que Dios está abriendo delante de nosotros. ¿Cuántas veces perdemos una oportunidad porque nuestra idea de lo que debería suceder es demasiado estrecha? ¿Demasiado pequeña? ¿Demasiado humana?

Tal vez Dios no te sanó, pero eso no significa que te abandonó. No significa que tu fe fracasó. Él está haciendo otras cosas en ti y por medio de ti. Su gracia es suficiente para ti.

Quizá te despidieron de ese empleo, pero eso no significa que tu vida acabó. Dios tiene algo más por delante, pero podrías tener que hacer un giro. Podrías tener que lanzar tu red al otro lado.

No le des demasiado crédito al obstáculo, al enemigo o al fracaso. A pesar de lo que te haya hecho sentir atascado, Dios es mayor que eso, y Él ya está al otro lado de la situación. No es el fin del camino; es solamente una curva y no puedes ver más allá. Tal vez sea incluso una bifurcación que abrirá nuevas oportunidades. Si te das por vencido ahora, nunca sabrás qué milagro tiene Dios más adelante.

> Si te das por vencido ahora, nunca sabrás qué milagro tiene Dios más adelante.

Declara ante ti mismo: «No estoy estancado, a menos que me detenga. Podría estar incapacitado temporalmente. Podría estar enfrentando algo que nunca antes enfrenté, algo que parece demasiado grande para mí. Podría tener que pensar otra vez, recalibrar y reiniciar, pero Dios está de mi lado. Puedo acudir a su trono de gracia en este momento de necesidad. Dios es mayor que mi batalla. Él es soberano en esta situación. Él es mayor que mi circunstancia, de modo que es solo cuestión de tiempo hasta que encuentre el modo de avanzar».

Puede que ese no sea el modo en que el viejo yo trataba los obstáculos, pero ya no actúas según tu viejo yo. Te estás renovando. Estás llegando a ser la persona que Dios ve, y esa versión de ti mismo está comprometida a progresar.

CAPÍTULO 3

NO PELEES POR TUS LIMITACIONES

Mi papá creció en un hogar realmente difícil. Su propio papá (mi abuelo) era alcohólico, un borracho mezquino que abusaba físicamente de su familia. Entonces, en el séptimo u octavo cumpleaños de mi papá, mi abuelo murió por suicidio. Esas cosas afectaron profundamente a mi papá, y decidió que él rompería el ciclo con sus propios hijos. Era importante para mis padres darnos oportunidades y capacitarnos para avanzar.

Recuerdo que, cuando estaba en la secundaria, alguien le dijo a mi papá que yo nunca podría permitirme estudiar en la universidad. Mi papá ni siquiera se graduó de la secundaria, de modo que eso fue un detonante emocional, e hizo callar a esa persona. «¡No digas eso! Nunca digas que mi muchacho no puede ir a la universidad. Robaré un banco si tengo que hacerlo. Mataré a alguien y tomaré ese dinero para pagarlo si él quiere estudiar en la universidad".

No estoy diciendo que eso sea ético, pero para mí significó mucho. Me envió un mensaje que decía: «No dejes que mis limitaciones se conviertan en tus inseguridades. Esa podría ser mi historia, pero no es mi legado. Tú puedes hacer algo diferente».

Ese es un mensaje que necesitamos decirnos a nosotros mismos regularmente. No estoy diciendo que debamos ir por ahí amenazando con robar bancos y matar personas, pero cuando se trata de romper ciclos que nos retienen, cierto nivel de agresión es apropiado.

En lugar de eso, sin embargo, en ocasiones me encuentro haciendo lo contrario. Excuso mis limitaciones. Las defiendo.

¿Por qué? Pues bien, cuando pienso en ello, hay un par de motivos. En primer lugar, siento lealtad hacia algunas de mis limitaciones, porque han sido «yo» por mucho tiempo. Están arraigadas en mí tan profundamente, que creo que *son* yo mismo.

En segundo lugar, puede hacernos sentir brutalmente vulnerables hacer cambios, tomar riesgos, aceptar responsabilidad, perseguir un sueño. Y la vulnerabilidad no la tenemos exactamente integrada los seres humanos. Ante el riesgo, con frecuencia decidimos retirarnos. En el nombre de la autoprotección, a menudo nos causamos un autosabotaje. Limitarnos a nosotros mismos parece más seguro que creer en nosotros mismos, de modo que creamos argumentos para «demostrar» por qué no podemos hacer precisamente las cosas para las que Dios nos creó y nos empoderó.

¿Haces eso alguna vez? Tal vez sabes que algo tiene que cambiar, sabes que Dios te está llamando a algo más alto, pero dejas que la *lealtad* a una versión de ti del pasado o el *temor* a hacer algo que nunca antes has hecho se interpongan en tu camino. Una mentalidad que dice: «No estoy estancado, a menos que me detenga» es una mentalidad que se niega a permitir que ninguna de esas cosas evite que estés a la altura de tu llamado y tus habilidades.

En una ocasión escuché a un conferencista motivacional llamado Les Brown decir: «Si peleas por tus limitaciones, al final llegas a mantenerlas». Es trágico pero cierto. ¿Cuántas veces en mi propia vida he sido más leal a mis limitaciones que a mi potencial? ¿Cuántas veces soy un abogado defensor de las cosas que me retienen, incluso cuando Dios intenta hacerme avanzar?

¿Peleas tú alguna vez por tus limitaciones de modo tan eficaz que terminas manteniéndolas? ¿Defiendes incluso tu definición limitada de quién eres ante un Dios que te ha conocido por más tiempo que tú mismo y que te ve con más fe y gracia que tú?

Tal vez tienes una gran idea de negocio, pero ni siquiera das los primeros pasos para comprobar si es viable, porque ya te has convencido a ti mismo de que no lo será. *Probablemente fracasaré. No soy lo bastante inteligente. Es una idea estúpida. Los demás se reirán.* Estás tan asustado, que no serás capaz de hacerlo y lo descartarás incluso antes de intentarlo.

Yo me he cancelado a mí mismo más veces de las que querría admitir, y tal vez tú también lo has hecho. Quizá desestimaste un problema de carácter diciendo: «Así es mi personalidad». Excusas un fallo parental diciendo: «No tuve un buen ejemplo de eso cuando era pequeño». Excusas una mala decisión en el trabajo diciendo: «Estoy demasiado ocupado, demasiado abrumado y estresado, de modo que eso es lo mejor que puedo hacer».

Dios te envía señales e indicaciones de que hay más en ti. Él te muestra cosas que puedes hacer y lugares donde Él quiere llevarte, pero si tú respondes diciendo: «Nunca podría hacer eso; yo nunca seré eso», si peleas por tus limitaciones, llegarás a mantenerlas. Llegarás a vivir con ellas.

En Efesios 4, justamente antes de que Pablo dijera que debemos quitarnos el viejo yo, escribió: «No fue esta la enseñanza que ustedes recibieron acerca de Cristo, si de veras se les habló y enseñó de Jesús según la verdad que está en él» (versículos 20-21). La enseñanza, «el modo de vida» que Pablo describió era de impureza, indulgencia, pérdida de sensibilidad, ignorancia y dureza de corazón. Eso era lo que sus lectores habían conocido y oído siempre.

Puedo imaginarlos diciendo: «Pero, Pablo, así es como lo hacía mi papá. Así es como lo hacía mi mamá. Eso es lo que siempre escuché. Eso es lo que siempre pensé. Eso es lo que dijo fulano de tal. Así es como lo hacemos. Así soy yo».

Pablo confronta su lealtad a un modo de pensar pasado diciendo: «Oigan, les enseñaron mal. Tal vez ustedes eran así antes, pero son las capas de estilo de vida que se han acumulado por las cosas que aprendieron. Hay un yo renovado y creado en Dios antes de la fundación del mundo. Necesitan reaprender cómo renovarse».

La vieja manera de vivir se compone de los patrones y las conductas aprendidas del pasado. Se necesita intencionalidad y compromiso para desaprender la vieja manera en que nos enseñaron y aprender una manera nueva. Eso significa que tenemos que prestar atención a lo que decimos de nosotros mismos y por qué suponemos que eso es cierto.

Si te dices a ti mismo: «Ellos me causaron mal humor»,

entonces llegarás a quedarte con ese mal humor. Si dices: «Tengo poca paciencia; así soy yo», entonces te quedarás con tu enojo. Sin embargo, si estás quemando relaciones perfectamente buenas y haciendo daño a las personas que amas debido a tu mal humor o por estallar con demasiada rapidez, ¿por qué defender eso? ¿Por qué ser leal a esa versión de ti?

O tal vez nunca aprendiste a disculparte. Siempre te pareció debilidad, y lo sentiste como una humillación; sin embargo, ahora estás aprendiendo que no tienes que defenderte a ti mismo todo el tiempo. Puedes confiar en que Dios es quien te justifica, quien te da valor y seguridad. Sin embargo, eso no es lo que te enseñaron. Eso no es lo que viste en el hogar donde creciste, de modo que al principio parece poco natural decir: «Lo siento. Estaba equivocado. Mejoraré».

Cuando Dios te llama a cambiar, puede parecer una traición a lo que siempre has sido, y eso provoca toda clase de emociones. «¡Oh no! Si dejo de ser controlador, ¿cómo voy a lidiar con el estrés? Si dejo de ser manipulador, las cosas se desmoronarán. No conseguiré lo que quiero. No conseguiré lo que necesito. Las personas se aprovecharán de mí».

Pero esos argumentos no te protegen. Te limitan. Se sienten cómodos porque son familiares, pero no son tus amigos. No te hacen avanzar, y no se merecen tu lealtad.

Dios te está enseñando una nueva manera de vivir, y eso significa que no puedes ser leal a tus limitaciones. No puedes presentar un caso a favor de las cosas en ti que no son propias de Cristo. No estoy diciendo que ignores tus limitaciones, pero muchos de nosotros llegamos mucho más allá de reconocer nuestras limitaciones. En realidad, nos convertimos en defensores de ellas.

Cuando el diablo te dice que no eres digno, ¿comienzas a recolectar evidencia para ayudarlo? ¿Dices: «Es cierto, yo *no soy* digno» y después enumeras toda la evidencia de tu pasado que respalda esa acusación? ¿Sales y haces cosas que te hacen sentir más indigno todavía?

Cuando sientes que eres demasiado mayor para intentar algo nuevo, ¿estás de acuerdo con ese sentimiento? «Soy demasiado mayor para hacer esto o para aprender aquello. Es demasiado tarde. No se pueden enseñar trucos nuevos a un perro viejo». Si peleas a favor de tu limitación, puedes sentirte viejo con cuarenta años. El otro día conocí a un muchacho de veinte años que me dijo: «Amigo, me estoy haciendo viejo». ¿De verdad, hermano? ¿Con veinte años? Espera y verás. No tienes ni idea. Al menos eso es lo que me dice uno de mis mentores que acaba de cumplir los setenta.

Creo que necesitamos añadir otra declaración a esa frase motivacional. «Si peleas por tus limitaciones, llegarás a mantenerlas; pero *si estás de acuerdo con Dios sobre tu potencial, llegarás a convertirte en eso*».

> «Si peleas por tus limitaciones, llegarás a mantenerlas; pero *si estás de acuerdo con Dios sobre tu potencial, llegarás a convertirte en eso*».

¿Qué potencial? El potencial que Dios ve en ti. Las puertas que Él está abriendo para ti. Los dones y el llamado que Él está sacando de ti. Si Dios dice que puedes cambiar, puedes cambiar. Si Él dice que puedes ayudar a alguien, puedes ayudar a alguien. Si

Él dice que puso algo en tu interior, entonces Él lo llama a salir afuera.

¿Grita más alto tu limitación que tu potencial? Porque no *rebasarás* esa limitación hasta que puedas *ver* más allá de ella. Te conformarás con el *statu quo*. Pelearás por tus limitaciones, defenderás precisamente las cosas que te retienen, porque no puedes visualizar un futuro en el que eres libre de ellas.

Tienes que captar una visión de la versión de ti que Dios ve, porque esa visión te sacará de aquello que te tiene estancado y te impulsará hacia el ser que fuiste creado. Cuando estés de acuerdo con Dios sobre lo que Él ve en ti y lo que dice sobre ti, dejarás de luchar con tu futuro.

Como mencioné anteriormente, el temor al fracaso es una de las mayores motivaciones que está detrás de nuestros argumentos. Con frecuencia defendemos nuestro *statu quo*, porque tenemos temor a que, si intentamos cambiarlo, fracasaremos; y el fracaso parece un resultado peor que mantenernos atascados.

Recuerdo a un comediante que hablaba de aprender a actuar en público, y dijo algo parecido a lo siguiente: «Tienes que fracasar a lo grande para llegar a ser bueno. Tienes que pararte, fracasar a lo grande delante de una audiencia, y entonces comprender: *Oh, sucedió eso y no morí. Nadie me persiguió y me mató por ello. Siguieron adelante y se olvidaron*».

Eso suena un poco deprimente, pero en realidad es alentador. El temor al fracaso puede ser una voz tan fuerte en tu cabeza, que nunca intentas dar ese siguiente paso. En el momento en que enfrentas lo que temes, sin embargo, Dios te fortalece por eso. Tienes que estar dispuesto a salir al escenario y hacer lo que crees que Dios te está llamando a hacer, incluso si fracasas a lo grande una o dos veces. Entonces comprendes: «Ah, no fue tan malo. Dios ya estaba obrando en todas esas áreas que me atemorizaban. Puedo hacer esto. Puedo llegar allá. Puedo ser esa persona que veo más adelante. Puedo superar el obstáculo que enfrento. Me queda trabajo por hacer, pero no puedo imaginar regresar ahora a mi viejo yo».

Tienes que escuchar los argumentos de Dios *a favor* de ti, o tus propios argumentos te convencerán *en contra* de ti cada vez. Permitirás que las mentiras del diablo y las etiquetas del mundo te definan; sin embargo, ellos no pueden ver tu verdadero yo. Solamente Dios puede verlo, pero tienes que estar de acuerdo con Él.

¿Recuerdas a los doce espías que Moisés envió a la Tierra Prometida? Ellos regresaron diciendo: «Comparados con ellos, parecíamos langostas y así nos veían ellos a nosotros» (Números 13:33). Pelearon a favor de una autoimagen como langostas, y vivieron una existencia de langostas en el desierto durante los cuarenta años siguientes.

Sin embargo, la siguiente generación tenía una mentalidad diferente. En cierto punto, rechazaron el modo de pensar de sus padres acerca de sí mismos y de Dios. Eso no significa que fueran irrespetuosos, pero trazaron líneas claras. Aprendieron. Crecieron. Y, cuando Josué envió dos espías a examinar la tierra, regresaron con un reporte optimista: «El Señor ha entregado todo el país en nuestras manos. ¡Todos sus habitantes han perdido el ánimo a causa de nosotros!» (Josué 2:24).

La nueva generación vio la misma tierra, los mismos enemigos y los mismos riesgos, pero ellos tenían una mentalidad diferente. Estaban de acuerdo con Dios en cuanto a su potencial, y eso los preparó para el crecimiento y la victoria.

La vieja versión de ti llegó hasta cierto punto, de modo que no la aborrezcas. Simplemente no la defiendas cuando llegue el momento de cambiar. Tus fracasos y tus éxitos del pasado son todos ellos parte de quien eres, pero no tienen que decidir quién llegarás a ser.

> Tus fracasos y tus éxitos del pasado son todos ellos parte de quien eres, pero no tienen que decidir quién llegarás a ser.

Ponte de acuerdo con Dios y comprométete a progresar. Di: «Bien, Dios. No sé si me veo a mí mismo de este modo, pero tú me ves así. Tú crees que tengo lo necesario, y por eso me permites enfrentar esta situación. Es obvio que tú conoces algo acerca de mí que yo no veo, de modo que voy a dar un paso adelante. Voy a elevarme al nivel de tus expectativas, y no a hundirme hasta el nivel de mi experiencia».

Plantéate lo siguiente: ¿Estoy peleando por mis limitaciones o por mi potencial? ¿Estoy defendiendo lo que siempre he hecho, o estoy desarrollando lo que Dios dice que puedo hacer? ¿Estoy de acuerdo con mi temor o con mi futuro?

Es una decisión que tú tomas. Es una mentalidad que adoptas. No estás atascado a menos que te detengas, de modo que ponte de acuerdo con Dios y crece hacia tu potencial.

CAPÍTULO 4

DESAFÍA TU CONFIGURACIÓN POR DEFECTO

Hace unos diez años atrás comencé a notar que ya no me servía ninguno de mis pantalones. No estaban encogiendo; yo estaba aumentando. Durante un tiempo, no dejé de ponerme mis pantalones deportivos como negación de la realidad de mi cintura cada vez más amplia, pero al final terminé pagando a un sastre para que me los arreglara. Creo que no es eso lo que significa la oración de Jabes cuando dice «ensancha mi territorio».

Recuerdo mirar al sastre y decir: «¡No me gusta nada esto! Podría utilizar este dinero para muchas otras cosas y, en cambio, te estoy pagando para que agrandes mi ropa».

Él dijo: «¡Sigue comiendo! Eso es trabajo seguro para mí».

Al final, sin embargo, algo se prendió en mi interior y comencé a redefinir mi relación con el ejercicio. Hasta ese punto, yo era alguien que hacía ejercicio de modo intermitente y que generalmente seguía cierta forma de dieta baja en carbohidratos, o al menos lo intentaba. Sin embargo, siempre le decía a la gente: «Aborrezco el ejercicio. No me gusta entrenar. No me gusta levantar pesas. Lo hacía en la secundaria, pero ahora en realidad no me gusta ir al gimnasio. No hago CrossFit. Indudablemente, no tengo un día de cardio o de piernas. Si tú quieres hacerlo es estupendo, pero eso no es lo mío».

Esa era mi configuración por defecto.

Hasta que decidí desafiar mi configuración por defecto. Decidí cambiar lo que se había convertido en una segunda naturaleza para mí mediante el poder del hábito. Comencé a hacer regularmente lo que haría de mí la persona que tenía el potencial de ser, al menos físicamente.

Convertí un cuarto de mi casa en un espacio de entrenamiento. Comencé solamente con un banco, unas pesas ajustables, y una cinta caminadora que alguien me regaló. Puse una pequeña bocina Bluetooth en el cuarto, porque pensé que levantar pesas sería menos doloroso con Led Zeppelin sonando como fondo. Logré que varios de mis amigos acordaran entrenar conmigo en mi casa cuatro días por semana.

Incluso puse un nombre al cuarto de entrenamiento. Lo llamé el POUND (libra/kilo). Es un acrónimo en inglés: se traduce como el lugar del máximo desarrollo natural. Lo sé, es un nombre épico. Algunas veces se necesita ser épico (y un poco sensiblero) para llegar a motivarte cada día para hacer algo que no quieres hacer.

Les dije a mis compañeros de entrenamiento: «Muchachos, no soy alguien a quien le gusta el ejercicio, de modo que no voy a hacer flexiones en barra. No voy a hacer *burpees* ni tampoco sentadillas». Puse el listón bajo, porque no estaba seguro de si realmente iba a cambiar.

Para motivarme un poco colgué en la pared una gráfica, y cada vez que entrenaba ponía una estrella en la gráfica, porque pensaba que eso reforzaría la conducta. Así fue, aunque me sentía un poco tonto. Era un hombre adulto con barba que ponía estrellas en una gráfica como si fuera un niño de siete años.

Eso sucedió hace diez años atrás. No hace mucho tiempo sumé todas las estrellas de las gráficas a lo largo de los años, y me sorprendió ver que había entrenado más de dos mil veces en diez años. Y, sin embargo, precisamente el otro día conversaba con alguien acerca del ejercicio y me agarré a mí mismo diciendo: «Mira, no soy necesariamente alguien a quien le gusta entrenar...».

Entonces me detuve. Comprendí que, sí, realmente *soy* «alguien a quien le gusta entrenar».

No solía ser así. No creía que lo era. Nunca antes me vi a mí mismo de ese modo, pero ahora soy alguien a quien le gusta mucho entrenar y lo hace regularmente. ¿Por qué iba a negarlo? ¿Por qué querría restarle importancia? Es algo que disfruto, es un buen ejemplo para mis hijos, y es saludable.

No digo todo eso para presumir, ni estoy intentando venderte proteína en polvo o la membresía en un gimnasio. Solamente lo digo para hacer hincapié en que yo seguía creyendo que no era esa clase de persona incluso después de todo el trabajo que había hecho. Estaba atascado en un viejo modo de verme a mí mismo: alguien que no era fuerte, no era constante, y no estaba comprometido en esta área de mi vida. Incluso después de dos mil estrellas en la gráfica.

Yo era alguien a quien le gustaba entrenar; simplemente no era consciente de ello.

¿Cuándo se produjo el cambio? ¿Cuándo me convertí en «el hombre que entrena»? ¿Fue en el entrenamiento número 522? ¿Fue en el número 1396? Todos sabemos que no funciona de ese modo. No hubo un entrenamiento en el que llegué a ser esa clase de persona.

Sin embargo, en algún punto del camino, una estrella cada vez, la vieja versión de mí se convirtió en una versión más nueva de mí. La versión más débil se convirtió en una versión más fuerte. Y me gusta más esta versión.

No siempre sabemos quiénes somos, incluso mientras estamos llegando a serlo. No sabemos lo que nos gustará, en qué podríamos ser buenos, o qué podríamos llegar a ser.

Pero Dios sí lo sabe.

Para entrar en ese yo renovado tienes que desafiar al viejo yo.

Es ahí donde la mentalidad que dice «no estoy atascado a menos que me detenga» adopta un significado más profundo y más personal. No se aplica solamente a superar obstáculos y rodear barricadas que enfrentas a lo largo del día. También se aplica al proceso continuado del crecimiento *interior*, de convertirte en el ser que Dios creó y entrar en el llamado que Él puso en ti.

Cuando Dios llamó a Josué a liderar a Israel, sabía que Josué necesitaba verse a sí mismo de modo diferente a como lo había hecho hasta ese momento. Creo que Josué batallaba con cierta duda de sí mismo. Acababa de sustituir a Moisés, el hombre que sacó a Israel de Egipto, de modo que las sandalias que tenía que ponerse eran muy grandes. Se suponía que él llevaría a Israel a la Tierra Prometida, lo cual era una meta imposible a menos que Dios hiciera muchos milagros.

Josué sabía todo eso, y Dios sabía que Josué sabía todo eso. Por lo tanto, Dios lo retó a confrontar su vieja manera de verse a sí mismo. Dios le prometió: «Durante todos los días de tu vida, nadie será capaz de enfrentarse a ti. Así como estuve con Moisés, también estaré contigo; no te dejaré ni te abandonaré. Sé fuerte y valiente porque tú harás que este pueblo herede la tierra que prometí a sus antepasados» (Josué 1:5-6).

La configuración por defecto de Josué parece haber sido el temor y la inseguridad; era ser el segundo al mando. Sin embargo, era el momento de desafiar esa configuración por defecto y entrar en el nuevo Josué, un Josué que no era nuevo en lo más mínimo, porque era el Josué que Dios había conocido desde el inicio del tiempo.

¿Qué ve Dios en ti que tú no puedes ver en ti mismo? ¿Qué configuraciones por defecto necesitas desafiar? ¿Dónde has estado atascado por tanto tiempo que has supuesto que así eres en realidad y así serás siempre? Solo tú puedes saber dónde te has conformado con una «normalidad» que no debe ser normal en absoluto, porque no es tu yo renovado.

Tal vez, cuando discutes con tu cónyuge, tu configuración por defecto es enojarte y salir enfurecido de la habitación, seguido por el trato del silencio. Quizá cuando estás con otras personas, tu configuración por defecto es la duda de ti mismo o evitar el conflicto, de modo que no hablas cuando sabes que deberías hacerlo. Puede que tu configuración por defecto sea la desconfianza, de modo que te resulta difícil confiar en las personas o construir buenas

amistades. Tal vez tu configuración por defecto es la taca-
ñería, y ninguno de tus empleados está contento, porque se
sienten utilizados por ti.

Una de mis configuraciones por defecto en la que tuve
que trabajar es cómo tomar las críticas. Recuerdo que hace
muchos años atrás, después de hacer un viaje misionero a
China, mi líder me dijo: «Steven, tu mayor problema es que
estás a la defensiva».

Yo respondí: «¡No, no lo estoy!».

Es irónico, ¿no es cierto? Si defiendo el estar a la defensiva, he demostrado el punto de mi acusador.

Sin embargo, no tengo que hacer eso. Puedo desafiar
mi actitud de estar a la defensiva. Puedo escoger escuchar.
Puedo tomar cierto espacio y tiempo para considerar las
críticas en lugar de devolver el golpe. Puedo decir: «Déjame
pensar en eso, y hablaremos». Puedo consultar a Dios si hay
un valor real en lo que esa persona está diciendo, incluso si
no estoy de acuerdo. No tengo que defenderme porque, de
todos modos, no dependo de que la
opinión de alguien me defina.

> Cuando incorporo a mi vida la confianza de Cristo, comienzo a desafiar mi configuración por defecto, y me convierto en algo que nunca pensé que podría ser.

¿Ves cómo funciona? Cuando
incorporo a mi vida la confianza
de Cristo, comienzo a desafiar mi
configuración por defecto, y me
convierto en algo que nunca pensé
que podría ser. Sin embargo, Dios
sabía que eso estaba ahí. Él lo está
llamando a salir, y me llama a mí a
transformarme y llegar a serlo.

Se necesita consciencia de uno mismo. Se necesita trabajo. Se necesita valentía y humildad. Y, sobre todo, se necesita tiempo.

No obstante, en algún lugar en el camino, te conviertes en «esa persona». Esa persona paciente. Ese tipo de persona. Esa persona relajada. Esa persona pura. La persona que Dios vio en ti, incluso cuando tú nunca la viste en ti mismo.

¿Fue la palabra número 522 la que lo logró? ¿Fue la buena decisión número 1396? No, desde luego que no. No funciona de ese modo para tu madurez, al igual que no funciona así para tus músculos.

Sin embargo, sí funciona. Sí que cambias. La Biblia dice que «somos transformados a su semejanza con más y más gloria por la acción del Señor, que es el Espíritu» (2 Corintios 3:18). Es un proceso, y Dios está a cargo. Dejemos que sea Él quien marque el paso.

A medida que persigas tu yo renovado, tendrás que desafiar tu configuración por defecto una y otra vez. Te encontrarás atrapado entre tu comodidad y tu llamado; entre lo que has hecho siempre y lo que Dios te está invitando a hacer a continuación.

Mencioné antes que puede sentirse poco natural al principio, pero eso no hace que sea equivocado. Recuerdo intentar aprender a jugar al tenis, y lo primero que me dijo el instructor fue lo siguiente: «Muéstrame cómo agarras la raqueta». Yo se lo mostré, y de inmediato él movió mi mano colocándola en una posición totalmente diferente. Durante las semanas siguientes, me sentía como un niño de cuatro años cada vez que servía la bola. La bola volaba hacia todas partes. Para que mi servicio se elevara hasta un estándar más alto tuve que cambiar mi agarre, y me sentía terrible. Sin embargo, fue mejorando gradualmente. Ahora bien, no voy a desafiar a Novak Djokovic en un futuro cercano, pero sí que mejoré.

Al principio, sin embargo, empeoré.

Eso es lo que sucede al desafiar tu configuración por defecto. Cuando lo intentas por primera vez se siente poco natural, torpe y difícil. Eso puede ser bochornoso, si permites que lo sea. Si esperas perfección inmediata, podrías ser tentado a darte por vencido, porque el proceso de aprendizaje expone cuánto no sabes y cuánto te queda por recorrer todavía. Sin embargo, con el Espíritu Santo como tu instructor y guía, el crecimiento no solo es posible; es inevitable. Mientras no te des por vencido demasiado pronto.

¿Hay áreas de tu carácter, tu actitud o tus acciones en las que necesitas desafiar tu configuración por defecto, incluso si al principio se siente un poco extraño? ¿Hay circunstancias en tu vida que has aceptado como normales y que necesitas luchar para cambiar aunque haya cierta resistencia? ¿Te está llamando Dios, como a Josué, a entrar en un nuevo rol que es un poco intimidante?

Dondequiera que estés en el proceso de Dios, sin importar cuántos años tengas o por cuánto tiempo hayas hecho las cosas de cierta manera, y a pesar de cuán incómodo se sienta al principio «el yo renovado», no dejes de cambiar. No dejes de crecer.

Tu configuración por defecto no es tu destino. Es tan solo donde estás hoy y cómo actúas ahora. Sin embargo, estás creciendo; estás cambiando. La lucha en sí misma es tu

POUND: tu lugar de máximo desarrollo (sobre)natural. No estás trabajando tus abdominales; estás ocupándote en tu salvación. Estás viviendo tu identidad, y estás siendo transformado a la semejanza de Dios por medio de Jesús.

> Tu configuración por defecto no es tu destino.

Mientras no te detengas, mientras no te conformes, mientras no pongas excusas para una versión de ti mismo que está por debajo de la que Dios conocía desde antes del inicio del tiempo, tu configuración por defecto no puede definirte ni desalentarte.

Es solamente un punto de inicio, y estás siendo transformado más y más cada día a la semejanza de Dios en ti.

CAPÍTULO 5

HAZ ESO QUE HARÍAS

Cuando era un adolescente de doce años, tenía muchas ganas de estar en una banda de rock. Soñaba con eso. Estaba obsesionado y fantaseaba con eso. El problema era que realmente no tocaba ningún instrumento, y tampoco ninguno de mis amigos tocaba.

Por lo tanto, creaba bandas imaginarias. Inventaba un nombre *cool* para la banda, y entonces me acercaba a uno de mis amigos y le decía: «Sí, tú estás en mi banda. Eres mi baterista».

Y él decía: «¿De qué hablas? Yo no toco la batería. Nunca he tomado una lección en mi vida. Ni siquiera tengo una batería».

«No importa. Tú eres el baterista en mi banda». Entonces buscaba a un bajista que no tocaba el bajo, a un cantante que no sabía cantar, y así sucesivamente. Incluso creaba un CD ficticio para mis bandas imaginarias.

Al final, una amiga mía llamada Michelle me habló de un muchacho que tocaba el bajo. Para entonces yo iba mejorando con la guitarra, pero todavía no tenía amigos que pudieran estar en una banda. Por lo tanto, le pregunté a mi amiga: «Pero ¿sabe tocar de verdad el bajo?».

«Sí», me respondió.

«¿Tiene un bajo?».

«Sí».

«Quiero conocerlo».

Los dos comenzamos una banda. Se llamaba Fox, que era el apellido de él. Después, se unió a nosotros su hermano James, y ya teníamos una banda legítima con tres miembros. Llamamos Deadbeat a nuestro grupo. Yo tocaba la guitarra, Fox el bajo y James la batería. Tocábamos canciones de las bandas Pearl Jam, Hootie & the Blowfish, Bush, y muchas de Green Day. Tocábamos en cualquier lugar donde alguien nos pidiera que fuéramos. No nos importaba. Mientras tuvieran enchufes suficientes para poder enchufar nuestros instrumentos, y mientras nadie nos echara a patadas por hacer demasiado ruido, tocábamos para ellos. No estoy diciendo que estábamos a punto de conseguir un contrato, pero al menos yo estaba finalmente en una banda.

Con el tiempo, James tuvo que dejarlo, así que conseguimos otro baterista. Entonces él también se fue y conseguimos otro baterista. Al final, la banda quedó en nada, y aquí estoy yo hoy, otra vez sin tener una banda. Está bien. Sigo componiendo canciones y me encanta la música rock.

Ahora me río de mi viejo yo de doce años. ¿Qué tan extraño e inquietante es comenzar una banda falsa y sacar álbumes falsos? Sin embargo, en ese momento no me parecía falso. No tenía una banda de verdad, de modo que hacía todas las cosas que haría si *tuviera* una banda hasta que llegué a tenerla. Fingirlo hasta conseguirlo, ¿no?

Creo que la historia ilustra un sencillo principio que puede ayudarte en cualquier área de tu vida. Cuando todavía no estás donde quieres estar, haz eso que *harías* si ya estuvieras ahí, o al menos acércate todo lo que puedas.

En otras palabras, pregúntate a ti mismo qué *harías* si no tuvieras la limitación, el obstáculo, el gigante que se interpone en tu camino. Entonces, haz todo lo que puedas para ir en esa dirección, incluso si es solamente un paso diminuto e incluso si no sabes qué harás cuando llegues allá. Haz eso que harías si supieras que Dios estuviera abriendo un camino.

> Haz eso que harías si supieras que Dios estuviera abriendo un camino.

Eso es lo que significa el compromiso a progresar. Así es como dejas de estar estancado. Por eso nunca te detienes. El éxito no llega mediante hazañas sobrenaturales de fuerza o al encontrar atajos que nadie más conoce. El éxito se encuentra en cada paso que das en la dirección correcta.

Tal vez digas: «Si tuviera una hora libre, haría ejercicio». Pero no tienes una hora; solo tienes diez minutos. Pues bien, haz ejercicio por diez minutos. Si ejercicio es lo que harías si tuvieras más tiempo, haz una miniversión de eso.

Quizá dices: «Si tuviera dinero suficiente, me compraría una casa». ¿Qué harías si tuvieras dinero suficiente para hacer un pago inicial? Comprarías la casa y comenzarías a hacer los pagos. ¿Por qué no comenzar desde ahora a ahorrar para los pagos? Holly y yo abrimos una cuenta bancaria para nuestra primera casa y separamos parte de nuestro salario para prepararnos para el pago de una hipoteca antes incluso de tener el pago inicial. Queríamos establecer el patrón para el potencial que creíamos que Dios había puesto en nuestro interior.

Haz eso que harías. No esperes. Haz lo que puedas, sin importar cuán pequeño sea, que te haga avanzar hacia la dirección de lo que harías si pudieras.

No digas: «Si no puedo hacerlo de este modo, entonces no lo haré». Esa es una receta para mantenerte atascado. Las condiciones nunca serán perfectas. Tus expectativas nunca se cumplirán totalmente. Si esperas a que todo sea fácil, obvio, y libre de riesgos, nunca irás a ninguna parte. Eclesiastés 11:4 dice: «Quien vigila al viento no siembra; quien contempla las nubes no cosecha». En otras palabras, si lo intentas con la fuerza suficiente, siempre podrás convencerte a ti mismo para no dar el siguiente paso de fe.

> A veces simplemente tienes que trabajar con lo que tienes. Tienes que usar lo que Dios ha puesto en tus manos, sin importar cuán improbable o limitado sea.

A veces simplemente tienes que trabajar con lo que tienes. Tienes que usar lo que Dios ha puesto en tus manos, sin importar cuán improbable o limitado sea. Haz eso que harías, aunque solo sea una presentación preliminar, como ronda de práctica para lo verdadero.

Ahora bien, la frase «haz eso que harías» en realidad tiene un significado doble. Para mí, no solo significa hacer lo que *harías* si no estuvieras enfrentando el obstáculo o la limitación que tienes delante.

A la luz de Efesios 4, también significa: «haz lo que *ese* yo haría».

¿A qué yo me refiero? A *ese* yo. Al yo renovado. El que Dios conocía desde la creación. El yo renovado al que Él te está llamando a entrar ahora. *Esa* versión de ti es el yo correcto, el yo verdadero. Por lo tanto, cuando estés enfrentando una decisión o situación difícil, haz eso que haría *ese* yo.

¿Quieres que te conozcan como una persona generosa? Haz eso que haría *ese* yo: el yo generoso. El yo amoroso. El yo sin egoísmo. Has visto destellos de ti mismo en un estado generoso. Haz más de eso que haría *esa* versión de ti, y pasará de ser un destello a ser una realidad firme.

¿Estás lidiando con una demora? Haz eso que el yo paciente y proactivo haría. Toma los pasos que puedas tomar y deja el resto a Dios. Muévete en el fluir del Espíritu Santo. No lo fuerces con frustración, pero tampoco te quedes esperando sin hacer nada. Imagínate a ti mismo como la persona que avanza a ritmo con el Espíritu Santo y haz eso que haría *ese* yo.

¿Estás comenzando a ver cómo funciona esto? El modo en que te ves a ti mismo importa. Aquello de lo que te creas capaz es crucial. Los psicólogos utilizan términos como *autosuficiencia* y *autoimagen* para referirse a la misma verdad. Al provenir de un lugar de fe, entendemos que fuimos creados a la semejanza de Dios. Somos creados para ser semejantes a Él. Podemos desafiar nuestra configuración por defecto. No tenemos que recaer en lo que hemos hecho siempre.

«Haz eso que harías», por lo tanto, es una estrategia

para salir del letargo. Es un modo de enfocar nuestra fe durante esos momentos en los que nos sentimos en conflicto. Es un reto a elevarnos más. Es una llamada a la fe.

Por lo tanto, pasa tiempo con Dios, capta su visión del ser en el que te estás convirtiendo, y comienza a vivir como esa persona ahora. No actúes como tu viejo yo y tus viejos patrones. Actúa avanzando hacia tu yo renovado con el poder del Espíritu Santo.

¿Qué haría ese yo? El yo que quieres ser. El yo que Dios llamó. El yo que Dios conoce íntimamente. El yo al que Dios te está llevando en este momento. Ese yo, ese ser, no es solamente una aspiración; es auténtico. Ese ser *eres* tú, de modo que comienza a renovarte. Y sigue haciéndolo, por la fe, hasta que te conviertas en ese ser en tu conducta, hasta que te encuentres poniendo en práctica el potencial con el que Dios te creó.

> No todos practicamos la generosidad, la paciencia, el amor o el gozo del mismo modo, así que enfócate en averiguar qué haría el verdadero yo, y no lo que haría otra persona.

Recuerda también que «ese ser» no se verá igual que todo el mundo. Haz eso que haría ese ser. No todos practicamos la generosidad, la paciencia, el amor o el gozo del mismo modo, así que enfócate en averiguar qué haría el verdadero yo, y no lo que haría otra persona.

Tengo amigos que son jardineros, lo cual requiere un tipo de paciencia que yo ni siquiera aspiro a tener. Sin embargo, yo soy paciente de otras maneras: en cómo estudio y me preparo para los mensajes, en cómo alimento ideas para canciones, en cómo permito que Dios mueva a personas a entrar y salir de mi vida. Podría no demostrar mi paciencia en cuanto a plantar y podar tomateras, pero sí que planto y podo verdad en los corazones de las personas. Conviértete en el ser que fuiste creado y Dios te llamó a ser, no en el que Dios creó y llamó a ser a otra persona.

Observemos también que cuando dije «haz eso que haría ese yo», no dije intencionadamente: «Haz *todas las cosas* que haría ese yo». Dije: «eso». En singular.

Hacer «todas las cosas» es abrumador y poco realista. Hacer todas las cosas te colocará en una cama de un hospital, o como mínimo te causará insomnio o úlceras. Es un camino seguro hacia el agotamiento. Escoge una o dos cosas que haría *ese* yo en tu situación actual y practica eso.

Escuché decir a un ministro más mayor que su versículo favorito cuando joven era: «*Todo* lo puedo en Cristo que me fortalece»; sin embargo, ahora que tiene más edad, su versículo favorito era: «*una* cosa hago». Había aprendido el poder del enfoque.

¿Qué es eso a lo que Dios te está llamando a enfocarte en este momento? Practica eso. Una cosa a la vez. Pelear por el yo renovado significa enfocarte en la siguiente prioridad importante que el Espíritu Santo esté señalando en tu vida.

¿Oraría *ese* yo? Entonces, oración es lo que deberías hacer en este momento. ¿Llegaría *ese* yo a tiempo al trabajo? Entonces, llegar a tiempo es lo que deberías hacer. ¿Diría la verdad *ese* yo? ¿Comenzaría un negocio? ¿Apagaría el teléfono y estaría presente? ¿Diría que lo siente? ¿Ahorraría para la jubilación? ¿Defendería a alguien que no puede defenderse a sí mismo? ¿Se negaría a chismear? ¿Escogería amar?

Entonces, haz eso. Y después la siguiente cosa. Y después la siguiente.

Hace algunos años, antes de que falleciera mi papá, él y yo atravesamos un periodo muy difícil en nuestra relación. Le habían diagnosticado ELA (esclerosis lateral amiotrófica), y entre su frágil salud y algunos medicamentos que estaba tomando y que afectaban a su estado de ánimo, las cosas eran realmente difíciles.

Durante los dos últimos años de su vida, en particular, él era imposible. Yo había arreglado las cosas para que mi mamá y él se mudaran a Charlotte, donde vivo ahora, para así poder estar cerca de nosotros, pero cada vez que mi mamá y yo organizábamos un plan para ayudar a que tuviera cuidado profesional, él lo estropeaba. Finalmente se mudó de regreso a Moncks Corner, en Carolina del Sur, donde me había criado, para vivir solo en su casa. Incluso, organicé las cosas para que personas fueran allá y cuidaran de él; pero él las despedía a todas. En cuatro ocasiones.

Intentábamos conversar por teléfono, y ambos terminábamos a gritos. Siempre que yo lo llamaba, él se ponía furioso a los dos minutos. Esa situación continuó durante meses. Era terrible. Los domingos, me levantaba y predicaba ante mi iglesia, y los martes tenía un combate de gritos con mi papá. Me sentía un hipócrita, pero no podía averiguar un modo de superarlo.

Sabía lo que yo quería: reconciliación. Quería estar al lado de mi papá. Quería poder cuidar de él. El problema no era saber lo que tenía que suceder. En raras ocasiones es ése el problema. Era saber cómo llegar hasta ahí. El problema era pensar en cómo poder avanzar en una situación imposiblemente complicada. Yo había probado todo lo que se me ocurrió, pero parecía que estábamos atascados en el enojo y la disfunción.

Llegó el Día del Padre, y resultó que iba de regreso a casa tras unas vacaciones con mi familia. Recuerdo estar perdido en mis pensamientos mientras manejaba, sintiéndome mal por no poder estar con mi papá, pero también furioso y herido por cómo nos estaba tratando a todos, en especial a mi mamá. De repente, vino a mi cabeza algo que mi suegro me había dicho semanas antes. «Intenta recordar los momentos buenos. Él hizo bien muchas cosas».

Cuando me dijo eso, era lo último que yo quería escuchar; sin embargo, aquel Día del Padre mientras manejaba por la misma autopista que atravesaba Moncks Corner, tuve una idea. No estaba seguro de si era una buena idea o no, pero era algo que todavía no había intentado, y no estaba preparado para darme por vencido. No quería que mi papá muriera sin que nuestra relación fuera restaurada, y no sabía cuánto tiempo de vida le quedaba.

Le pedí a Holly que manejara, y saqué pluma y papel. Decidí anotar un buen recuerdo por cada año que él había sido mi papá. Yo tenía treinta y dos años, de modo que eso significaba enumerar treinta y dos recuerdos positivos. No estaba seguro de poder hacerlo, para ser sincero. Estaba muy enojado. Aunque él fue un buen papá e hizo muchas más de treinta y dos cosas positivas, no estaba seguro de poder recordarlas en ese momento. Iba a intentarlo, sin embargo, y dejaría la lista en su casa cuando pasáramos por allí.

Al principio, apenas si podía anotar una palabra en la página. Mi mente estaba llena de las cosas abusivas que él había dicho y hecho en los últimos meses, y tuve que hacer un gran esfuerzo para echar atrás el reloj y pensar en mi niñez. Sin embargo, a medida que movía la pluma por la página en fe, a medida que hice eso que haría si tuviera una buena relación con mi papá, los recuerdos y sentimientos a los que necesitaba acceder comenzaron a fluir.

Lo primero que recordé fue cuando yo jugaba béisbol de niño. Papá era nuestro entrenador, y éramos un equipo tan malo, que él no permitía que ninguno de nosotros se moviera cuando iba a batear. Nos hizo batear suavemente durante toda la temporada. Entonces escribí dos palabras: «Batear suavemente». Eso me hizo comenzar.

Entonces recordé una ocasión en la que yo tenía unos catorce años y él me llevó a un concierto de una banda de rock punk en Ladson, Carolina del Sur. A él le gustaba mucho la pesca, no el rock punk, pero estaba intentando conectar conmigo y sabía que a mí me encantaba la música. El concierto fue la peor música que habíamos escuchado nunca, pero allí estábamos juntos. Escribí: «Concierto de rock punk, Ladson».

Entonces llegaron más recuerdos. A continuación, recordé una vez que él me llevó a una reunión de avivamiento en una pequeña iglesia rural. No teníamos ni idea de en qué nos metíamos. El conferencista invitado era un predicador de la vieja escuela, de los que predicaban fuego y azufre, y estábamos sentados en la primera fila. El predicador se animó mucho, y la gente comenzó a gritar. En cierto momento, un niño comenzó a saltar y gritar, pero no decía «amén», «gloria a Dios» o «eso es, predicador». Gritaba: «¡Dejen comer al jabalí!». Nunca antes había oído eso, y para ser sincero, nunca más he oído la frase desde entonces. Sigo sin saber qué quiso decir él. Lo anoté. «Dejen comer al jabalí».

Terminé la lista justo cuando entramos en Moncks Corner. Manejamos hasta la casa, y llamé a la puerta. Ni siquiera di un abrazo a mi papá cuando él abrió. Solamente le entregué el papel. «Aquí tienes. Te hice una lista. Son treinta y dos cosas que recuerdo sobre ti».

Me gustaría poder decir que los dos nos abrazamos y nos reconciliamos allí mismo, pero no era una película de Hallmark, y los dos éramos demasiado tercos y nos habíamos herido mutuamente para hacer eso. Lo único que hice fue darle la lista, me senté con él por diez minutos, y regresé a mi auto.

Él me llamó después y me preguntó: «¿Cómo recordaste todas esas cosas?». Conversamos y reímos por unos minutos. Fue una grieta en el muro entre nosotros, un avance diminuto, y los dos lo aceptamos.

Poco después de aquello, hicimos las paces de verdad. Pude estar con él cuando falleció unos meses después. Estaré siempre agradecido porque Dios no me permitió dejar de intentarlo, y siguió dándome empujoncitos incluso cuando me sentía atrapado.

Cuando pienso en aquel avance el Día del Padre, puedo ver la utilidad y el poder de este principio: «haz eso que harías». Al hacer aquella lista, hice una versión mini de eso que me habría gustado hacer, que era poder conversar con mi papá. Sin embargo, como no podíamos conversar sin gritar, lo escribí. Hice eso que habría hecho si los dos no estuviéramos tan heridos, o al menos algo que apuntaba en esa dirección.

El segundo significado de esa frase es todavía más importante. Tuve que decidir actuar como «ese yo renovado», el yo verdadero, el ser que fui creado. La lista que la versión actual de mí quería escribir se habría titulado «32 maneras en que nos decepcionaste en los dos últimos años», o algo parecido a eso. Parecía lo natural, al menos en ese entonces. Sin embargo, esa no es la versión de mí que quería llevar a los últimos días de mi papá. No es la versión de mí que sabía que Dios podía ver o a la que Dios me estaba llamando. Por lo tanto, por su gracia, hice eso que haría *ese* yo. Me humillé. Avivé el amor. Tomé un riesgo. Lo intenté una vez más.

Y Dios intervino.

No me estoy presentando aquí como cierta clase de héroe; después de todo, esa idea vino de Dios, y también la gracia para llevarla a cabo a pesar de mi herida. Igualmente, la respuesta de mi papá, y también nuestra reconciliación. Sí, los dos teníamos que hacer nuestra parte, pero lo hicimos en colaboración con un Dios que siempre se había interesado profundamente por nuestra relación y cuyo poder es mayor que cualquier quebranto u ofensa.

Eso es lo que me da esperanza en cada circunstancia difícil, y es lo que debería darte esperanza a ti también. Puede que no siempre seas creativo, fuerte, decidido, santo, desprendido o generoso, pero *Dios* sí lo es. Él es lo que necesitas, y Él es lo que te falta.

> Puede que no siempre seas creativo, fuerte, decidido, santo, desprendido o generoso, pero *Dios* sí lo es.

Cuando acudes a Él, encuentras la gracia para entrar en un yo, en un ser, nuevo, más maduro, más paciente y más expansivo.

Sé que Dios seguirá dándote empujoncitos hacia delante mientras haya aliento en tu cuerpo. Él quitará las capas de tu viejo yo y las sustituirá por tu verdadera naturaleza. Él desafiará tu configuración por defecto y ampliará tu capacidad para soportar la presión. Él te mostrará quién eres realmente y te guiará al futuro que Él ha conocido siempre, y tú lo aceptarás porque es tu yo más completo.

———————

La mentalidad que dice «no estoy estancado, a menos que me detenga» significa compromiso a progresar. Es la decisión que toma el yo renovado de no darte por vencido ante los obstáculos, sino en cambio confiar en la gracia y buscar el siguiente paso que Dios tiene para ti.

En otras palabras, no puedes hacerlo sin Dios, pero Dios tampoco lo hará sin ti. Su poder fluye a través de ti y su mano te guía, de modo que serás suficiente para la tarea que tengas a la mano. Cuando comprendes que Jesús te hace suficiente, descubres un nivel nuevo de seguridad, confianza y autoaceptación.

Es esta conexión entre Cristo y nosotros la que yace en el corazón de nuestra segunda mentalidad, nuestra segunda afirmación, que podría ser la más importante de todas: *Cristo está en mí, por lo que soy suficiente.*

«CRISTO ESTÁ EN MÍ, POR LO QUE SOY SUFICIENTE».

PASO DE ACCIÓN:

ACEPTA TU YO.

CAPÍTULO 6

MÁS DE LO QUE TE FALTA

Eran los Juegos Olímpicos de 2016, y el combate de la final de lucha femenina estaba a punto de comenzar. La luchadora estadounidense Helen Maroulis, de veinticuatro años, estaba de pie en el túnel que conducía a la arena. A su lado estaba su oponente, la competidora japonesa Saori Yoshida, tres veces campeona olímpica con trece medallas de oro con su nombre y la clara favorita para llevarse a casa el oro. Helen se había enfrentado a Saori Yoshida dos veces antes en otros eventos, y perdió las dos veces. Sin embargo, había entrenado durante tres años para este momento.

«Nunca había sentido nada parecido a lo que sentí antes del combate final. Fue eléctrico», recordaba Helen en una entrevista posterior, hablando de que mantuvo una mentalidad positiva antes de pasar a la lona. «Miré a mi lado por un segundo y vi a Yoshida, y me volteé. Pensé: *Vaya, Helen. Vaya.* Cinco segundos son suficientes para que un mal pensamiento entre en tu mente, o un pensamiento negativo, o una duda, o cualquier otra cosa. Pensaba: *Dios, ¿cómo me* *protejo ahora?* Yo tenía este mantra: Cristo está en mí. Soy suficiente. Cristo está en mí. Soy suficiente. Cristo está en mí. Soy suficiente».*

Minutos después, Helen derrotó a Saori Yoshida por 4 a 1 en una de las mayores victorias inesperadas en la historia de la lucha.

Me encanta esa historia por dos motivos. En primer lugar, como papá de un luchador, respeto al máximo a un medallista olímpico del oro. En segundo lugar, el mantra que Helen repetía es uno que yo prediqué unas semanas antes de que ella ganara en las Olimpíadas. Ella estaba viendo el mensaje en el internet, y saber que Helen hizo una confesión, una declaración, de un sermón cuando ganó una medalla de oro olímpica me hizo sonreír.

Seas un luchador olímpico, una mamá soltera, un pastor, un mecánico, un maestro de escuela o un estudiante, a menudo tienes que convencerte a ti mismo con palabras para *alejarte* de algunas cosas y *entrar* en otras. Tienes que usar palabras para alejarte de la duda y entrar en la fe. Para alejarte de tus debilidades y entrar en la fortaleza de Dios. Para alejarte de tu cabeza y entrar en tu futuro.

No tienes que enfrentarte a un oponente en una lona; ya enfrentas obstáculos en la vida. Y, en lugar de pelear una vez cada cuatro años, te encuentras luchando cada cuatro *minutos* con otra razón para dudar de ti mismo, con otra razón para preguntarte si eres suficiente. Con otra voz que

---

* FloWrestling, "Helen Maroulis Breaks Down Her Historic Win Over Saori Yoshida (Girls Can't Wrestle Ep. 2)" (YouTube, 13 de abril de 2018), https://www.youtube.com/watch?v=-cvlGWA_eRY.

te dice que seas más fuerte, más inteligente, más divertido, más guapo, más delgado, más rico, más amable. Con otra voz que te dice que te enfoques en lo mucho que te falta y en cuántas veces te quedas corto.

En ocasiones, o quizá gran parte del tiempo, podrías sentir que no eres suficiente. La vida es demasiado grande, es demasiado difícil y está más allá de tu control. Intentas constantemente manejar al mismo tiempo todas las cosas que debes hacer, que quieres hacer y que necesitas hacer, pero a veces puede parecer que se te caen más bolas de las que agarras. Te decepcionas contigo mismo, defraudas a quienes se interesan por ti, y sientes que todo está organizado para hacer que fracases.

Creo que todos hemos oído una voz interior de fracaso, de indignidad y de carencia. Sé que yo la he oído. Demasiadas veces me he encontrado batallando para manejar dieciocho cosas a la vez, y ninguna de ellas puede quedar sin hacer, porque todas son interdependientes. Sin embargo, yo no puedo hacerlo todo. No tengo suficiente tiempo. No tengo suficiente energía. No tengo suficiente paciencia. No tengo suficiente...

La lista de los «no suficiente» nunca termina.

Peor aún, es un salto fácil desde el «no tengo suficiente» en algunas áreas de tu vida hasta el «no soy suficiente» como persona. La primera es una declaración sobre la situación que estás atravesando. La otra es una etiqueta que te encierra en una vieja versión de ti mismo.

En otras palabras, comienzas a medirte a ti mismo en términos de lo que te falta. Conviertes tu insuficiencia en tu identidad. Haces que tu carencia sea tu etiqueta.

Ahora bien, estoy seguro de que también tienes días buenos. Sé que hay áreas en las que eres fuerte, temporadas en las que las cosas van bien, victorias que te hacen sentirte orgulloso. Como vimos antes, esos momentos son con frecuencia destellos del ser renovado que Dios creó en ti.

Esos momentos son alentadores, pero nunca te harán sentir *suficiente*. No por mucho tiempo, de todos modos. Y no tienen la intención de hacerlo.

Solamente Dios puede hacer eso.

Por eso, esta mentalidad tiene dos partes. «Cristo está en mí...soy suficiente». No puedes tener la segunda mitad sin tener la primera mitad.

Jesús les dijo a sus discípulos poco antes de su muerte y resurrección: «Y porque yo vivo, también ustedes vivirán. En aquel día ustedes se darán cuenta de que yo estoy en mi Padre, ustedes en mí y yo en ustedes» (Juan 14:19-20). Unos versículos más adelante, hizo esta famosa declaración: «Yo soy la vid y ustedes son las ramas. El que permanece en mí, como yo en él, dará mucho fruto; separados de mí no pueden ustedes hacer nada» (15:5).

Jesús les estaba diciendo a sus discípulos que sus vidas estaban en Él, y Él estaba en ellos; y eso era lo que les hacía suficientes. ¿Ves ahí la lógica? ¿Puedes escuchar el ánimo en la voz de Jesús? No les estaba gritando: «¡Sean lo suficientemente santos! ¡Sean lo suficientemente sabios! ¡Sean lo suficientemente puros! ¡Sean lo suficientemente perfectos!». Les dijo: «*Yo* soy suficiente. Y, como yo estoy con ustedes, ustedes serán suficientes».

Él te dice lo mismo a ti. Tú eres más de lo que te falta o de donde no llegas. No tienes nada que demostrar, porque tu suficiencia viene de Cristo, y Él nunca fallará.

Sí, cometes errores y tienes debilidades. Todos las tenemos. ¿No crees que un Dios que todo lo sabe ya sabía eso cuando te creó antes de la fundación del mundo? En lugar de culparte a ti mismo, rechazarte, aborrecerte, o huir de ti mismo, puedes aceptarte. Acepta tu verdadero Yo, con mayúscula porque es la versión de ti que Dios creó. Es el yo renovado.

> No tienes nada que demostrar, porque tu suficiencia viene de Cristo, y Él nunca fallará.

El cambio mental hacia el «no soy suficiente» se produce fácilmente, por lo general, sin darnos cuenta o de modo consciente. Mi hijo Elijah entró en la casa un día y dijo que planeaba ir de pesca con sus amigos. Cuando yo era niño, mi papá me enseñó a pescar (o lo intentó, de todos modos), pero a mí realmente no me gustaba. Recuerdo llevar la cuenta de cuántas veces picaba el pez versus cuántos peces pescábamos como manera de matar el aburrimiento. Por lo tanto, como padre, nunca llevé a mis hijos a pescar.

Cuando Elijah dijo que quería ir con sus amigos, mi cerebro pasó de pensar: «Bien, quiere pescar» a «No sabe pescar» y después a pensar: «Yo nunca le enseñé a pescar» y «Soy un mal papá, porque nunca le enseñé a pescar».

Todo eso se produjo en un solo segundo. ¿Ves lo que sucedió? De repente, el hecho de que Elijah no sabía suficiente sobre pesca significaba que yo no era suficiente como padre.

¿Has hecho alguna vez eso? Tomaste un área en la que no estás a la altura de alguna expectativa idealizada y la conviertes en una identidad. Entonces, todo escala a partir de ahí. «Si se me diera mejor administrar el dinero, no tendríamos una deuda de veinte mil dólares. Si fuera un mejor padre, mi hijo no reprobaría en todas sus clases. Si fuera un mejor jefe, no habríamos perdido ese contrato contra la competencia. Todo es culpa mía. No tengo suficiente, porque no soy suficiente».

No estoy diciendo que te engañes a ti mismo y pienses que eres perfecto. No digo que tú y yo no podríamos haber tomado mejores decisiones a lo largo del camino, pero debemos mostrarnos cierta compasión. Debemos concedernos algún mérito a nosotros mismos. Tal vez estás haciendo un trabajo realmente bueno, pero te has encontrado con algunos golpes inesperados. No interiorices esas pérdidas y te convenzas a ti mismo de que *tú* no eres suficiente.

Hay una canción de Taylor Swift que dice: «Yo soy el problema, soy yo». Algunos de nosotros tenemos esa frase que se repite una y otra vez en nuestra cabeza (y, por si te lo preguntas, conozco esa letra gracias a mi hija de doce años). La banda sonora de nuestra época es ésta: «Yo soy el problema. Soy yo. Mi casa no está lo bastante limpia. No me pagan lo suficiente en mi trabajo. No negocio suficientemente bien con los clientes. No lo intenté lo suficiente para hacer que mi matrimonio funcionara. No tengo suficiente tiempo, suficiente energía, suficiente autodisciplina, suficiente crédito, suficiente experiencia. Sí, yo soy el problema. Soy yo».

Ahora bien, si realmente eres parte del problema, entonces reconócelo y trabaja en ello. No estás estancado, a menos que te detengas, ¿recuerdas? El punto que quiero establecer es que no puedes llegar a conclusiones dramáticas, generalizadas y autocríticas acerca de ti mismo cada vez que atraviesas retos o cometes errores. En lugar de suponer que estás quebrado y no hay modo alguno de restauración, aprende a aceptar tu Yo tal como Dios lo diseñó, lo creó y lo acepta, y después trabaja hacia un mejor resultado en cualquier área que necesite mejorar.

Cuando Elijah hizo ese comentario sobre la pesca, yo superé mi inseguridad con bastante rapidez. Creo que dije algo parecido a lo siguiente: «Lamento no haberte enseñado a ser pescador, Elijah, pero oye, ¡te enseñé a ser un *pescador de hombres*!». Fue una broma de papá y una broma de predicador fundidas en una sola. Ahora sabes lo que tiene que soportar mi familia.

El punto que intento establecer es que tienes que encontrar tu suficiencia en Jesús y abandonar la escalada de desesperación. Su vida abundante está ya en tu interior, y de esa abundancia Él provee los recursos que necesitas. Suficiente no es un estado que alcanzarás finalmente. Es un regalo que ya tienes.

> Suficiente no es un estado que alcanzarás finalmente. Es un regalo que ya tienes.

Si has caído en la creencia de que lo que te hace suficiente es *lo que haces* o *lo que tienes*, siempre estarás operando con déficit porque, sinceramente, la vida es demasiado para cualquiera de nosotros. Eso es lo que Dios quería que Moisés entendiera cuando se presentó a sí mismo como «Yo Soy el que Soy» (Éxodo 3:14). Intentaba que Moisés viera que la naturaleza de Dios es la «suficiencia». Es la abundancia.

Dios intenta lograr que confiemos en Él de la misma manera. El primer paso para aceptar tu Yo es comprender cuán «suficiente» es en realidad Dios. Es su presencia, no nuestro desempeño, lo que nos hace ser aprobados.

«Yo no soy suficiente» es un modo de pensar erróneo. Es una vieja mentalidad, parte del viejo yo del que eres llamado a despojarte. Podrías sentir que no eres suficiente en este momento, pero en Cristo eres más que vencedor, de modo que *eres suficiente*. Podrías pensar que no tienes suficiente para satisfacer la necesidad que tienes delante, pero Dios suple todas tus necesidades en Cristo Jesús, de modo que *tendrás suficiente*.

Por eso Pablo escribió: «He sido crucificado con Cristo, y ya no vivo yo, sino que Cristo vive en mí. Lo que ahora vivo en el cuerpo, lo vivo por la fe en el Hijo de Dios, quien me amó y dio su vida por mí» (Gálatas 2:20). Él sabía que Cristo en él era el factor decisivo. La salvación fue su momento decisivo. Sin importar lo que pudiera llegar a su camino en el futuro, su sensación de dignidad y seguridad estaba conectada a Cristo. Pablo sabía que Él sería suficiente.

Y tú también lo sabrás. Esa es la promesa de la Biblia.

¿Realmente crees que Dios simplemente te dejó caer en tu vida y no puso en tu interior las cosas que necesitarías para lo que Él te ha llamado a hacer? Cuando sientas que no eres suficiente, no caigas en la trampa de intentar ser todo y hacerlo todo por ti mismo. Declara para ti: «Soy suficiente, porque Dios sabía que estaría aquí. Él sabía lo que necesitaría para esta situación. Si Él me puso en la situación, Él puso su fortaleza en mí».

Como dijo Helen Maroulis, lo único que se necesita son cinco segundos para que la negatividad y la duda
entren en tu cabeza. Tu sensación de suficiencia y dignidad
está bajo un ataque constante de un mundo que no conoce
al yo renovado. Por lo tanto, enfócate menos en tu carencia
y más en la abundancia de Dios.

Dios es suficiente, y Él te da suficiente y te hace suficiente. Él alimentó a Israel con maná del cielo por cuarenta
años. Hizo salir agua de una roca en el desierto. Les dijo
a unos cuervos que alimentaran a Elías durante una ham-
bruna. Jesús convirtió agua en vino en una boda; hizo que
un pez pagara los impuestos de Pedro; alimentó a miles de
personas con el almuerzo de un muchacho; les dijo a sus
discípulos exactamente dónde echar sus redes, y ellos saca-
ron la pesca más grande que habían experimentado nunca.

Podría seguir enumerando cosas. Dios no se está que-
dando sin recursos. Si Él intervino a favor de los hombres
y las mujeres en la Biblia, intervendrá también a favor de
ti. Si ellos lo pidieron, tú también puedes pedirlo. Si ellos
lo creyeron, tú puedes creerlo. Dios te da lo que necesitas y
cuando lo necesitas, de modo que puedas hacer lo que Él te
pide que hagas.

Lo diré otra vez. *Tú* eres suficiente.

No una versión de ti idealizada e imposiblemente perfecta. No la persona que te gustaría ser. No la persona que
tus padres te dijeron que deberías ser. No la persona que
estás fingiendo ser. No la persona que aparece en tu perfil
de Tinder o en tus posts de Instagram.

Tú. Hoy. En este momento.

Ya eres aceptado por Dios. Ya tienes la mente de Cristo.

El Espíritu ya habita en ti. Las promesas de Dios ya son tuyas. No digas que *no* eres suficiente; di que *ahora* eres suficiente. Así es como Dios te ve, y eso es lo que Cristo hace que seas.

> Eres la obra de lo divino. Él te hizo con propósito. Ese es el yo renovado que necesitas aceptar, porque es el ser que Dios creó.

Está claro que no has terminado de cambiar. Estás siendo conformado y transformado a su semejanza cada día, de modo que hay algunos hábitos y áreas de inmadurez que todavía debes dejar atrás. Sin embargo, en tu esencia, en el centro de tu ser, eres quien necesitas ser, porque Dios te formó. Eres la obra de lo divino. Él te hizo con propósito. Ese es el yo renovado que necesitas aceptar, porque es el ser que Dios creó.

Recuerda que eres mucho más que cualquier cosa que creas que te falta. Tu carencia no puede etiquetarte. Tu deficiencia no te define. Tu necesidad no es quien te pone nombre. Eres definido por Aquel que te creó y reside en tu interior, el gran «Yo Soy el Que Soy», el Dios que suple todas tus necesidades conforme a sus riquezas en gloria.

El Dios que te conoce es quien te escogió, de modo que no tienes nada que demostrar, nadie a quien impresionar, y nadie a quien temer. Él te llama por nombre. Él sabe cuántos cabellos hay en tu cabeza y conoce los pensamientos de tu corazón. Él te valora, te ama, te llena, te empodera. Ve el poder y el potencial que Él puso en ti.

¿Lo ves tú?

CAPÍTULO 7

LOS TRUCOS SON PARA LOS NIÑOS

Cuando yo tenía nueve años, mi mamá me llevó a la tienda de intercambio de cromos en Moncks Corner. Ella esperó en el auto mientras yo entré en la tienda y compré un paquete de cromos de básquet. Estaba tan emocionado, que lo abrí allí mismo en el mostrador. De inmediato reconocí el nombre en uno de los cromos: Michael Jordan.

El dueño de la tienda me estaba observando, y cuando vio el cromo se inclinó sobre el mostrador y dijo: «Oye, te cambio un segundo paquete de cromos a cambio de ése solamente».

Aquello me pareció un trato muy bueno con apenas nueve años. «¿Todo un paquete a cambio de un cromo? ¡Claro!». Le entregué el cromo, él me dio otro paquete, y salí de la tienda pensando que había hecho el mejor trato de la historia.

Cuando regresé al auto, mi mamá me preguntó cómo me fue. Cuando le dije que conseguí dos paquetes, ella sospechó inmediatamente.

«¿Cómo conseguiste dos? Te di dinero solo para uno».

«¡No lo vas a creer, mamá! Él me cambió un paquete entero a cambio de un solo cromo».

Ella me dijo: «Steven, ¿qué cromo era?».

«Michael Jordan», respondí yo.

La expresión de su cara cambió de inmediato. Me dijo que esperara en el auto, y entonces entró en la tienda. Cinco minutos después, regresó con mi cromo de Michael Jordan; y con un tercer paquete de cromos.

Mi mamá sabía cuál era el valor de ese cromo; y también lo sabía el dueño. Sin embargo, yo no lo sabía y por eso me creí el truco. Entregué algo valioso, porque era demasiado inexperto e inmaduro para reconocer el valor de lo que tenía en mis manos.

Me pregunto: ¿cuántas veces cambiamos y entregamos la identidad que Dios nos dio, porque no conocemos nuestro propio valor? Caemos en la mentira de que no importamos mucho. El diablo nos dice que somos irremediablemente defectuosos, y lo creemos. La sociedad y la cultura nos dicen que nuestro valor y dignidad están en nuestra apariencia, y lo creemos. Nuestra propia mente nos susurra que somos fraudes e impostores, y lo creemos.

Y caemos en los trucos.

Entregamos lo que realmente importa y perseguimos lo que no tiene importancia. En lugar de cromos, cambiamos nuestro carácter. Cambiamos nuestro llamado. Cambiamos nuestra confianza. Perdemos la paz en la búsqueda del placer. Intercambiamos nuestra alegría a cambio de estrés, nuestra generosidad a cambio de temor, nuestra buena reputación por cinco minutos de popularidad.

¿Recuerdas el icónico eslogan de los cereales: «¡Conejo tonto! Los Trix son solo para niños»? Yo crecí en los años ochenta, y ésta era una de las campañas de mercadotecnia más pegadizas de mi niñez. No solo era pegadiza; también era cierta. Los Trix, o *trucos*, son solo para niños. Inmadurez y falta de experiencia son las cosas de las que se apoderan los estafadores y timadores.

Por eso, dejé ir un cromo de Michael Jordan, y por eso, con frecuencia, dejamos ir nuestro Yo: la persona que Dios dice que somos. Si no sabemos quiénes somos y no valoramos lo que Dios ha puesto en nosotros, nos engañarán para que cambiemos y entreguemos eso a cambio de cosas que no importan.

> Si no sabemos quiénes somos y no valoramos lo que Dios ha puesto en nosotros, nos engañarán para que cambiemos y entreguemos eso a cambio de cosas que no importan.

Hay una historia bíblica muy poderosa de cuando Jacob convenció a Esaú para que renunciara a su primogenitura. Jacob y Esaú eran hermanos. Como el primero en nacer (el primogénito), Esaú tenía derecho a autoridad, herencia y liderazgo en la familia. Sin embargo, un día tras estar en el campo de caza, regresó a su casa con hambre y encontró el guiso de Jacob. El estómago de Esaú tomó el control, y terminó cambiando su primogenitura y entregándosela a Jacob por un plato de guiso, el cual tiene que ser el peor intercambio de la historia. La Biblia dice que él «menospreció sus derechos de hijo mayor» al hacer eso (Génesis 25:34).

Es fácil criticar a Esaú, pero nosotros hacemos lo mismo

cuando nos subestimamos al no valorar el ser que Dios creó en nosotros. No lo hacemos a propósito, igual que tampoco Esaú planeó entregar sus derechos de hijo mayor. El deseo de comer de Esaú y su temor a morir lo derrotaron. Él era inmaduro y poco sabio, y por eso se creyó el truco.

Por eso, tú tienes que crecer continuamente en el conocimiento de ti mismo. Y, por eso, «renovarte» no sucede de la noche a la mañana. ¿Quieres evitar los trucos? Aprende cuán valioso eres realmente para así no conformarte con menos del ser que fuiste llamado a ser. Rodéate de personas que te recuerden tu verdadero valor y te lo muestren. Pasa tiempo extrayendo tu sentido de importancia de la Palabra de Dios. Escucha al Creador mismo y graba profundamente en tu alma su aceptación.

Decláralo en voz alta si puedes: *Cristo está en mí. Soy suficiente.* Revístete de esta mentalidad. Toma la responsabilidad de cambiar el modo en que te ves y hablas contigo mismo. Después de todo, tu voz es la que oyes con más frecuencia y la que te afecta más profundamente.

A menudo, los trucos que nos hacen tropezar son los que nosotros mismos creamos. No necesitamos al diablo para mentirnos; nosotros mismos hacemos un buen trabajo en ese aspecto. «Yo no puedo hacer eso. Nunca seré capaz de hacer esto. Ni siquiera debería intentarlo. Fracasaré. De todos modos, otra persona haría un trabajo mejor que yo».

Para ser sinceros, con frecuencia tenemos buenos motivos para ser pesimistas: vivimos con nosotros mismos. Ocupamos un asiento en la primera fila para ver nuestros errores y tropiezos. Si nos enfocamos solamente en eso, y si olvidamos que Cristo en nosotros es lo que nos hace suficientes, nuestra fragilidad y falibilidad pueden presentar un argumento convincente diciendo que nunca seremos suficientes para aquello en lo que Dios nos ha llamado a entrar.

Recuerdo cuando acepté a Jesús en mi corazón a los dieciséis años. Fue una decisión fácil, al menos en su mayor parte. Al principio luché con ello, porque me preguntaba si seguir a Cristo me costaría demasiado, pero esencialmente, ¿por qué no aceptar? La salvación es el mejor trato del mundo. Jesús pagó por mis pecados, quitó mi vergüenza y me dio su poder de resurrección. Él ora por mí cuando yo no tengo palabras que decir. ¿Quién no querría eso?

Lo que ha sido mucho más difícil para mí que aceptar a Jesús es aceptar a *Steven*. Aceptar a Jesús tomó un momento; aceptarme a mí mismo está tomando toda una vida.

Steven está lejos de ser perfecto. No siempre es perdonador. No tiene toda la sabiduría. Decepciona a las personas. Mide 1,72 metros (cinco pies ocho pulgadas y media) llevando botas con tacón, lo cual parece decepcionar a la gente. «Pues parecías más alto en pantalla», dicen siempre.

Cada día que vivo con Steven, descubro algunas cosas más que no me gustan. Más cosas que me gustaría poder cambiar. Más cosas que Dios necesita enderezar.

Ahora bien, hay cosas buenas en mí también. Esto no es falsa humildad o una táctica para dar lástima. Creo que ayudo a muchas personas. Holly dice que soy un esposo extraordinario, y creo que mis hijos están bastante contentos con tenerme como papá. Sin embargo, como dije antes, estoy muy lejos de ser la persona que quiero ser (¡IDIOTA!).

Y, mientras más aprendo, más me doy cuenta de lo poco que sé. Mientras más crezco, más veo cuánto me queda por recorrer.

De verdad que intento ser semejante a Jesús, pero al final, sigo siendo Steven.

Lo que he comprendido, sin embargo, es que aceptar a Jesús, pero no aceptar a Steven, es pasar por alto el regalo de la salvación donde más importa. No podemos solamente aceptar a Jesús por la fe. Tenemos que aceptar nuestro Yo por la fe. Está claro que eres una obra en progreso, pero también eres hermoso, valioso e importante en este momento.

David escribió: «¡Te alabo porque soy una creación admirable! ¡Tus obras son maravillosas y esto lo sé muy bien!...¡Cuán preciosos, oh Dios, me son tus pensamientos! ¡Cuán inmensa es la suma de ellos!» (Salmos 139:14, 17). David cometió algunos errores grandísimos, pero sabía cuán valiosa era su vida para Dios. Nunca olvidó cuánto valía.

¿Sabes tú cuánto vales? ¿Valoras tu Yo? ¿Has aceptado que eres valioso para Dios más allá de toda descripción? ¿Estás comprometido a amar tu Yo, mostrar gracia a tu Yo, entrar en tu Yo, y confiar en Dios con tu Yo? ¿O te ves a ti mismo como menos que otros, no suficiente, descartable, sustituible, fácil de olvidar? Ese es el mensaje que el enemigo intentará comunicarte, pero no es lo que Dios dice acerca de ti.

En la tienda de cromos, el hombre en el mostrador conocía el valor de sus cromos, porque tenía un libro que le decía cuánto valían. Si yo pudiera haber buscado el cromo de Michael Jordan en ese libro, no lo habría cambiado por un paquete de un dólar de cromos sin valor.

Tú tienes un libro que te dice cuál es *tu* valor. ¿Lo has leído? ¿Te has buscado en ese libro? ¿Leíste la parte donde Jesús dio su vida por ti porque tienes mucho valor para Él? ¿Viste donde dice que el Espíritu Santo vive en ti? ¿Leíste que tienes un llamado y un futuro, que Dios te ha dado dones y gracia que son únicos para ti, y que tienes que usar esos dones porque nadie más puede hacer lo que tú haces?

Si te buscas en el libro, verás que eres precioso ante los ojos de Dios. Eres más que vencedor. Tienes la mente de Cristo. Eres llamado conforme a su propósito.

¡No te conformes con menos que eso!

Si has hecho algunos intercambios de los que te arrepientes, si has permitido que tu carácter resbale, que tu confianza se debilite, o que tu llamado se desvanezca, es momento de reclamar la versión de ti mismo que te pertenece de modo legítimo. El Espíritu Santo entrará en la tienda de cromos y le dirá al diablo que te devuelta tu paz, que te devuelva tu alegría, que te devuelva tu canción. Podrías haber pensado que se fueron, pero son parte del yo verdadero, el yo renovado, y nadie puede arrebatarlos si tú te niegas a entregarlos.

Aprende quién eres en Cristo y entra en esa versión de tu Yo. Es quien debías ser, y es perfecto. No permitas que nadie te diga otra cosa diferente.

CAPÍTULO 8

SOY LO QUE SOY

Recuerdo tomar clases de griego del Nuevo Testamento en la universidad. En realidad, lo que recuerdo principalmente es *abandonar* el griego del Nuevo Testamento unas semanas después de comenzar la clase. Era una especialización en comunicación de masas, no en religión, de modo que el griego no era un requisito, pero yo la había tomado, de todos modos, esperando avanzar para mis planes futuros de estudiar en el seminario. Entonces comprendí cuán difícil era, y decidí dejar la clase.

Una tarde cuando terminaron las clases, entré en el salón de clase del profesor con un papel de mi consejero que me estaba ayudando a dejar esa clase y tomar otra más fácil. El profesor estaba allí de pie con otro maestro de religión, y su respuesta fue la siguiente: «Bueno, Furtick, sabíamos que no tomaría mucho tiempo, ¡pero abandonas esta clase incluso más rápido de lo que esperábamos!».

En cierto modo estaban bromeando, pero había un tono

que decía: «Sabíamos que no eras un alumno lo bastante serio como para realizar este tipo de trabajo disciplinado».

Ahora bien, estoy seguro de que yo leí un poco entre líneas, porque me sentía mal por abandonar la clase. Sin embargo, hasta la fecha tengo una voz perturbadora en mi cabeza que me dice que no soy lo bastante «profundo». Muchas veces, cuando me estoy preparando para predicar, es como si esos dos profesores estuvieran ahí de pie, persiguiéndome en mi mente, diciéndome que demuestre que soy lo bastante profundo y lo bastante disciplinado.

No estoy diciendo que ellos quisieran dar a entender eso. No digo que yo no sepa aceptar una broma. Ni siquiera estoy diciendo que no debería haberme esforzado y terminado esa clase. Mi punto es que algunas veces las cosas se graban en nosotros más de lo que creemos, más de lo que podemos decir o saber cuando están sucediendo.

Las cosas que dañan la aceptación de ti mismo no llegan a tu vida plenamente maduras. Comienzan como semillas diminutas, como ideas o comentarios sutiles que ni siquiera cuestionas al principio. Un maestro que te dijo en segundo grado que no eras bueno en matemáticas. Un exnovio que te hizo sentir que la ruptura era culpa tuya, y ahora crees que se te dan mal las relaciones. Alguien en la secundaria que se burlaba de tu voz y ahora eres autocrítico cada vez que cantas.

Mi hija Abbey me dijo el otro día que aborrece sus orejas. Cuando le pregunté por qué, descubrí que sus hermanos le dijeron que tenía las orejas demasiado grandes. Naturalmente eso condujo a una conversación muy directa con los muchachos. Sin ninguna duda, no quiero que mi hija vaya por ahí avergonzada de sus orejas. No quiero que una pequeña semilla plantada en ella se convierta en un grave problema de autoimagen más adelante en la vida.

Con el tiempo, las semillas de autorrechazo crecen. Las riegas cada vez que estás de acuerdo con ellas, hasta que al final se convierten en malas hierbas invasivas que ahogan quién eres realmente. Comienzas a despreciar partes de ti, porque te quedas corto de lo que «deberías» ser.

Pero ¿quién es quien define lo que «deberías ser»? ¿No debería ser Aquel que te creó? ¿No debería ser Aquel que te escogió antes de que comenzara el tiempo, que te ama más de lo que te amas a ti mismo, que te conoce mejor de lo que te conoces a ti mismo? La mentalidad que estamos examinando, «Cristo está en mí, por lo que soy suficiente», significa aprender no solo a tolerar la persona que Dios creó, sino celebrarla y entrar en ella plenamente y sin disculpas.

El problema con no aceptar tu Yo es que arrastras ese déficit a cada situación. Siempre estás a la defensiva. Siempre intentando demostrar algo. Siempre manteniendo a raya la inseguridad. Siempre al borde del abismo invisible de una indignidad imaginada.

¡Eso es lo contrario a la vida abundante!

Sin embargo, se vuelve normal con demasiada frecuencia. Se convierte en tu configuración por defecto. En algún momento en el camino, una etiqueta que dice «no suficiente» se pega en alguna área de tu vida, y terminas cargando con esa etiqueta por años sin detenerte a plantearte si es cierta.

Esto tiene importancia, porque afecta al modo en que manejas los retos y las oportunidades. Por ejemplo, si yo peleo constantemente contra una voz que me dice que no soy lo bastante profundo como predicador, o que no soy lo bastante serio, o que no trabajo duro, entonces toda esa defensiva saldrá y se mostrará en mi modo de predicar y enseñar. Pensaré subconscientemente: «Ah, esto necesita ser profundo. *Yo* necesito ser profundo. No puedo subirme a esa plataforma y ser superficial. Tengo que demostrar que las personas que dijeron que no lo soy se equivocaban».

Sin embargo, eso no ayudará en nada. En todo caso, evitará que oiga de parte de Dios, evitará que vea a aquellos a quienes estoy ministrando realmente y me encerrará en un ciclo de intentar demostrar algo a profesores del pasado que ni siquiera siguen estando en mi vida. Me meteré en mi propia cabeza, y haré que signifique que tengo que demostrar algo en lugar de servir a alguien.

Ahora bien, me siento un poco vulnerable al hablar de todo esto. Sé que es muy específico de mi llamado y mi papel, pero apuesto a que tú has experimentado la misma dinámica. Puedes decir que estás operando desde un lugar de «no suficiente» al preguntarte: ¿dónde estoy intentando demostrar lo que valgo en lugar de *ser* yo mismo? ¿Dónde estoy olvidando que el poder de Dios está en mi presencia y no en mi perfección? ¿Al mostrarme tal como soy y confiar en que Él es suficiente en mí? ¿Dónde necesito salir de mi propia cabeza y entrar en la gracia de Dios?

Lo que debería decirme a mí mismo antes de predicar es lo siguiente: «Dios me ha enseñado mucho. Dios me ha dado un don y yo he hecho lo que está en mi poder para aprender y crecer en ese don. Él conoce a las personas a las que necesito ayudar, y me pondrá hoy delante de esas personas, porque a Él le importan. Esto ni siquiera se trata de mí. Se trata de ellos, y se trata de Cristo que obra a través de mí».

Se aplica del mismo modo a tu matrimonio, a tu carácter, a tu nueva empresa, a tu caminar con Dios. Lo que necesitas está en ti porque Cristo está en ti. Dios lo puso ahí. Él te preparó para este momento. Te has formado para esto. Tal vez fracasaste en el pasado, pero no eres quien solías ser. Has crecido. Silencia al crítico interior, la charla que te distrae, las voces que dicen: «Sabía que te darías por vencido. Sabía que fracasarías. Era solo cuestión de tiempo».

¿Estás enfrentando algo que te intimida? ¿Están llenando tu mente las consecuencias negativas del fracaso? Silencia esa charla. Enfoca tu fe. Puedes hacerlo. Dios te preparó y te formó para esto, y está a tu lado todo el camino.

Sé que todos nos sentimos como impostores de vez en cuando. El cuestionamiento interior no siempre es malo, pues nos mantiene sinceros, humildes y hambrientos. Sin embargo, si estamos más enfocados en demostrar que no somos un fraude que en ser nosotros, algo tiene que cambiar.

Creo que el apóstol Pablo se sentía a veces como un impostor, pero sabía cómo procesarlo. Sabía cómo intercambiar su insuficiencia por la suficiencia de Cristo. Él escribió: «Porque yo soy el más insignificante de los apóstoles, que no soy digno de ser llamado apóstol, pues perseguí a la iglesia de Dios. Pero por la gracia de Dios soy lo que soy, y Su gracia para conmigo no resultó vana. Antes bien he trabajado mucho más que todos ellos, aunque no yo, sino la gracia de Dios en mí» (1 Corintios 15:9-10, NBLA).

Pablo reconoció sus propios esfuerzos y éxitos. No dijo:

«No sé hacer nada bien. Soy un fracaso total. Soy un apóstol terrible». No, él estaba orgulloso de lo que había hecho, pero no basaba su identidad en su actividad.

En cambio, acudió a la gracia. Confió en la gracia. Descansó en la gracia.

En esencia, estaba diciendo: «Soy lo que soy por la gracia de Dios, y esa gracia es poderosa. Esa gracia es eficaz. Esa gracia es única para mí, de modo que caminaré en ella con confianza, pero al final, no tengo nada que demostrar. Puedo dejar a un lado lo que logré y descansar en lo que Dios logró».

> En lugar de escuchar a tu carencia, ponte de acuerdo con la abundancia de Dios.

En lugar de escuchar a tu carencia, ponte de acuerdo con la abundancia de Dios. Declara para ti: «Soy lo que soy por la gracia de Dios. Su gracia es suficiente. Tengo todo lo que necesito, porque Él es todo lo que necesito».

Claramente, si quieres creer que eres suficiente, tienes que aprender a silenciar la voz de la comparación. La comparación es una asesina. Es una mentirosa y una ladrona. Te roba la confianza y la alegría en quién eres diciéndote que, porque *tienes menos* que otra persona o *haces menos* que otros, eres menos.

El otro día, Buck, mi compañero para levantar pesas, nos envió a Elijah y a mí un entrenamiento. Era ridículo. Si hubiéramos intentado hacer lo que Buck quería que hiciéramos, habría terminado en lesión, en vómitos, o en ambas cosas. Entonces le dije a Elijah lo que Buck quería que hiciéramos, y después le dije lo que en realidad íbamos a hacer, que era más o menos la mitad de lo que Buck nos había enviado.

Elijah me miró con expresión un poco extraña, como pensando que estábamos cediendo al recortar por la mitad el entrenamiento. Yo dije: «Elijah, no te sientas mal. Es que Buck tiene un cuerpo diferente».

Hace años atrás, podría haberme sentido mal por modificar la rutina, pero ya no. Sé quién soy y sé quién no soy, y yo no soy Buck. Hay un solo Buck. Algunos lo llamarían psicópata, y otros lo llamarían deportista de élite. Hay una línea muy fina entre ambas cosas. Él sencillamente tiene un cuerpo diferente.

Y tú también.

Dios te planeó. Dios te creó. Y Dios está orgulloso de ti.

¿Dónde sientes que no eres suficiente? ¿En tus habilidades de administración del dinero? ¿En la crianza de tus hijos? ¿En tus hábitos de ejercicio? ¿En tu carrera profesional? ¿En qué áreas o escenarios oyes una voz molesta y acusadora que te dice que algo anda mal en ti, que necesitas comportarte, que tú eres el problema?

Tal vez no hay un problema. *Tal vez tú tienes un cuerpo diferente.* No eres menos que, más que, mejor que o peor que otros. Tú eres tú. Eres la persona que Dios sabía que necesitabas ser. No compares tu estilo de crianza de tus hijos al de la mamá de la otra clase que horneó galletas sin gluten con forma de cebra para el día de excursión. Tú eres la mamá que tus hijos necesitan y aman. No compares tu creatividad con la de otras personas creativas que has conocido. Sé creativa a tu propia manera. Además, nunca conoces el costo secreto de la creatividad de otra persona o la rutina y perseverancia que requiere su grandeza. La comparación te robará el contentamiento. No caigas en eso.

Ahora bien, si necesitas cambiar en alguna área, Dios te lo mostrará claramente, y te dará el poder y la gracia para entrar en esa nueva versión de ti. Como dije anteriormente, eres amado tal como eres, pero no tienes que quedarte ahí. Dios te acepta plenamente hoy, pero aun así puedes convertirte en una versión más auténtica de ti con cada día que pasa.

Aceptar tu Yo no significa no cambiar nunca, sino más bien creer que eres perfectamente amado y aceptado ahora, y no hay nada que pudieras hacer para que Dios te ame más. Significa creer que Dios conoce tus debilidades y los retos que enfrentas, y Él mostrará su fortaleza por medio de ellos. Significa negarte a permitir que el diablo te diga que no eres suficiente. No es así como Dios habla, ni es lo que Dios dice, de modo que no es el modo en que Él te motivará a cambiar.

Sigo sin poder leer griego como mi viejo profesor, y probablemente nunca lo haré. No puedo levantar pesas como Buck, y ni siquiera quiero hacerlo. No puedo pelear como Helen, pero seguro que sí puedo animarle a ella. Hay muchas cosas que yo no puedo hacer, pero eso está bien.

He hecho las paces con ello. Soy quien soy por la perfecta, potente y permanente gracia de Dios.

Y tú también.

Por lo tanto, acepta tu Yo. Acepta quién eres. Ama el ser que fuiste creado. También trabaja en ello, por supuesto. Practica en ser la mejor versión de ti, la versión que encaja en la visión de Dios. Crece hacia la persona que Dios ya sabe que eres y que te capacita para ser.

Cristo es la gracia de Dios en ti. Y su presencia te hace suficiente.

CAPÍTULO 9

DESDE LA ABUNDANCIA

Una noche cuando era muy pequeño, Elijah agarró cinco servilletas en la cena. Cinco. Tampoco quería repartirlas entre la familia. Estoy hablando de un niño. Una cena. Cinco servilletas.

Aborrezco decirlo, pero comencé a enojarme un poco. Una cosa es la frugalidad, pero yo me estaba preocupando al respecto con una intensidad un poco mayor de la que requería la situación. Sin embargo, me detuve a mí mismo. ¿Por qué era eso un asunto tan importante para mí en ese momento? ¿No debería alegrarme porque él mantenía su cara y sus manos limpias en lugar de utilizar su camisa y sus pantalones como solía hacer? ¿Por qué, de entre todas las cosas, las servilletas fueron un desencadenante para mí?

Entonces recordé que mi papá siempre partía por la mitad las servilletas de papel en la cena. Nos decía: «No necesitan una servilleta de papel completa. La mitad es suficiente. Aprendan a arreglarse con la mitad». Él creció siendo muy pobre, y por eso se tomaba muy en serio la frugalidad y nos lo inculcó a nosotros. Y parte de su aversión a desperdiciar era realmente saludable; sin embargo, otra parte era exagerada.

Cuando vi a Elijah agarrar servilletas como si no le importara que pudieran agotarse, comprendí algo. Sin pensar en ello, yo había llevado la mentalidad de escasez con las servilletas de mi papá a mi edad adulta, en la que ya no se aplicaba.

Y ése, ahí mismo, era el problema: *Yo no había pensado en ello.*

Hasta que lo pensé.

Y entonces comprendí que estaba siendo ruin y tenía que relajarme un poco. Sin embargo, sigo pensando que cinco servilletas son demasiadas.

Pero me pregunto: ¿hay algunas áreas a las que estás llevando una mentalidad de escasez, y no te has detenido a pensar en ello? ¿Hay áreas en las que nunca cuestionaste por qué tienes tanto temor, estás a la defensiva o eres ruin?

No estoy hablando del número de servilletas que necesitas en la cena. Hablo del modo en que ves tus recursos. El modo en que ves tu matrimonio. El modo en que administras tus finanzas. El modo en que planeas tu horario. El modo en que disciplinas a tus hijos. El modo en que tratas a tus empleados. El modo en que sueñas para el futuro. El modo en que empleas tu tiempo libre.

¿Enfocas la vida desde un lugar de carencia, o un lugar de abundancia?

Mira, la conexión entre «Cristo está en mí» y «Soy suficiente» ha de ser una conexión de abundancia. No puedo imaginar a Jesús llevando la cuenta de las servilletas en la Última Cena. Él convirtió un almuerzo de picnic en una comida para una multitud. A Él no le preocupaba quedarse sin cosas.

Entonces, ¿por qué me preocupa a mí? ¿Por qué te preocupa a ti? ¿Por qué miramos la vida tantas veces con el filtro del no suficiente?

En el libro de Brené Brown, *Los dones de la imperfección*, ella habla de que el «nunca suficiente» es el mantra que describe cómo nos sentimos muchos de nosotros en casi todas las áreas de nuestra vida. No podría estar más de acuerdo. Cuando me siento ansioso, irritable, inseguro o desesperanzado, normalmente puedo conectarlo a un lugar de inicio del *nunca suficiente*. «Nunca duermo lo suficiente. Nunca tengo dinero suficiente. Nunca tengo tiempo suficiente. Nunca tengo energía suficiente». Si llevo ese tipo de proceso de pensamiento a mis interacciones con mi familia o a mi trabajo, es un desastre a la espera de producirse.

Jesús dijo que vino a dar vida, y vida en abundancia. Eso significa que el yo renovado puede enfrentar el día desde un lugar de abundancia y no de carencia. Sin embargo, tienes que *revestirte* de esa mentalidad. Tienes que decidir recurrir al yo renovado que viene de la abundancia. Si sigues diciendo que nunca duermes lo suficiente, siempre te sentirás cansado. Si sigues quejándote de no tener tiempo suficiente, siempre te sentirás estresado. Tu diálogo interior importa, de modo que redefine los retos que enfrentas a la luz de la abundancia de Dios.

No estoy diciendo que tendrías que negar la realidad. Si dormiste solamente tres horas anoche, probablemente no puedes sentirte descansado mediante tus palabras. Lo que digo es que no hagas que «nunca suficiente» sea la mentalidad por la que filtras tu día. No hagas que «nunca suficiente» sea el fundamento según el cual tomas tus decisiones. De otro modo, te irás a la cama en la noche estresado y despertarás estresado, porque tu estrés evitó que descansaras, y repetirás el mismo ciclo del nunca suficiente día tras día.

¿Cómo se ve pensar desde la abundancia? Se ve creyendo cuando despiertas cada mañana que tendrás tiempo y energía suficientes para lo que Dios te ha llamado a hacer ese día. Dios te da la gracia que necesitas para cada día, y recordar esa verdad evitará que comiences el día sintiéndote ya derrotado.

Estoy seguro de que conoces esa sensación: «Estoy demasiado ocupado. Estoy muy estresado. No hay modo de poder hacer todo hoy». Tengo buenas noticias para ti. No podrás hacer todo hoy, ni mañana. Gracias a Dios por eso, ¡porque le da un motivo para dejarte en la tierra otras veinticuatro horas! Ahora en serio, la vida es demasiado impredecible y tenemos demasiadas cosas en nuestras manos para esperar hacerlo todo enseguida.

Elimina parte de la presión y enfócate en lo que Dios quiere que hagas ahora. Siéntate con las prioridades de Dios. Siéntate con tu lista de quehaceres. Siéntate con las personas que son importantes en tu vida y averigua cómo vivir mejor. Conversa contigo mismo. «Ayer me desvié con esto. No fue productivo; por lo tanto, hoy voy a podar algunas cosas para así poder llevar el fruto correcto. Estas son las cosas que importan. Esto es lo importante. No puedo hacer nada con respecto a este tema, y esto es lo que sí puedo hacer».

A un nivel práctico, ¿cómo comienzas tu día desde la abundancia? En primer lugar, pon claramente en tu corazón las *prioridades* que Dios tiene para ti.

Jesús dijo: «Más bien, busquen primeramente el reino de Dios y su justicia, entonces todas estas cosas les serán añadidas» (Mateo 6:33). Por lo tanto, si sientes que no eres suficiente, comienza evaluando si tienes los deseos y las expectativas correctas. ¿Realmente quiere Dios que tengas esa casa por la que trabajas tan duro para poder pagarla? ¿Tienes que emplear tantas horas en el trabajo? ¿Tienes que responder correos a las ocho de la noche cuando tus hijos quieren jugar contigo?

Ahora bien, las cosas que te agotan, que tiran de ti, que parecen quitar de tu ser la energía y la pasión, no son todas ellas malas. Te fuerzan a evaluar dónde vas a emplear los recursos que Dios te ha dado. No huyas de cosas solo porque son difíciles, pero al mismo tiempo no emplees toda tu energía y tiempo en cosas que no tienen tanta importancia en el largo plazo. Dios te dará recursos suficientes para lo que debes hacer, de modo que si no tienes tiempo o energía suficientes, podría no ser un problema de recursos. Podría ser un problema de prioridades.

En segundo lugar, comienzas desde la abundancia cuando permaneces en la *presencia* de Dios. Invitar a Jesús a entrar en tu corazón y tu vida significa mucho más que solamente la salvación de pecados. Significa que tienes su poder y su presencia en tu interior dondequiera que vayas y en todo lo que enfrentes.

Jesús dijo: «Mira que estoy a la puerta y llamo» (Apocalipsis 3:20). Usamos este versículo para enseñar a los niños que pueden pedir a Jesús que entre en sus corazones y ser salvos. Eso es verdad. Pero Jesús estaba hablando a *creyentes* en este pasaje, no a personas que necesitaban aceptarlo a Él por primera vez. Nos estaba diciendo que, incluso si lo hemos conocido por muchos años, tenemos a nuestra disposición cercanía y poder más profundos.

> Tienes grandes necesidades, pero tienes un Dios más grande que vive en ti y obra por medio de ti.

¿Qué retos estás enfrentando hoy? Tienes grandes necesidades, pero tienes un Dios más grande que vive en ti y obra por medio de ti. Pablo dijo: «Todo lo puedo en Cristo que me fortalece» (Filipenses 4:13). Observemos que no dijo: «*Cristo* puede hacerlo todo». Eso sería verdad, pero dijo que Cristo *te* fortalece para que puedas enfrentar todas las cosas que necesitan tu atención. Ese reto de crianza de los hijos. Esa demanda que acabas de recibir. Ese reporte médico que esperas. Sea lo que sea que llegue a tu camino, Cristo está contigo siempre.

Hay una tercera manera de comenzar desde la abundancia: *proactividad*. No te quedes sentado esperando a que la vida se produzca. Haz progreso en lo que Dios te está mostrando. Tal vez eso significa crear un presupuesto. Quizá significa hacer una llamada telefónica, o puede que signifique pedir una cita a cierta persona. Haz eso que harías si supieras que estarías a la altura del desafío.

El temor intentará paralizarte, pero la fe en la abundancia de Dios te empoderará. Si crees que Dios está contigo, si crees que Él es fiel a su palabra, si crees que Él te ha dado todo lo que necesitas, entonces pasa a la acción. La Biblia dice: «Así también la fe por sí sola, si no tiene obras, está muerta» (Santiago 2:17). Haz lo que haría la versión de ti llena de fe, porque ese es el yo verdadero.

Por último, comenzar desde la abundancia significa tener *paciencia*. Algunas veces tienes que trabajar por mucho tiempo antes de ver el resultado. Si comienzas desde un lugar de carencia, ese tipo de demora se convierte en desesperación y después en desesperanza. Sin embargo, una mentalidad de abundancia significa que confías en que Dios hará el trabajo correcto, en el momento adecuado y del modo correcto. No hay necesidad de sentir pánico.

Hay otro pasaje en Santiago que dice: «Por tanto, hermanos, tengan paciencia hasta la venida del Señor. Miren cómo espera el agricultor a que la tierra dé su precioso fruto y con qué paciencia aguarda las lluvias de otoño y primavera. Así también ustedes, manténganse firmes y aguarden con paciencia la venida del Señor, que ya se acerca» (5:7-8).

Yo no sé mucho de agricultura, pero sí sé que no todo lo que se planta brotará al mismo tiempo o del mismo modo. Las semillas tienen su propio calendario, y también lo tienen las promesas de Dios.

> Las semillas tienen su propio calendario, y también lo tienen las promesas de Dios.

Hay muchas cosas que están más allá de tu control. En lugar de forzar las cosas, a menudo tienes que cultivarlas. Tienes que regarlas. Tienes que esperarlas.

Si intentaste conversar con tu hija adolescente que está enojada contigo y ella te ignoró, sé paciente. No te sitúes en su nivel de emoción. Sigue amándola y acercándote a ella. Superarás la situación. No lo fuerces. Cultívalo.

Si el libro que estás escribiendo, el negocio que estás levantando, la enfermedad que estás enfrentando, o el trauma del que estás sanando está tomando más tiempo del que esperabas, sé paciente. No lo fuerces. Cultívalo.

Cristo está en ti, de modo que eres suficiente. Puedes comenzar desde la abundancia si buscas las prioridades de Dios, te apoyas en tu *presencia*, te mantienes *proactivo* tomando pasos de fe, y permaneces *paciente* en el proceso.

¿Qué reto estás enfrentando? ¿En qué áreas el «nunca suficiente» ha parecido un mantra que se repite de continuo en tu mente? No tienes que vivir desde la carencia. Deja de contar las servilletas que agarran tus hijos y comienza a contar las bendiciones que ellos son en tu vida.

Entonces entra en la versión abundante de ti. Ese ser que comienza desde la abundancia *es* el yo verdadero.

Estoy bastante seguro de que nunca ganaré una medalla de oro olímpica como Helen Maroulis, pero tengo mis propios retos, y tú también los tienes. Tal vez batallas con la ansiedad, o batallas con la deuda de la tarjeta de crédito, o batallas con la tentación, o batallas con tu llamado, o batallas con tu hijo pequeño para que se vaya a la cama tras un largo día.

Cualquiera que sea el reto con el que batallas en este momento, cualquier negatividad que pueda intentar meterse en tu cabeza, haz que la mentalidad en la que descansas, que crees, y con la que peleas sea la siguiente: *Cristo está en mí, por lo que soy suficiente.*

Esta confianza en la presencia de Dios y tu propósito te conducirá a la acción. Te llevará a la victoria porque, cuando crees realmente que Dios está contigo, comienzas a ver los obstáculos como posibilidades. Te encuentras soñando con el futuro, y no solo intentando sobrevivir en el presente.

Un enfoque en la posibilidad es la esencia de la siguiente mentalidad que quiero compartir contigo: *Con Dios, siempre hay un camino y por la fe lo encontraré.*

MENTALIDAD 3

«CON DIOS, SIEMPRE HAY UN CAMINO Y POR LA FE LO ENCONTRARÉ».

PASO DE ACCIÓN:
ENFÓCATE EN LA POSIBILIDAD.

CAPÍTULO 10

AVANCE, NO ACABADO

Un amigo mío llamado Rick Beato tiene uno de mis canales de YouTube favoritos. Rick cuenta las mejores historias sobre músicos, y explica la teoría musical de un modo fascinante. Cuando lo escuchas hablar sobre lo que hace que una canción sea extraordinaria, es tan pegadiza que, incluso si no te gustaba esa canción antes de que Rick la explicara, será una de tus canciones favoritas cuando él termine.

Cuando comencé a ver por primera su canal con mi hijo Graham, Rick tenía menos de cincuenta mil suscriptores. Actualmente tiene más de tres millones. Un YouTuber con millones de suscriptores no es tan inusual, pero lo que hace que la historia de Rick sea tan especial es que él tenía cincuenta y cuatro años cuando comenzó el canal.

Recientemente le pregunté a Rick: «¿Estás asombrado por tu éxito?». Después de todo, se había incorporado al mundo de las redes sociales con cincuenta y tantos años, con cabello gris en su cabeza y más de la mitad de su vida a sus espaldas. Eso no sucede todos los días.

Él se rio y comenzó a contarme su historia. Yo ya la conocía en parte, pero a medida que él compartía los detalles, quedé todavía más inspirado.

Rick había sido productor musical por un par de décadas, y había experimentado niveles variados de éxito; sin embargo, llegó un punto en el que las cosas no iban muy bien en la industria musical en general. Los presupuestos de disqueras importantes estaban disminuyendo. El trabajo que él hacía había comenzado a parecerle aburrido y menos interesante. Me dijo que se sentía un poco deprimido e inseguro de qué hacer en el futuro.

Mientras tanto, resulta que Rick subió un video en Facebook de su hijo Dylan, que tenía ocho años en ese entonces, demostrando tener oído absoluto. Ahora bien, si no lo sabes, tener oído absoluto es la capacidad de oír una nota musical y saber cuál es de oído sin tener que tocarla en un instrumento. Es algo buenísimo de ver, en especial cuando es un niño de ocho años quien declara los acordes más complejos sin esfuerzo y con rapidez. Si no lo has visto, busca ese video. Te prometo que te dejará perplejo.

El video de Dylan se hizo viral. Entonces, un día, el becario de Rick sugirió: «Oye, Rick, deberías comenzar un canal de YouTube».

Rick dijo que pensó que era una idea loca. «Eché un vistazo, y no había nadie con cabello gris como el mío en YouTube. Yo era productor y maestro de música. Eso es lo que hacía. Era alguien que está entre bambalinas. En todos mis años como productor, nunca permití que la gente tomara fotografías o videos de mí. Así quería que fuera.

Por lo tanto, la idea de hacer videos me pareció ridícula. Ni siquiera sabía cómo grabar videos».

Cuando tienes cincuenta y cuatro años, normalmente tienes una idea bastante clara de lo que puedes y no puedes hacer. Tienes un resumen en tu cabeza de las cosas que se te dan bien y de las que se te dan muy mal, lo que te gusta y lo que no te gusta. En realidad, no tienes que tener cincuenta y cuatro años para llegar a esas conclusiones. La mayoría de nosotros escribimos resúmenes mentales sobre nosotros mismos desde que estamos en la escuela de secundaria. «Soy tímido. No se me da bien la lectura. Soy horrible en los deportes. No sé hacer amigos».

Lo hermoso acerca de Rick es que estuvo dispuesto a reinventarse. Decidió comenzar creando videos sobre cualquier cosa y todo lo relacionado con la música. Al principio, los veían pocas personas; pero con el tiempo, cuando pasaron varios meses, algunos de ellos comenzaron a cobrar impulso. De modo lento pero seguro, el canal de Rick se convirtió en uno de los lugares excelentes en el internet, o en cualquier otro lugar, para que se juntaran amantes de la música y aprendices. Rick ha entrevistado ya a algunos de los guitarristas más famosos de todos los tiempos, incluido Dominic Miller, el guitarrista de Sting, a Brian May de Queen, a Billy Corgan de los Smashing Pumpkings, a Peter Frampton, y a otros muchos. He escuchado a guitarristas famosos admitir que se ponen nerviosos cuando Rick Beato analiza una de sus canciones en YouTube.

Hay muchos otros YouTubers que son más jóvenes y crecieron en un mundo digital y lleno de redes sociales.

¿Cómo compite Rick con los mejores de ellos, e incluso los supera? Creo que se debe a que, junto con su ética de trabajo demencial y su tremendo talento, estuvo dispuesto a creer que había algo más en su historia. Estuvo dispuesto a ser malísimo en algo al principio a fin de averiguar qué podía ser. Estuvo dispuesto a exponerse de un modo nuevo, a verse a sí mismo de manera diferente a como se había visto antes, para así tener un mayor impacto y convertirse en profesor de música para millones de personas en el segundo acto de su vida.

Ahora, permíteme plantearte una pregunta. ¿Estás dispuesto a desviarte hacia esa clase de *posibilidad*? ¿Qué historias te has contado a ti mismo acerca de tu situación o tus habilidades actuales? ¿Qué resumen has escrito en tu cabeza sobre lo que se te da bien y mal, lo que te gusta y lo que no te gusta, lo que puedes hacer y no puedes hacer? ¿Qué has supuesto que es verdad y definitivo acerca de tus circunstancias? No estoy hablando solamente de un cambio de carrera profesional, sino de cualquier situación en la que no puedas ver un camino *de avance* y por eso comenzaste a preguntarte si estás *acabado*.

Una cosa es ser consciente de uno mismo y humilde, pero otra muy distinta es resignarte a tu estado actual como si tu historia estuviera acabada. Como si el libro de tu vida ya estuviera cerrado y no pudiera añadirse nada más. Te prometo que, mientras tu corazón esté latiendo y haya aire en tus pulmones, no estás acabado si estás dispuesto a avanzar.

El paso fundamental para esta mentalidad es la apertura. «¡Con Dios, siempre hay un camino y lo encontraré por la fe!». Para caminar en esa verdad, tienes que mantenerte abierto. Si Dios quiere reinventarte, ¿le permitirás hacerlo? Si Él quiere sanarte, ¿le permitirás hacerlo? Si Él quiere redimir eso a lo que tú has renunciado, ¿le permitirás que lo haga?

Puede que *respondamos* afirmativamente a todas esas preguntas, pero la verdadera prueba llega cuando Dios nos envía una oportunidad. En el caso de Rick, fue un becario quien le dijo: «Deberías tener un canal de YouTube». No había ninguna garantía de que alcanzaría niveles de éxito inmensos. Rick no tenía modo de saber lo que había por delante. Y tú tampoco. Y no tienes que saberlo, pero sí tienes que mantenerte abierto. Tienes que darte a ti mismo el espacio mental para considerar lo siguiente: *¿Y si pudiera hacer esto? ¿Y si esto es de Dios? ¿Y si esta oportunidad no es un castillo de naipes? ¿Y si este paso que estoy tomando hoy de verdad importa? ¿Y si conduce a algo que Dios ha conocido todo el tiempo?*

A ti te parece reinvención, pero para Dios es una continuación. Es quien tú has sido siempre. Sigue siendo tu historia; tan solo es el siguiente capítulo de ti.

¿Recuerdas la primera mentalidad que examinamos? Estás atascado solamente si te detienes. Por lo tanto, ¿qué te hace detenerte? A menudo es la pérdida de la esperanza. Es el desaliento y la decepción que se producen cuando sientes que no hay un camino de avance.

En ocasiones, no es una gran decepción o un desánimo aplastante. Es parálisis por corte con un papel. Tal vez te han silenciado tantas veces, que aplastas tu potencial para el progreso a fin de evitar la posibilidad de decepción.

Esta mentalidad te señala de nuevo al Dios de la esperanza y te hace avanzar hacia el futuro que Él tiene preparado. En Él, siempre han un camino y lo encontrarás por la fe. Cuando seas tentado a perder la esperanza, no regreses a tu viejo yo. No te conformes con viejas definiciones, viejas limitaciones o viejas etiquetas.

Revístete de tu yo renovado. Haz eso que harías si creyeras que había un camino, porque Dios está a punto de abrir uno.

Recuerda, sin embargo, que este compromiso con la posibilidad no es algo que haces por ti mismo. El libro de Proverbios dice: «La mente del hombre planea su camino, pero el Señor dirige sus pasos» (16:9 NBLA). Sí, deberías hacer planes. Esa es una de las primeras señales de que realmente tienes fe. Y es sabio hacerlo; sin embargo, solo porque hagas tus planes no significa que traces tu camino. Dios es quien hace eso.

> Tú haces planes, pero Dios abre caminos.

Tú haces planes, pero Dios abre caminos.

A veces, nos distraemos y desalentamos tanto buscando el camino de avance, que nos olvidamos de Aquel que abre camino. Cuando atravesamos retos, podemos olvidar levantar la mirada y ver la salvación del Señor. Leemos en Salmos: «A las montañas levanto mis ojos; ¿de dónde ha de venir mi ayuda?» (121:1).

Nuestro Dios es un Dios de posibilidades y caminos, de redefiniciones y reinvenciones, de obras maravillosas y sendas imprevistas. Si Él necesita un camino, lo abrirá.

Si quiere mover una montaña, la echará al mar. Él creó el mundo y Él dirige el mundo.

Tal vez te despidieron de tu trabajo, pero a Dios no. Él tiene el mismo trabajo que tenía antes de que tú aparecieras en esta tierra. Quizá no tienes los antecedentes familiares que te gustaría tener. Dios te puso exactamente donde tenías que estar. Deja de decirte a ti mismo que estás acabado antes ni siquiera de haber comenzado. Deja de sacarte a ti mismo de la cancha antes ni siquiera de jugar el partido.

Dios dirige las cosas. Él no comprueba las previsiones para ver si es un buen momento para actuar. Él no consulta agendas humanas, ni oficinas políticas para comprobar si este sería un buen momento para demostrar su poder. Él no pregunta cuál es tu edad, tu altura, tu experiencia o tu educación. Él abre cualquier camino que quiera, del modo en que quiera hacerlo.

¡Él es Dios!

Por lo tanto, cuando necesites que se abra un camino para atravesar algo que esté por encima de tu capacidad, pon tu fe en Dios. Él dividió las aguas del Mar Rojo para Israel; les construyó una autopista en medio del desierto; los guio hasta la Tierra Prometida; los alimentó con maná del cielo y agua de una peña.

Si Dios le abrió un camino a Israel en medio del mar, si hizo un camino a través del desierto y si hizo posible que saliera agua de una roca, puede abrirte un camino a ti. Él puede crear un camino para que tu idea de negocio tenga éxito, aunque no tengas los contactos que desearías tener. Él puede abrir un camino en medio de la frialdad y la distancia en tu matrimonio. Él puede abrir un camino en medio de la adicción hasta un lugar de paz y dominio propio. Él puede crear un camino en medio del trauma, en medio de la traición, en medio del divorcio, en medio del abuso.

Hay una historia en Lucas 5 sobre un paralítico que tenía cuatro amigos que intentaban llevarlo hasta Jesús porque sabían que Jesús podía sanar a este hombre enfermo. Los cuatro hombres no podían abrirse paso entre la multitud que estaba reunida en torno a la casa donde estaba Jesús, así que se subieron al tejado, abrieron un hueco, y usaron cuerdas para bajar a su amigo hasta los pies de Jesús. Cuando Jesús vio la fe de ellos, perdonó los pecados de ese hombre y lo sanó. Es una historia poderosa de creatividad y tenacidad. Como ellos tuvieron fe, encontraron un camino para superar el obstáculo, y Jesús hizo un milagro.

Yo he tenido momentos así. He tenido milagros parecidos, y estoy seguro de que tú también. De hecho, quiero que vuelvas a visitar esos recuerdos en este momento. Piensa en tres cosas que Dios haya hecho por ti cuando tú no veías un camino por donde ir. Quiero que pienses en ello ahora mismo, antes de continuar. Tuviste un momento de gran fe, trabajaste duro, tomaste riesgos, encontraste un camino, y Dios hizo lo imposible. Esos momentos hay que celebrarlos, ya que son milagros del tipo Mar Rojo, cuando Dios abrió un camino donde no lo había. Son recuerdos que debes tener a la mano en tu mente cuando pases por momentos difíciles.

Sin embargo, no todas las historias terminan así. A veces, el camino hacia adelante no es en absoluto lo que esperabas o querías. A veces, el camino te lleva a través de dificultades, sufrimiento, tragedia. Eso no significa que no tuviste fe suficiente. Es más, tu perseverancia en esas épocas es la prueba más grande de tu fe.

Hay personas específicas que vienen a mi mente cada vez que pienso en este tipo de fe, personas que he visto encontrar un camino cuando no se produjo la sanidad o no se produjo el milagro y ocurrió lo peor. Me acuerdo de Tom, por ejemplo, un hombre de mi iglesia que comenzó un club de pesca llamado Riley's Catch tras el fallecimiento de su hijo en un accidente de tráfico. A Riley le encantaba pescar y tenía planeado comenzar el club antes de morir. Tom continuó con su deseo, y cientos de niños han tenido un encuentro con Cristo mediante Riley's Catch. El resultado no elimina el dolor de Tom, ni le resta importancia a su pérdida, pero encontró un camino hacia adelante, y fue hermoso a su manera.

Podría enumerar muchos otros que encontraron un camino en medio de un dolor imposible, porque se aferraron a su fe inquebrantable. Es cierto que pasaron por una temporada de duelo. Ciertamente, su corazón estaba hecho pedazos. Las cosas nunca volvieron a ser como antes; pero Dios, en su tiempo perfecto y de forma gentil, les abrió un camino de sanidad y de paz.

En esos momentos, el camino que se abre no es un milagro instantáneo que hace que todo sea perfecto y sin dolor. Más bien, es la presencia de una fuerza divina que te guía, con lágrimas en los ojos y con indecisión, en medio de la tragedia y el sufrimiento.

«Con Dios, siempre hay un camino» no significa que

> El camino que se abre no es un milagro instantáneo que hace que todo sea perfecto y sin dolor. Más bien, es la presencia de una fuerza divina que te guía, con lágrimas en los ojos y con indecisión, en medio de la tragedia y el sufrimiento.

con Dios siempre te saldrás con la *tuya*, y por eso necesitas la segunda parte: «y por la *fe* lo encontraré». No necesitas mucha fe cuando las cosas salen como tú quieres. Necesitas fe cuando *no* salen como tú quisieras y tienes que creer que ese es el camino que Dios ha abierto.

Jesús nos dio el ejemplo en esto. Él cargó su cruz por un camino llamado la Vía Dolorosa: el camino del sufrimiento. La noche antes, Él había orado, diciendo: «Padre mío, si es posible, no me hagas beber este trago amargo. Pero no sea lo que yo quiero, sino lo que quieres tú» (Mateo 26:39). Dios no le retiró esa copa, sino que incluso llevó a Jesús a la cruz.

Por lo tanto, cuando digo que con Dios siempre hay un camino, no estoy diciendo que con Dios siempre hay un camino que te libra del dolor, el sufrimiento y la tragedia. Estoy diciendo que siempre hay un camino *a través* de cualquier cosa que Dios te permita experimentar. La Biblia dice: «Aun si voy por valles tenebrosos, no temeré ningún mal porque tú estás a mi lado» (Salmos 23:4).

A veces Dios elimina el problema, y otras veces te hace atravesarlo. En cualquiera de los casos, Él será fiel y te guardará. Y, durante el camino, tu fe te permite crecer en medio de la situación que estés atravesando.

Recuerdo un video que hizo mi amigo Rick que trataba sobre muchos de los fracasos que condujeron a la temporada de éxito que está experimentando ahora. Pasó por todo tipo de bandas que fracasaron y todas las giras a través del país. Hablaba sobre ser rechazado por una disquera importante. Describía el proceso de montar un estudio en su casa solamente para llegar al punto en el que no sabía cómo continuar proveyendo para su familia. Y, sin embargo, mediante algo tan pequeño como una sugerencia informal de comenzar un canal de YouTube, y mediante algo tan consistente como su disposición a darle a su yo de cincuenta y cuatro años la oportunidad y hacer el trabajo, ha encontrado un camino para marcar una diferencia mayor aún de lo que pudo haber imaginado. Ahora entrevista a sus héroes y toca las vidas de millones. Dios abrió un camino, pero fue necesaria la fe para encontrarlo.

¿Hay algo en tu vida que parezca haber acabado, pero una voz dentro de ti te dice que aún no ha terminado? ¿Te está recordando Dios: «¡Continúa! Aún no has terminado»? Escucha esa voz. Esa es la voz del yo renovado que te llama a adentrarte en quien realmente eres.

Deja que la fe vuelva a avivarse. En Dios, hay un camino hacia adelante. Él es todopoderoso y siempre fiel. Quizá no ves el camino ahora, pero estará ahí cuando lo necesites. Por la fe lo encontrarás, y caminarás en él paso a paso.

CAPÍTULO 11

AHORA AVANZA

Hace bastante tiempo estaba intentando jugar al tenis con uno de mis mejores amigos, que juega al tenis mucho mejor que yo. Por alguna razón, en ese partido en particular yo ganaba 30-0. Estoy seguro de que él estaba tan asombrado como yo.

Sin embargo, hizo algo que realmente captó mi atención. Entre dientes, dijo: «Gánalo, punto por punto».

Se estaba entrenando a sí mismo, educándose, reseteándose. «Gánalo, punto por punto».

Y eso es lo que hizo. Yo me atasqué. Él ganó el juego, el set y el partido. ¿Cómo? Dejando atrás el pasado y avanzando. Yo lo vi hacerlo. Él soltó la frustración, ignoró los errores que había cometido, y se enfocó en la tarea que tenía por delante: ganar el siguiente punto. Y el siguiente. Y así hasta que destrozó por completo mi ego, que ya era frágil.

No sé tú, pero yo me quedo atascado en el pasado muchas veces. Esa frase estúpida que dije ayer en una reunión. Ese momento anoche cuando le hablé mal a mi esposa. Ese comentario que alguien puso en las redes esta mañana en el que no puedo dejar de pensar. Ese proyecto que me ilusionaba tanto, pero que finalmente no prosperó.

Es fácil dejar que cosas así nos encierren en una espiral de desánimo o autorrechazo, pero si nos quedamos ahí, estancados en la culpa, la vergüenza, la lástima o la decepción, terminaremos perdiendo el partido.

Una mentalidad que dice: «Con Dios, siempre hay un camino, y por la fe lo encontraré» no significa que nunca cometerás un error o no te desanimarás. No significa que nunca extrañarás lo que solías tener o no estarás nervioso por el futuro. No significa que nunca sentirás que estás perdiendo el juego, el set, el partido.

Significa que estás dispuesto a dejar atrás el pasado y avanzar hacia lo que hay por delante.

A menudo, esto es tan sencillo como reconocer que en verdad no estás atascado en ese bucle de ruina. Tienes opciones. Puedes decidir levantarte y continuar. En tu interior está el poder para resetear, para cambiar, para avanzar hacia un futuro mejor.

El otro día tuve un momento en el que estaba intentando corregir a uno de mis hijos en cuanto a algo (no eran servilletas), y el momento se acaloró un poco más de lo que yo pretendía. Corrección: *Yo* me acaloré más de lo que pretendía. No fue terrible: no estaba maldiciendo ni lanzando platos por la sala, ni nada parecido. Pero cambió el ambiente de la sala, y pensé: *¡Vaya! Creo que arruiné toda la mañana.*

Pero entonces me detuve a mí mismo. Pensé: *No lo arruinaste. Tan solo cámbialo.*

Tras un minuto de trabajar en ese incidente en concreto,

cambiamos. Nos recuperamos, y el resto de la mañana fue bueno.

¿Ves cuán práctico es esto? ¿Ves cuán inmediato? Eliges avanzar, incluso en las interacciones y decisiones más pequeñas.

La victoria en la vida se consigue aceptando tu capacidad de cambiar, de resetear, de abrazar lo siguiente.

> La victoria en la vida se consigue aceptando tu capacidad de cambiar, de resetear, de abrazar lo siguiente.

Sucede pasando a la acción: un pensamiento cada vez, una oración cada vez, una decisión correcta cada vez, una palabra amable cada vez. Así es como derrotas al enemigo y te adentras en tu futuro.

Por lo tanto, pregúntate: «¿Qué significaría avanzar en mi situación? ¿Qué es lo siguiente, lo nuevo, el *ahora* que tengo que hacer? La siguiente palabra que diga va a ser positiva. La siguiente pregunta que haga será de curiosidad, no de condenación. El siguiente movimiento que haga será con energía».

Creo que a veces sobreestimamos el poder que tiene nuestro pasado para retenernos, y subestimamos la libertad que tenemos de dejar atrás esas cosas y avanzar en fe. Imaginamos que liberarnos de un mal estado de ánimo, de un mal día o de una situación aparentemente irresoluble es la gran cosa, pero a veces es tan sencillo como hacer el siguiente movimiento correcto.

Con «sencillo» no quiero decir que siempre sea fácil. La vida es mucho más complicada que un partido de tenis. Es simplemente decirte a ti mismo que dejes atrás el pasado y mires adelante, pero a veces hacer lo siguiente exige todo tu enfoque y energía. Después tienes que volver a hacerlo de nuevo. Y una vez más. Y otra.

Pero es posible.

Puedes dejar atrás la pérdida, el lamento, la culpa. Puedes proseguir en fe. Puedes derrotar al enemigo, punto por punto.

Cuando Israel llegó a la frontera de la Tierra Prometida, aunque estaba en un lugar llamado las planicies de Moab, Dios llevó a Moisés hasta la cima de un monte y le mostró la tierra desde lejos. La Biblia dice que, después de eso, Moisés murió a la edad de ciento veinte años y Dios lo enterró en un lugar que nadie conocía.

¿Te imaginas cómo debieron sentirse los hijos de Israel mientras esperaban al pie de ese monte? Moisés ya les había dicho que Dios no le permitiría guiarlos hasta la Tierra Prometida, pero te aseguro que les costaría mucho creer que Moisés no volvería. Después de todo, ya había subido montes antes y había regresado, y normalmente fue para bien. Después de subir el Monte Sinaí, regresó con su rostro resplandeciente porque se había reunido con Dios, y les dio los Diez Mandamientos.

Israel necesitaba a Moisés, o eso creían ellos. Claro, se quejaban mucho de él, pero había sido su líder por cuarenta años. Moisés era la persona que les había dado comida del cielo y agua de una roca. Era quien habló con Dios por ellos cuando pecaron. Solo había un Moisés. Así que voy a especular con la idea de que, aunque estaban apenados por Moisés, también lo estaban buscando. Apuesto a que se movilizaron en grupos e hicieron vigilias de oración, porque esperaban verlo descender del monte una vez más.

La Biblia dice: «Y lloraron los hijos de Israel a Moisés en los campos de Moab treinta días; y así se cumplieron los días del lloro y del luto de Moisés» (Deuteronomio 34:8 RVR60). El tiempo normal de luto en esa cultura era una semana, pero Moisés era especial. Era legendario. Así que Israel se tomó todo un mes para hacer luto por él.

En algún momento, sin embargo, tuvieron que aceptar el hecho de que Moisés ya no regresaría. Moisés ya no estaría.

Y ahora ¿qué? ¿Qué viene después?

Fue un momento de decisión. La Tierra Prometida se veía en el horizonte, era parte de su futuro, y anticipaban entrar en ella. Pero para entrar en lo siguiente, tuvieron que dejar atrás lo que había ocurrido.

Y eso no es fácil. No fue fácil para ellos, y no es fácil para nosotros. ¿Cuánto tiempo nos toma en épocas de transición aceptar que algo ya nunca será como era antes? A menudo seguimos intentando hacer que las cosas sean como antes. Quedamos atrapados en nuestros recuerdos pasados, reviviendo algo que perdimos o dejamos atrás, deseando poder regresar a esos días, porque parecían muy cómodos, muy familiares, muy seguros.

Es el síndrome de «los viejos tiempos», donde tienes una visión idealizada del pasado que te impide aceptar tu realidad presente y entrar en tu futuro llamado. Si quieres seguir el camino de avance de Dios, que es el camino de la fe, a veces tienes que dejar a Moisés en la montaña.

Yo sé lo que es eso. En los últimos años he estado ajustando cuentas con algunas realidades en mi propia vida sobre las que tenía que hacer algo, porque las cosas están cambiando, el mundo está cambiando, y Dios se está moviendo. Si me quedo donde estoy, me perderé lo que Dios quiere hacer en el lugar al que me ha llamado.

Soltar los «viejos tiempos» es el primer paso para avanzar en fe. La historia de Israel no terminó en las planicies de Moab cuando Moisés ya no estaba, y tu historia tampoco ha terminado aún. No te permitas quedarte atascado en un pasado que ya no existe. Hay cosas buenas por delante, pero no las experimentarás si no caminas hacia ellas.

> No supongas que tu testimonio está completo hoy, porque quizá te dejes fuera la parte a la que Dios está llegando que aún no conoces ni tú mismo.

A veces le digo a la gente: no compartas tu testimonio demasiado pronto. No supongas que tu testimonio está completo hoy, porque quizá te dejes fuera la parte a la que Dios está llegando que aún no conoces ni tú mismo.

Las temporadas incómodas que atravesamos son un poco parecidas a esos videos que sube la gente en los que tienen que poner «espera» o «espera hasta el final», porque saben que el rango de atención de las personas es de unos dos segundos de duración, y quieren asegurarse de que veas la parte buena. No te rindas en tu actual situación demasiado pronto. No lo llames poco importante, aburrido, malo, sin sentido, una pérdida de tiempo, un fracaso. Hay algo por delante. Algo va a ocurrir que no te esperas.

Espéralo.

A tu historia le falta mucho aún.

No cierres tu corazón. No cierres tu mente. No dejes de orar. No dejes de creer.

En tu vida, algunos de los personajes se irán. Algunas situaciones cambiarán. Habrá épocas de pérdida y tristeza, pero no dejes que eso se convierta en desesperación. No interpretes la muerte de Moisés como el final de un sueño. Dios está haciendo espacio para lo que viene después.

Holly me estaba hablando el otro día sobre un doloroso cambio relacional que estaba experimentando. Alguien que había sido amiga suya por casi veinte años parecía estar sacándola de su vida, casi de la noche a la mañana. Yo no quise ser el esposo que estereotipa y da tres soluciones rápidas que en realidad no solucionan nada, así que me limité a escuchar.

Al final, llegamos a este pensamiento. La inversión que Holly hizo en esa amistad no fue un desperdicio: la relación había sido un regalo por casi veinte años. Ahora, en lugar de enfocarse en la pérdida, tenía que enfocarse en las nuevas relaciones que se habían desarrollado recientemente. Avanzar en esas relaciones no mitigaría el dolor que sentía Holly, por supuesto, pero cuando comenzó a enumerar las nuevas amistades que Dios le había enviado en el transcurso de tiempo en que su vieja amiga se había mostrado distante, se produjo un cambio de perspectiva. El final de la relación no hizo que lo que había experimentado en el pasado se convirtiera en algo irrelevante. Simplemente era una señal de que algo había cambiado. Al enfocar su atención en las personas que hay en su vida ahora, Holly fue capaz de rebajar la decepción por la amiga que se había alejado.

Tampoco quiero ser el pastor de estereotipos y darte cinco soluciones falsas para el verdadero dolor; sin embargo, quiero animarte a que evalúes tu perspectiva de los cambios o las pérdidas que podrías estar experimentando. El dolor es real y la tristeza es válida, pero si Dios permitió que dejaras de tener algo, probablemente también esté añadiéndote algo. ¿Ves alguna señal de que Dios esté haciendo algo distinto mientras avanzas?

Deuteronomio dice que Israel lloró hasta que «se cumplieron los días del lloro y del luto de Moisés». Pasaron un mes llorando a Moisés en Moab. Intenta decir eso cinco veces seguidas. Un *mes* llorando a *Moisés* en *Moab*.

Es mucho tiempo, y todo terminó en un instante.

Yo pienso en ello como en el «se acabó». Se acabó Moisés. Se acabó hacer duelo por un pasado que nunca volverá a existir. Se acabó acampar en Moab a la espera de que regresen esos viejos tiempos. *Se acabó*. Ha llegado el momento de avanzar hacia la promesa de Dios.

Observemos que no dice que el *sentimiento* de lloro y de luto se cumplió, sino que se cumplieron los *días* del luto. Eso no tiene la intención de ser cruel. Dios no está diciendo: «Se acabó. Supérenlo. Dejen de llorar. Dejen de quejarse. Maduren». Y yo tampoco estoy diciendo eso. Hicieron un mes de duelo, porque las emociones son importantes.

Pero, al final, en el momento correcto, el duelo tenía que dejar paso al movimiento. Tuvieron que pasar del *se acabó* al *comenzar a moverse*.

Tu caminar con Dios incluye sentimientos, pero tu fe es mucho mayor que tus sentimientos, y a veces tienes que avanzar incluso cuando todavía estás sintiendo algo del pasado. Tienes que avanzar incluso cuando no tenga sentido. Tienes que avanzar cuando todavía tienes preguntas sin responder, y algunas de esas preguntas ahora crean otras más y no sabes responder a ninguna.

¿Estás ahora mismo en una época de «se acabó»? ¿Es tu momento de avanzar, aunque todavía estás llorando y extrañando algo que estás dejando atrás? ¿Te has estado aferrando a un pasado que tiene que descansar en paz en una montaña de algún lugar? Jesús le dijo a uno de sus discípulos: «Sígueme...y deja que los muertos entierren a sus muertos» (Mateo 8:22). En otras palabras, no dejes que lo que está muerto te impida a ti vivir.

Tal vez sea el tiempo de salir de Moab, de dejar de buscar a un Moisés que no regresará, de dejar de revivir una etapa de tu vida que fue asombrosa pero que se acabó, de dejar de esperar a que alguien se disculpe contigo por haberte herido, de dejar de fantasear con un romance que no funcionó. Esa persona ya se cambió de ciudad. Se acabó, y tú todavía sigues mirando Facebook, preguntándote: «¿Qué va a hacer ahora?». Borra la aplicación y vive tu vida. Hiciste lo que pudiste. Ya hiciste duelo por demasiado tiempo; ahora es momento de avanzar.

Ese «mes de duelo» es figurado, por cierto. Si alguien abollara la puerta de tu nuevo Tesla, no necesitarías literalmente un mes de duelo. Si perdiste a un ser querido, por el contrario, quizá nunca lo «superes», y no estoy diciendo que tenga que ser así. Llevarás contigo la pérdida toda la vida, aunque no siempre dolerá tanto como duele ahora. Sin embargo, puedes avanzar cuando sea el momento oportuno.

Me encanta el versículo que dice: «Si por la noche hay

llanto, por la mañana habrá gritos de alegría» (Salmos 30:5). Estamos avanzando con nuestros rostros empapados de lágrimas, avanzando con nuestras preguntas sin contestar, avanzando con nuestra fe aún sin terminar; pero avanzando.

La historia no termina con la muerte de Moisés, como dije. Justo después de que el periodo de duelo se acabe, Deuteronomio 34 dice: «Entonces Josué, hijo de Nun, fue lleno del espíritu de sabiduría, porque Moisés puso sus manos sobre él» (versículo 9).

Fíjate en las dos primeras palabras: «Entonces Josué».

Dios los llevó del «se acabó» al «entonces Josué». Para cada «se acabó» de tu vida, hay un «entonces Josué» que Dios ha estado desarrollando. Para cada «se acabó» por el que has hecho duelo, Dios está diciendo: ahora avanza hacia el buen regalo que tengo para ti.

Cuando ya no veas a Moisés, Dios dice: «Ahora hay un Josué». Cuando veas un final, Dios ya está haciendo un nuevo comienzo. Cuando no veas camino, Dios dice: «Ahora mira cómo yo abro un camino. Permíteme obrar. Déjame sitio. Déjame espacio».

Quizá el diablo te ha estado diciendo: «Estás terminado. Estás acabado. Todo terminó ahora». Pero Dios te dice que no estás acabado, porque Él no ha terminado. Y creo que quiere cambiar esa última frase un poco. Él quiere poner un punto ahí, porque la puntuación es importante. En lugar de «Todo se terminó ahora», léelo de esta manera: «Todo se terminó. Ahora...».

Tal vez has estado tan atrapado en lo que se ha ido, lo que se perdió o lo que quedó atrás, que no puedes ver cómo

Dios te ha estado preparando para lo que viene por delante. No estás acabado. Estás avanzando. Algo ha terminado, pero algo también está comenzando.

Lo que ocurrió ya es historia, pero lo que suceda después depende de cómo respondas al «ahora».

No estás meramente atravesando una crisis; estás dentro de un capullo. Te estás transformando ahí. Saldrás de ahí con alas. Saldrás con sabiduría. Saldrás con la voluntad de Dios. Pablo escribió: «olvidando lo que queda atrás y esforzándome por alcanzar lo que está delante, sigo

> No estás meramente atravesando una crisis; estás dentro de un capullo. Te estás transformando ahí.

avanzando hacia la meta para ganar el premio que Dios ofrece mediante su llamamiento celestial en Cristo Jesús» (Filipenses 3:13-14).

¿Qué tienes que dejar atrás para poder avanzar? ¿Por qué asunto necesitas hacer un mes de duelo, y después dejarlo enterrado en un monte?

No deshonras tu pasado haciendo eso. No estás siendo desleal a la vida que dejas atrás. Quizá pienses que no estás siendo honesto contigo mismo o con alguien por avanzar, pero puedes hacer ambas cosas. Puedes extrañar lo que has perdido y avanzar a lo que hay por delante. Puedes reconocer lo que has recibido, puedes celebrar cuánto has logrado, puedes estar agradecido por lo que te llevó hasta este punto, y escoger dejar atrás esas cosas y avanzar. No te pierdas a Josué por estar atascado extrañando a Moisés.

¿Qué es tu «Entonces Josué»? ¿Qué puertas se están abriendo? ¿Qué personas están llegando a tu vida? ¿Qué fe se está avivando en tu corazón? ¿Qué desafíos te esperan por delante? ¿Qué llamado ha despertado Dios en tu corazón?

¿Qué es lo nuevo, el ahora, lo siguiente que Dios está haciendo en ti?

Ahora avanza.

CAPÍTULO 12

MENTALIDAD LIBRE DE COMADREJAS

Me encanta el libro *El camino del artista*, de Julia Cameron. Una de las cosas sobre las que escribe es el censor interior o la voz que mina tu creatividad. Dice que tu censor es la parte de ti que te critica y se burla de ti cuando comienzas a crear. Es la voz que dice que tu trabajo es mediocre y que no eres bueno haciendo eso. Te presenta excusas para dejarlo. Te aparta de la obra que deberías estar haciendo para llevarte a la ropa de luto del autodesprecio y la crítica prematura.

Creo que su punto es aplicable no solo a la creatividad. Creo que existe esa misma dinámica en nuestro caminar con Jesús al convertirnos en la persona que Él nos ha llamado a ser. Caminar en la mentalidad «Con Dios, siempre hay un camino y por la fe lo encontraré» significa aprender a silenciar el censor que llega después de tu creatividad, tu confianza y tu valor.

Tal vez has experimentado esto. Quizá tienes una voz interior que intenta mantenerte encerrado en tu viejo yo

> Cuando diriges tu enfoque hacia Dios, cuando pones tu mente en la gracia ilimitada e imparable que te empodera para encontrar maneras creativas de avanzar, el censor pierde su ventaja.

(el yo temeroso, autocrítico y defensivo) en lugar de permitirte explorar puertas abiertas y descubrir potencial sin destapar. Eso es exactamente lo contrario a una mentalidad que se enfoca en la posibilidad. Sin embargo, cuando diriges tu enfoque hacia Dios, cuando pones tu mente en la gracia ilimitada e imparable que te empodera para encontrar maneras creativas de avanzar, el censor pierde su ventaja.

Julia Cameron sugiere encontrar una imagen de caricatura que represente al censor y colocarla en algún lugar donde puedas verla cuando estés intentando crear. Ella dice: «Solo el hecho de convertir el Censor en ese personaje desagradable y astuto que es, empieza a desencajar parte de su poder sobre ti y tu creatividad».*

En otras palabras, darte cuenta de que hay una diferencia entre el censor y tu yo verdadero es el primer acto de separación que conduce a la libertad y el desarrollo.

Cuando leí eso, decidí que convertiría mi censor en una comadreja. ¿Por qué? Primero, la imagen es perfecta. Las comadrejas tienen un aspecto asqueroso y son destructivas. Se meten a hurtadillas en los jardines y te roban el fruto antes de que esté listo para cosecharlo. Creo que es la metáfora perfecta no solo para las cosas que bloquean

---

* Cameron, Julia, *The Artist Way: A Spiritual Path to Higher Creativity* (New York: Penguin Group, 2002). Kindle edition (loc. 511).

la creatividad, sino también para las cosas que sabotean el crecimiento espiritual. Cuando algo está creciendo hay que nutrirlo, pero cuando lo juzgamos interrumpimos el proceso. Arruinamos el fruto antes de que pueda crecer y convertirse en lo que podría ser.

La segunda razón por la que escogí una comadreja es por un sermón que prediqué una vez sobre las comadrejas. Tal vez no sabías que la Biblia habla sobre las comadrejas. Yo tampoco lo sabía, hasta que me crucé con un pasaje extraño en el libro de Levítico. Permíteme darte una rápida recapitulación de ese sermón, porque conecta con la mentalidad que estamos examinando aquí.

Levítico dice que la comadreja era un animal impuro para los israelitas. Eso significaba que no las podían comer, lo cual es difícil de imaginar en un principio, pero imagino que Dios tuvo que dejarlo claro, porque algunas personas se comen cualquier cosa. También significaba que, si una comadreja moría, contaminaba todo lo que tocaba, como una vasija o la ropa. Esa era la ley para todos los animales muertos. Lo que hubiera tocado, había que purificarlo o desecharlo.

Pero había una excepción a la regla de los animales muertos. La Biblia dice: «Si alguno de esos cadáveres cae sobre la semilla destinada a la siembra, la semilla permanecerá pura» (11:37).

Cuando vi ese versículo escondido en Levítico, me di cuenta de que era una poderosa metáfora. Las semillas representan posibilidad. Representan crecimiento y fruto. A veces, sin embargo, puede parecer que una comadreja entró en tu vida y cayó muerta encima de tu semilla.

Intentó contaminar tus sueños, tu confianza, tu gozo, tus relaciones.

¿Alguna vez te has sentido como si hubiera una comadreja muerta en tu semilla? Quizá fue una expectativa que no se cumplió, un mal reporte médico, una recaída, una carta de rechazo. Pensabas que algo tenía mucho potencial, y de pronto fue como si muriera.

Pero no fue el *potencial* lo que murió. El sueño, la idea o el llamado sigue ahí, pero hay una comadreja encima. Estás escuchando a un censor, una voz, un temor o una amenaza que quiere que renuncies a lo que Dios te dio.

Tengo buenas noticias para ti. La semilla sigue limpia. La semilla aún tiene vida. Aunque el enemigo haya hecho incursiones en el jardín de tu corazón y de tu vida, aunque esa comadreja haya intentado robar lo que Dios puso ahí, incluso aunque te parezca que algo murió encima de tus sueños, eso no mata la semilla. El diablo no puede quitarte lo que Dios ha puesto en ti.

Me gustó mucho predicar sobre eso. Su significado tiene muchas manifestaciones. Las semillas son poderosas, y su poder reside en su potencial. La semilla de una idea, la semilla de un pensamiento, la semilla de una letra, la semilla de un sermón, la semilla de una reunión, la semilla de una iniciativa, la semilla de un proceso, la semilla de una colaboración.

¿Sabes lo impresionante de esto? A veces, parece que el enemigo cree en nuestro potencial más que nosotros mismos. Por eso envía a esas comadrejas. Las comadrejas de la preocupación, las comadrejas de la inferioridad. Son comadrejas que te dicen que esto no vale la pena o que tú no vales la pena. Comadrejas que dicen: «Esto no está funcionando. Eso es una estupidez. ¿Quién te crees que eres para intentar eso?». Comadrejas que mueren sobre tu semilla y te hacen pensar que la semilla misma ha muerto.

Pero las semillas nunca mueren.

Y las comadrejas siempre mienten.

No escuches a las comadrejas. No dejes que las comadrejas entren en tu proceso. Tienes que proteger tu mente, tus emociones y tus decisiones de las comadrejas que interrumpen lo que todavía está creciendo. Tienes que guardar ese lugar vulnerable donde nutres lo que Dios está diciendo, o incluso lo que crees que *podría* estar diciendo.

> Tienes que guardar ese lugar vulnerable donde nutres lo que Dios está diciendo.

Recuerda: la semilla es más poderosa que cualquier cosa que caiga sobre ella. Quizá tengas la sensación de que hay una comadreja muerta sobre tu semilla, pero eso no cambia el poder que tiene tu semilla. No dejes que algo muerto impida que algo vivo no se convierta en lo que puede llegar a ser. Ese «cadáver» podría ser una falla que aún te persigue, podría ser algunos comentarios críticos de Instagram, podría ser que no haya comentarios de Instagram cuando estabas seguro de que habría decenas. Podría ser algo más profundo, como algún ser querido a quien parece imposible complacer; o podría ser alguna traición que experimentaste.

No sé cuáles son tus comadrejas, pero sé que aún hay vida en la semilla. Vuelve a los pensamientos, las ideas, los conceptos y las relaciones que dejaste encima de la tierra de las buenas intenciones y nunca plantaste, porque algunos cadáveres cayeron sobre ellos. Aún hay vida ahí. Hay potencial en esa semilla.

El día que llamé Comadreja a mi censor, escribí en un trozo de papel: «Libre de comadrejas desde 2023». Lo declaré sobre mi corazón. Incluso pedí hacer dos letreros personalizados de aluminio, uno para mí y otro para Elijah, para ponerlos en los lugares donde solemos crear. También dicen: «Libre de comadrejas desde 2023». Por supuesto, tienen la imagen de una comadreja tachada con una línea gruesa. Y, por supuesto, quizá yo sea el padre más creativo, o el más ridículo, dependiendo de tu gusto en la decoración de interiores, pero esa señal me hace sonreír cada vez que la veo. Me recuerda que mi imaginación le pertenece a Dios, que mi corazón es su jardín.

Por otro lado, a veces lo veo y pienso: *Eso es una tontería. Nadie sabe lo que significa. ¿Qué clase de hombre adulto hace letreros que dicen libre de comadrejas?* Observa la ironía que encierra esto. Puedo estar mirando un letrero que tiene la intención de criticar mi naturaleza autocrítica para liberarme de ella, y al mismo tiempo empezar a criticar la crítica de mi autocrítica. Y ahora mismo estoy criticando *eso*.

Bienvenido al mundo de las comadrejas. Bienvenido a mi mente atormentada. Estoy atormentado, pero lo estoy intentando.

Mantener el corazón libre de comadrejas requiere un arduo trabajo, así que cuando tengo una idea y oigo palabras de comadreja, por lo general digo en voz baja, pero a veces en voz alta: «¡Fuera de mi semilla, comadreja! Sé que es solo una idea. No pretendo que sea nada más. Es solo una semilla. No tengo que decidir qué hacer con ello por ahora. Tal vez lo olvidaré. Quizá lo colgaré en la pared. Quizá me lo tatuaré en el brazo, o puede que predique sobre ello. No tengo que decidirlo ahora. Tan solo puedo disfrutar de ella mientras crece».

Quiero que *tú* aprendas a disfrutar de las cosas mientras crecen. Algunas de las cosas que Dios te habla no se materializarán en esta etapa de la vida, y está bien. No dejes que la comadreja destruya el potencial.

Por cierto, las comadrejas no son nuestros únicos censores internos. Incluso personas con buenas intenciones pueden decir cosas que nos hagan dejar de creer en el potencial que Dios ha puesto en nuestro interior. Un comentario informal como: «Eso es algo muy raro» puede convertirse en una comadreja que se entromete en nuestro proceso de desarrollo y usurpa nuestra singularidad. Pero las personas hablan desde sus propias perspectivas, desde sus propios prejuicios, filtros emocionales y gráficas espirituales. No dejes que la limitación de nadie se convierta en tu inseguridad.

Al mismo tiempo, tampoco seas una comadreja para otras personas. Cuando somos hipercríticos con las ideas de otras personas, cuando ignoramos la contribución de alguien, o cuando interrumpimos constantemente lo que otro comparte con cosas que percibimos como mejores, no dejamos lugar para que la semilla respire. Cuando no damos tiempo a las personas de procesar y nutrir algo, estamos siendo comadrejas.

Una vez, Pablo escribió: «Por mi parte, muy poco me

preocupa que me juzguen ustedes o cualquier tribunal humano; es más, ni siquiera me juzgo a mí mismo. Que, aunque la conciencia no me remuerde, no por eso quedo absuelto; el que me juzga es el Señor» (1 Corintios 4:3-4).

En contexto, Pablo estaba hablando de las personas que criticaban sus motivaciones y acciones. No estaba diciendo que él nunca evaluaba su modo de vivir, pues dijo que tenía una conciencia clara, así que obviamente estaba poniendo todo de su parte. Estaba diciendo que no dejaba que las comadrejas interrumpieran prematuramente el proceso. No permitía que los censores lo desanimaran. No iba a intentar averiguarlo todo, defenderlo todo o poner un descargo de responsabilidades a todo, tan solo para evitar la posibilidad de ser criticado.

Añadió: «Por lo tanto, no juzguen nada antes de tiempo; esperen hasta que venga el Señor. Él sacará a la luz lo que está oculto en la oscuridad y pondrá al descubierto las intenciones de cada corazón. Entonces cada uno recibirá de Dios la alabanza que le corresponda» (versículo 5).

Dios es el juez. Él es el único calificado para conocer la verdadera naturaleza de algo. Me encanta especialmente la última frase. Cuando Dios exponga los motivos del corazón, recibiremos alabanza. Eso es algo que me cuesta creer. Tiendo a pensar que Dios va a exponer mi orgullo o mi egoísmo o mi inseguridad o mi poca paciencia.

No obstante, esa no es la naturaleza de Dios. Él crea un lugar seguro para que crezcas y prosperes. Él no es como ese jefe o maestro que se deleitaba señalándote tus errores. No te está controlando de forma milimétrica. No está censurando tu creatividad. No se burla de tus errores.

Él busca motivos para alabarte.

Y los encuentra por todas partes.

Una de las cosas que he estado aprendiendo últimamente es a respetar y proteger la semilla viva de lo que Dios me habla. Estoy aprendiendo a darme permiso a mí mismo para procesar mis ideas en lugar de interrumpir mi evaluación del valor de algo por una crítica, una duda o un comentario de alguien.

Eso significa que voy a anotar las ideas cuando las tenga, aunque parezcan tontas y no planee enseñárselas a nadie. Eso significa que voy a cantar a mi teléfono y a mascullar ideas sin disculparme, porque no me cobran por minutos al grabar notas de voz. Eso significa que, si siento que tengo que compartir algo que es un tanto peliagudo con un amigo para ayudarle, lo haré. Eso significa que, si estoy en una sesión de colaboración creativa y tengo una idea que aún no está pulida, pero tiene potencial, la diré, por si acaso, aunque me sienta un tanto estúpido al hacerlo. Eso significa que voy a estar ahí en los momentos importantes en las vidas de mis hijos, aunque no lo tenga todo resuelto cuando lo haga. Eso significa que voy a buscar oportunidades de amar, sabiendo que será complicado e imperfecto.

Yo y mi casa estaremos libres de comadrejas. Quiero crear una atmósfera para mis hijos en la que sepan que está bien crear algo solo por el gozo de crearlo. Si no hace daño a nadie, y si no están haciendo metanfetaminas, ¡adelante! Sé creativo. Haz algo, di algo, crea algo. Quiero ser ese tipo de persona que no sofoca lo que otra persona está haciendo, sino alguien que le da espacio para ver lo que puede llegar a ser su semilla.

> Recuerda: con Dios siempre hay un camino, y lo encontrarás por la *fe*, no por las dudas propias o el sentimiento de hacer el ridículo.

¿Y tú? ¿Qué semillas tienes que redimir? ¿Qué sueños tienes que reconvenir en esta época de tu vida? Recuerda: con Dios siempre hay un camino, y lo encontrarás por la *fe*, no por las dudas propias o el sentimiento de hacer el ridículo. No pidiéndole opinión a las comadrejas. No al permitir que tu censor interior te intimide hasta la mediocridad. No sentándote sobre semillas que están destinadas a ser sembradas. Encuentra tu camino de avance ignorando al crítico interior y sembrando tus semillas en fe.

Nunca sabes lo que producirá esa semilla hasta que la plantes, y no puedes plantarla hasta que quites la comadreja que tiene encima. Declara que tu corazón está libre de comadrejas y observa lo que puede ser tu semilla.

CAPÍTULO 13

¿Y SI ESTO TIENE ÉXITO?

El otro día me encontré una versión demo de una canción que compuse hace mucho tiempo. Se la mostré a Holly. Tenía unos diez años, y la verdad es que daba un poco de lástima, por decirlo suave. Me reía con fuerza mientras la escuchábamos, porque no me podía creer que en ese entonces hubiéramos pensado que valía la pena grabarla.

Observé la cara de Holly, y parecía confundida y un poco molesta. Finalmente, dijo: «¿Por qué pones esto?». Fue su forma educada de rogarme que la apagara.

Pero entonces, unos dos minutos después, llegamos a una frase que ella reconoció, y su expresión facial cambió. Verás, aunque la mayor parte de esa canción terminó descartada, había unas pocas líneas que pasaron a formar parte de otra canción que aún cantamos hoy, años después. De hecho, es una de las canciones de nuestra iglesia que más han gustado. Resultó que, incluso en una canción mala, había algunas frases buenas.

Recuerdo todas las sesiones de composición de esa primera pista. Intentamos una y otra vez hacer que funcionara, forzándola para que tomara forma; y, cada vez que lo hacíamos, fracasábamos. Era frustrante. Pero al final, esos intentos fallidos produjeron algo hermoso que continúa animando a la gente y señalándolos hacia Dios. Las semillas de algo especial estaban enterradas en algo malo.

> A menudo, la semilla del éxito del mañana está escondida en el fracaso de hoy.

¿Por qué comparto esto? Porque eso sucede también en muchas otras áreas de nuestra vida. A menudo, la semilla del éxito del mañana está escondida en el fracaso de hoy.

Las cosas grandes pocas veces se producen fácilmente. Casi nunca suceden en el primer intento. Esa es la verdad poco atractiva del proceso creativo, y es la realidad de la vida en general. Es cierto ya sea que estés empezando un negocio, aprendiendo un deporte, adoptando un pasatiempo, grabando un álbum, escribiendo un libro para niños, convirtiéndote en *influencer*, inventando nueva tecnología, o cualquier otra cosa que te expanda más allá de tu capacidad actual.

Tom Waits, el famoso cantante y compositor, dijo una vez en una entrevista: «Algunas canciones no quieren ser grabadas. No puedes luchar con ellas o, de lo contrario, solo conseguirás asustarlas más. Intentar capturarlas es intentar atrapar pájaros. Algunas canciones vienen fácilmente, como sacar patatas de la tierra o como una goma de mascar que te encuentras debajo de un viejo pupitre.

Algunas canciones solo sirven para cortarlas como cebo y usarlas a fin de pescar otras canciones».*

Me encanta la imagen descrita aquí, y creo que es aplicable no solo a la composición de canciones. La complejidad y frustración que expresaba él con esas frases son entendibles para cualquiera. El crecimiento no es un proceso lineal. No siempre vas de una versión exitosa de ti a la siguiente, o de un evento victorioso a otro. A menudo, al igual que dice Tom Waits con respecto a esas canciones que solo sirven como cebo para otras, tienes que volver a darle propósito a partes de tu fracaso para enmarcar tu futuro.

Recuerda que la mentalidad del yo renovado dice: «Con Dios, siempre hay un camino y por la fe lo encontraré». Explorar posibilidades y llamar a puertas puede parecer algo complejo y frustrante. Eso no significa que lo estés haciendo mal. Es lo que tienes que recordarte a ti mismo. Estás intentando algo nuevo, estás construyendo algo paso a paso, y no será fácil.

Al principio, eso que estás haciendo (como la canción que le puse a Holly) puede parecer un desastre. Quizá digas: «¿Por qué estoy aquí? ¿Por qué estoy haciendo esto? ¿Cuál es el sentido de todo esto? Esto es vergonzoso». Pero tal vez lo que crees desagradable es en realidad una semilla. Quizá encontrarás tu futuro en tu frustración. Quizá fluirá de tus fracasos. Puede que tus primeros bocetos, tus

---

* Reysean Williams, «Why Do People Like Tom Waits?», *Rawkus Magazine* (9 de febrero de 2016), https://www.rawckus.com/why-do-people-like-tom-waits.

primeros pasos, tus primeros intentos pondrán en acción algo que Dios hará que sea hermoso en su tiempo.

En lugar de deprimirte por los errores inevitables durante el camino, ¿por qué no te enfocas en las posibilidades que tienes por delante? ¿Por qué no soñar con lo que podría ocurrir? Imagina a las personas que podrías influenciar. Imagina el legado que podrías dejar. Imagina la calidad de vida que podrías disfrutar y la satisfacción que podrías experimentar.

Hace varios años encontré un versículo que habla sobre esto, y me he obsesionado un poco con él. Me parece misterioso, y a la vez en su misterio, es esclarecedor. «Siembra tu semilla en la mañana y no te des reposo por la tarde, pues nunca sabes cuál siembra saldrá mejor, si esta o aquella, o si ambas serán igualmente buenas» (Eclesiastés 11:6).

A menudo, pienso que no iniciamos las cosas que tenemos en nuestro corazón, porque nos intimida esta pregunta que infunde temor: *¿Y si fracasa?* Alguien me sugirió una vez: «¿Por qué no le das la vuelta a la pregunta? Plantéate: *¿Y si funciona?*». Parece sencillo, pero hacer ese cambio lo cambia todo.

Eso es lo que dice Salomón en este versículo. «¡Dale la vuelta a la pregunta! No te quedes ahí sentado preguntándote si tus ideas funcionarán o no funcionarán. Intenta esto e intenta aquello, porque quizá una tendrá éxito, o quizá ambas tendrán éxito. Pero no lo sabrás hasta que lo pruebes. Por lo tanto, ¡siembra tu semilla!».

El viejo yo quizá diría: «¿Y si es un desastre? Mejor no lo intento. O, si lo intento, lo haré apuntando bajo. Esperaré que suceda lo peor. Lo dejaré al primer indicio de resistencia». Esa versión del yo habría puesto excusas, comenzado con advertencias, y habría escrito un discurso de dimisión, incluso antes de que se produjera el fracaso. «La economía va mal, así que esto probablemente no funcionará. Hay mucha competencia, así que dudo que tenga éxito. Voy a intentarlo, pero no me voy a hacer ilusiones».

Pero ese no es el yo que Dios ve. Ese no es el nuevo yo, el yo renovado. El yo auténtico, lleno de fe, y enfocado en las posibilidades no pregunta: «¿Y si esto fracasa?», sino más bien: «¿Y si esto tiene éxito?». ¿Por qué no comenzar desde *esa* mentalidad, en lugar de suponer lo peor? ¿Por qué no apuntar alto y arriesgarnos a la decepción, en lugar de apuntar bajo y garantizarnos una vida llena de *qué hubiera pasado si...?* En lugar de predecir tu propio fracaso, di: «¿Y si esto tiene éxito y supera todas mis expectativas? ¿Y si esto se convierte en algo que me encanta? ¿Y si Dios planea llevar esto a lugares que yo nunca habría esperado?».

Recientemente escribí algo en una nota adhesiva. Por cierto, tengo notas adhesivas por toda la casa para no olvidarme de las cosas, porque necesito esos recordatorios. En esa en particular, escribí: «Las estadísticas tristes, pero no tan sorprendentes de las semillas no sembradas. El cien por ciento de las semillas no sembradas terminan sin germinar y crecer».

El punto que me estaba queriendo recordar era que las semillas que nunca se siembran nunca tendrán éxito. Tienen un porcentaje de un cien por ciento de fracaso. Las semillas de las palabras que no dijimos. Las semillas de los síes con los

Las semillas que nunca se siembran nunca tendrán éxito.

que no nos comprometimos. Las semillas de los sueños que nunca nos atrevimos a verbalizar. Las semillas de las invitaciones de colaboración que nunca hicimos, porque podían terminar en rechazo.

La estadística poco sorprendente de las semillas no sembradas es que cada semilla que dejas en tu bolsa y no pones en el suelo de la vida real se mantendrá dormida. Es un potencial sin destapar. Es un fruto sin desarrollo. Llevas contigo algo: un don, un talento, una idea, una misión, un propósito, un llamado. Tienes que sembrar tu semilla para que tenga la oportunidad de tener éxito.

Pero ¿y si sale mal y apesta?

Es un temor que todos enfrentamos. Así que permíteme animarte. *Será desagradable.* Al menos por un tiempo. Todo atraviesa una etapa en la que no es muy bueno. En la escritura se llama un borrador. En el desarrollo de productos se llama un prototipo. En el cine se llama un guion gráfico. En las artes se llama un boceto. En tecnología se llama un producto mínimo viable.

No es bonito. No está pulido. Es una versión esquelética de algo que existirá, pero primero hay que limar varios aspectos. Eso tomará tiempo, y pasará por muchas repeticiones durante el camino.

Tienes que atravesar cada etapa de crecimiento o nunca llegarás donde Dios te está llevando. Sin embargo, si tienes tanto miedo de parecer estúpido o de cometer errores que no estás dispuesto a dar una versión imperfecta de ti mismo y arreglar los fallos que aparezcan, fallarás por defecto.

Recientemente estaba en una reunión, y alguien dijo una frase que se quedó conmigo. Ella dijo: «Me voy a atrever a quedar mal ahora mismo». Me gustó la frase. Se refería a darse permiso a sí misma para ser imperfecta mientras discutíamos acerca de unas ideas que habíamos puesto sobre la mesa. Permiso para intentar, para explorar, para hacer un primer borrador loco de sí misma, para aprender, para crecer.

La palabra «atreverme» fue un buen término, porque conlleva un verdadero riesgo, así que se necesita valentía de verdad. Cuando pruebas cosas nuevas, cuando te comprometes con el crecimiento, estás anotándote a un proceso engorroso. Tal vez fracases de modo espectacular. Quizá se rían de ti. Quizá tengas que disculparte. Tal vez pierdas algo de dinero. Quizá malgastes un poco de tiempo.

Acostúmbrate a eso.

Se llama crecimiento. Se llama humildad. Se llama humanidad. Se llama hacer las paces con tus imperfecciones, porque la perfección es imposible y además está sobrevalorada, pero *convertirte en una versión más completa de ti* es hermoso.

No estoy minimizando el dolor inherente en el proceso. Solo estoy diciendo que no deberías empeorar el dolor esperando la perfección al primer intento. Pon el listón alto, pero no esperes superarlo en el primer salto. Tienes que trabajar hasta conseguirlo.

Incluso si lo que intentas sale realmente mal la primera vez, podrías encontrar algunas semillas en ello. Superarás la etapa inicial y dirás: «Bueno, todo *eso* fue malo, pero *esto* de aquí fue bueno». Si avanzas hacia lo que crees que Dios te ha llamado a hacer y después te das cuenta de que no vas en la dirección correcta, dentro de ese fracaso podrías encontrar la esencia de eso que realmente fuiste llamado a hacer.

No estoy diciendo que los errores no sean importantes. Yo los aborrezco. Soy perfeccionista por naturaleza, así que tengo que hablarme continuamente sobre este principio que te estoy compartiendo ahora mismo. Trabajar en la misma canción en múltiples sesiones de composición solo para terminar desechándola es frustrante, no divertido. Me hizo sentir como un fracaso y un escritor de poca monta. En el momento nada más. Sin embargo, cuando oigo la canción que surgió de eso, no pienso en el dolor del proceso. No me acuerdo del sufrimiento de la siembra.

Lo que siento es el gozo de la cosecha.

El libro de Salmos dice: «Los que con lágrimas siembran, con regocijo cosechan. El que llorando esparce la semilla, cantando recoge sus gavillas» (126:5-6). Enfocarte en la posibilidad significa no apartar tus ojos de la esperanza que tienes delante, no en cada pequeño error que cometas por el camino.

Esto no es negación; es expectación. Es fe. Es saber que en Dios encontrarás un camino de avance. Tal vez te tome algún tiempo, y quizá tengas algunas salidas nulas y te metas en algunos callejones sin salida, pero no pasa nada. Tienes que pasar por ello para conseguir el beneficio de llegar al otro lado.

Algo que he llegado a amar, de manera muy inesperada, es el baño helado. Un amigo mío me hizo probarlo hace unos años en un hotel. En caso de que nunca hayas oído hablar de esta forma voluntaria de tortura, el baño helado es cuando te sumerges en agua helada durante un corto periodo de tiempo, porque se supone que favorece la circulación de la sangre, reduce la inflamación y mejora la alerta mental.

La primera vez que lo hice, estuve en el agua exactamente el minuto que habíamos acordado estar, y después salí y corrí hasta la sauna disponible más cercana. Ahora, tengo que obligarme a salir de un baño helado después de diez minutos. Aprendí eso a las malas, tras quedarme demasiado tiempo una vez y después no sentir los dedos de los pies, ni poder caminar durante quince minutos. Aparentemente, soy un poco extremista.

Cuando te metes por primera vez en el agua helada, lo único que piensas es: *¿Por qué me ofrecí para hacer esto? Me estoy congelando.* Los primeros cuarenta y cinco segundos, eso es lo ocupa tu mente. *Soy un idiota. Nunca debería haber visto esa entrevista con Wim Hof, el hombre hielo. Quiero morirme en este instante.*

Después empiezas a acostumbrarte. Tiemblas de frío, pero te acostumbras. Y, en mi caso, después me siento realmente bien. Atravesar lo incómodo me lleva a un lugar donde recojo los beneficios.

Cuando se trata de probar cosas nuevas, creo que muchos de nosotros nunca llegamos a acostumbrarnos porque nos da miedo temblar. No plantamos las semillas, porque no nos atrevemos a fracasar. Y lo entiendo. Yo hago lo mismo algunas veces, porque la incertidumbre de no saber lo que pasará da miedo. ¿Y si no funciona? ¿Y si no les gusta? ¿Y si lo rechazan?

Bueno, ¿y si...? Juega con la idea. ¿Se acordarán de tu fracaso toda la vida? ¿Tu reputación se arruinará de tal modo que nunca la podrás restaurar? Quiero decir, ¿qué es lo peor que te podría pasar?

Recuerdo escuchar hace años un sermón de un pastor al que respeto mucho. Estaba sentado en un estadio abarrotado de unas treinta mil personas. El sermón no fue de los mejores que tiene. De hecho, para ser totalmente sincero, fracasó a lo grande. Después terminó el servicio, y salí de la iglesia, igual que todos los demás.

Eso fue todo.

No le tengo en menos después de eso. No he pasado los últimos treinta años burlándome de él en mi mente. Tan solo supuse que tuvo un mal día o que yo no estaba en mi mejor estado mental, y me comí mi hamburguesa y me bebí mi Coca Cola sin azúcar.

De manera un tanto macabra, esa experiencia realmente me animó porque, cuando estás en la plataforma y no te va muy bien, sientes que es el fin del mundo. Tienes que recordarte a ti mismo que las personas en la audiencia tal vez son más comprensivas contigo que tú mismo, y que no están tan comprometidos con esto como tú lo estás. Están escuchando, pero también están pensando: *¿Dónde tengo ganas de comer hoy? ¿Chipotle o Chick-fil-A?*

No estoy diciendo que la predicación no sea importante o que la calidad de tu trabajo no importe. Solo digo que meter la pata no es algo tan importante como el enemigo quiere que tú pienses. La mayoría de las personas están demasiado ocupadas lidiando con sus propias batallas y pensando en sus propias necesidades como para gastar mucha energía juzgándote por las tuyas. Además, muchos de ellos son mejores que tú siendo compasivos y misericordiosos contigo.

Y Dios también.

Dios es un lugar seguro para intentar y fracasar. Si te hundes cuando intentas caminar sobre el agua, no es un problema tan grande como tú crees, porque Jesús te llevará de regreso a la barca.

> **Dios es un lugar seguro para intentar y fracasar.**

Recuerda que Jesús ayudó a Pedro a crecer en fe mediante esa experiencia. Cuando todo terminó y Jesús calmó la tormenta, Pedro y todos los demás discípulos comprendieron: «Verdaderamente eres el Hijo de Dios». Las semillas de esa revelación se sembraron en el fracaso de Pedro.

Este es el principio: Dios interviene cuando tú fallas.

Muchos queremos vivir una vida libre de errores, pero ¿cómo pretendes que Dios intervenga si no estás dispuesto a fallar? El ciclo del éxito piadoso es el siguiente: das el paso, fallas, y Dios interviene. Después vuelves a dar el paso, vuelves a fallar, y Dios vuelve a intervenir. Y a través de ello, creces para convertirte en la persona que Dios sabía que serías.

Salomón dijo: «Nunca sabes cuál siembra saldrá mejor, si esta o aquella, o si ambas serán igualmente buenas». Para dejar que la semilla crezca, tienes que soltar tu necesidad de seguridad. Tienes que aceptar no saber si funcionará o no. *Esta* podría salir bien, o *esa* también, o ambas cosas. Pero no lo sabrás si no siembras.

¿Sabes lo que significa esto? Como no podemos predecir lo que sucederá, necesitamos muchos «estas» y muchas «esas» en nuestra vida. A veces volverá a ti un *esa* y dirás: «Vaya, ¿*esa* persona ahora es parte de mi vida? ¿*Ese* proyecto funcionó? ¿*Esa* persona ahora es cliente? ¿*Esa* conversación con mi hijo fue la que hizo que las cosas cambiaran? ¿*Esa* solicitud de empleo que envié me dio el oficio que ahora tengo? ¿*Esa*? Ah, está bien. Pues entonces ahora me podré a trabajar en otra *esa*".

Eso es lo que Salomón está diciendo. Ocúpate en esto para que puedas mirar atrás y ver eso. Algún día dirás: «Me alegro de que hice eso. Me alegro de que dije eso. Me alegro de que superé eso. Me alegro de que me anoté en eso. Me alegro de que probé lo otro. Me alegro de que me disculpé por aquello. Me alegro de que pedí eso».

¿Qué semillas tienes hoy? Siembra una *esta* para que se pueda producir una *esa*. «Siembra esta para cosechar esa». Se pega cuando lo dices en voz alta. Significa que hay propósito en mi trabajo, porque hay potencial en mi semilla.

Sembrar en la mañana y no estar ocioso en la tarde no significa trabajar doce horas al día y no ver nunca a tu familia, o negarte a detenerte y apreciar cuán lejos has llegado. No significa acabar con tu matrimonio o arruinar tu salud, porque estás estresado todo el tiempo. Es una metáfora. Significa que no dejas que tus manos estén quietas cuando deberían estar ocupadas. El trabajo de sembrar incluye mucho más que tu trabajo de día. Incluye tus sueños. Tu familia. Tu salud. Tu caminar con Dios. Tu llamado.

No dejes que tus manos estén ociosas cuando hay trabajo que hacer. Invierte en lo que te dará un beneficio no solo económico, sino también relacional, emocional y espiritual. Siembra esas cosas ahora para que recojas una cosecha después.

Ese es el ciclo de la siembra. Mientras estás sembrando esto, estás cosechando eso; mientras estás plantando eso, estás cosechando esto. En tiempos de abundancia, no te distraigas tanto con tu cosecha que se te olvide sembrar para mañana. Y, en los tiempos de espera, no te enfoques tantísimo en sembrar que se te olvide estar agradecido por las cosechas que has tenido y las que tendrás.

Siempre deberías estar sembrando algo para que siempre tengas algo que cosechar después. Si no funciona, toma la semilla del fracaso y siémbrala de nuevo en el terreno de tu fe. Entrega a Dios los errores de hoy y pídele que los convierta en sabiduría para el futuro. Y si funciona, si tienes éxito, siembra tu éxito de nuevo dándole la gloria a Dios. Conviértelo en gratitud.

> Entrega a Dios los errores de hoy y pídele que los convierta en sabiduría para el futuro.

Estés donde estés en este ciclo ahora mismo, ya sea en el sueño, la decepción, o la maravillosa etapa llamada entrega, sigue sembrando. Continúa. Prosigue. Usa el impulso.

Quizá tengas que lidiar con algunas dudas por el camino. Tal vez la comadreja intente decirte que pareces estúpido, que no estás ayudando a nadie, que no sabes lo que estás haciendo. Podrías oír una voz en susurros en tu mente que dice: «¿Y si fracasas?».

Voltea la pregunta y susurra como respuesta: «Pero ¿y si *tiene éxito*? No me voy a detener. No soy ningún ocioso. Me enfoco en las posibilidades, y estoy anticipando lo que Dios tiene para mí. Con Dios, siempre hay un camino y por la fe lo encontraré».

———————

Me encanta que esta mentalidad comienza y termina con Dios, no solo con nosotros. *Él* marca la diferencia. *Él* nos hace fuertes. *Él* abre un camino. La fidelidad de Dios siempre es la fuente de nuestra fe.

Eso es esencial porque, cuando la vida se pone difícil, es fácil sentir que tienes que enfrentarlo todo tú solo, como si estuvieras intentando caminar por un bosque oscuro y frondoso y lo único que tienes es la luz de tu teléfono celular. El peso de todo eso puede llegar a abrumarte y asustarte temiendo que, si fallas o te caes, decepcionarás a todos.

Incluso podrías sentir que estás *decepcionando a Dios*. Sé que a veces a mí me pasa. Puedo proyectar mis propias inseguridades en Dios, y comienzo a preguntarme si quizá le estoy sacando de quicio, y se le está acabando la paciencia conmigo.

Tal vez a ti te pasa lo mismo. Creo que a todos nos pasa a veces. Por eso me gusta tanto la siguiente mentalidad. No se lo digas a las demás mentalidades, pero creo que esta es mi favorita. Dice así: *Dios no está en mi contra; Él está conmigo, obrando a través de mí y peleando por mí.*

«DIOS NO ESTÁ EN MI CONTRA; ÉL ESTÁ CONMIGO, OBRANDO A TRAVÉS DE MÍ Y PELEANDO POR MÍ».

PASO DE ACCIÓN:

CAMINA CON CONFIANZA.

CAPÍTULO 14

ESE LAGARTO ES RUIDOSO

Hace unos años atrás, mi hija Abbey acababa de aprender a bucear y quería enseñarles a sus hermanos que podía cruzarse la piscina de un tirón. Solo tenía siete años, y ellos no pudieron cruzarla sin respirar hasta los diez años más o menos, así que ella quería que todos vieran lo que era capaz de hacer.

Pero no lo había hecho nunca.

«Bueno, tú puedes hacerlo», le dije. «Solo recuerda que el cerebro de lagarto te va a decir que no puedes. Pero el lagarto te está mintiendo».

Ella dijo: «Espera. ¿Tengo un lagarto en el cerebro?».

Yo dije: «No, cariño. Es solo que el cerebro humano...». Y entonces intenté explicarle a una niña de siete años la parte de la supervivencia de nuestro cerebro, la parte de lucha o huida que aparece cuando estamos en una emergencia. Cuando tememos por nuestra vida, el cerebro no procesa a nivel de la sabiduría sino a nivel del temor. Le dije que algunas personas le llaman a eso el cerebro de lagarto.

Ahora bien, entre la mentalidad libre de comadrejas de la que hablamos antes y el cerebro de lagarto, quizá pienses que tengo una extraña obsesión con sabandijas. No la tengo. Lo que pasa es que me gustan las metáforas; y, por cierto, la ciencia que hay detrás de la teoría del cerebro de lagarto ahora se ha desmentido. Soy pastor, no psicólogo, y en ese entonces «el cerebro de lagarto» era una etiqueta bastante buena para que una niña entienda lo que es el temor irracional. Como tenía siete años me creyó, que es lo que suelen hacer los niños. Después se convierten en adolescentes y piensan que eres idiota cada vez que abres la boca. Pero eso es otro tema.

El caso es que le dije: «No escuches al lagarto. Cuando estés buceando pensarás que vas morir, pero no vas a morir. Simplemente no escuches al lagarto».

Ella se sumergió, buceó bien hasta el otro extremo, y salió respirando agitada, pero sonriendo. Estaba muy orgullosa.

Yo le grité: «¡Increíble! ¡Lo conseguiste! ¿Cómo te sentiste?».

Ella dijo: «Bien, pero ¡ese lagarto es ruidoso!».

Le pregunté: «¿Qué le dijiste tú?».

Ella me dijo, gritando: «Le dije: "¡Cállate, lagarto! Estoy haciendo esto"».

Me encantó esa respuesta. Ahora, yo mismo la uso algunas veces: «¡Cállate, temor! ¡Cállate, inseguridad! ¡Cállate, preocupación! Estoy haciendo esto. No tengo por qué escucharte. No voy a morir. No me voy a caer. Estoy avanzando, y no puedes detenerme».

¿Hay áreas en tu vida en las que has estado escuchando al lagarto? ¿Dónde comenzó el temor a tener voz propia, y te está diciendo que estás cayendo en picado, que estás a punto de ahogarte, que nunca llegarás al otro lado? Recuerda: el lagarto es un mentiroso.

Un cerebro de lagarto es la vieja versión de tu yo. El nuevo yo dice: «¡Cállate, temor! ¡Estoy haciendo esto! Lo voy a conseguir. Viviré y no moriré. Voy a criar a mis hijos. Voy a marcar la diferencia en el mundo. Voy a salir de este hoyo en el que estoy. Voy a conseguir la meta que me he propuesto. Estoy recuperando mi mentalidad. Estoy recuperando la confianza».

Estoy seguro de que has observado que tu mente puede hacer que las cosas escalen muy deprisa. En una fracción de segundo, tus emociones pueden pintar un cuadro con el peor futuro posible, y tus pensamientos pueden ir a un lugar oscuro, un lugar que a menudo ni siquiera es real. Entonces, el temor y el desánimo te llevan de nuevo a una versión menor de ti mismo, y comienzas a reaccionar y a responder porque estás incitado por el trauma. Tal vez te apartas de cosas que ni siquiera están ya en tu vida, o porque imaginas cuarenta y siete hipotéticas posibilidades terribles.

A veces, esos pensamientos son solo tu cerebro que te ayuda a planificar las contingencias, pero otras veces es el lagarto mintiéndote de nuevo. Es la vieja versión de tu yo intentando volver a escena. Tienes que aprender cómo suena esa voz y decirle educadamente que se calle, porque no es la voz de Dios y no representa lo que Él piensa de ti o dice de ti

Entonces, ¿cómo vences esos pensamientos de temor, de fracaso, y de vivir el peor de los casos posibles? ¿De la fatalidad latente y de una pérdida inminente?

En primer lugar, reconoce la voz del lagarto como lo que es: tu instinto de lucha o huida que se descontrola.

En segundo lugar, dale a tu mente algo más saludable a lo que aferrarse. Es ahí donde entra en juego esta mentalidad. Antes dije que esta era mi mentalidad favorita. Tiene mucho significado personal para mí. Di en voz alta, si puedes: *Dios no está en mi contra; Él está conmigo, obrando a través de mí y peleando por mí.*

Tienes que confiar en que Dios quiere trabajar contigo. Si no, ¿cómo podrías ser un buen padre? ¿Cómo podrías dirigir un negocio? ¿Cómo podrías graduarte de la escuela o hacer tu maestría, o combatir la diabetes, o seguir visitando a tu mamá en una residencia cuando ni siquiera se acuerda de quién eres? ¿Cómo podrías superar ese tipo de oposición si no crees que Dios está contigo y por ti?

Me encanta cada parte de esta afirmación. «Dios no está en mi contra» significa que no quiere vengarse de mí. No está enojado conmigo por mis errores. No está frustrado con mi fragilidad, ni le ha agarrado desprevenido mi fracaso.

«Él está conmigo» significa que estamos haciendo esto juntos. Él no me abandonará. Él está cerca de mí al margen de lo que yo esté atravesando.

> Nadie puede maldecir lo que Dios ha bendecido. Él defiende a los débiles, y está peleando por mí.

«Obrando a través de mí» significa que el poder viene de Él, pero yo tengo un papel que desempeñar. Hago lo que hago por la fortaleza de Dios que obra en mí.

Y la última frase, «peleando por mí», significa que, al final del día, la batalla es del Señor. Dios me cubre las espaldas. Nadie puede maldecir lo que Dios ha bendecido. Él defiende a los débiles, y está peleando por mí.

Dios no está en mi contra; Él está conmigo, obrando a través de mí y peleando por mí. Decláralo y repítelo. Es fácil de recordar, y lo fácil es lo que necesitas cuando el lagarto haga ruido.

Cuando tienes que tranquilizarte, cuando tienes que enfrentar emociones abrumadoras y pensamientos negativos que parecen surgir de la nada, debes cambiar tu modo de pensar, y eso comienza con cambiar tu manera de hablarle a la situación. Dile a tu miedo al fracaso: «Dios no está en mi contra. Él está de mi parte». Dile al pánico y al terror que llegan en mitad de la noche: «Dios no está en mi contra. Él está obrando a través de mí». Diles a los pensamientos negativos y pesimistas: «Dios no está en mi contra. Él está peleando por mí».

La historia de Gedeón en Jueces 6 es un buen ejemplo de una reacción a nivel lagarto. Cuando comienza la historia, Gedeón estaba trillando trigo en un lagar porque escondía su cosecha de los madianitas, una nación enemiga que había oprimido a Israel durante años.

Un lagar era un escondite. Un lugar bajo. Un espacio pequeño y cerrado. Me pregunto cuántas veces escondemos lo que Dios nos ha dado en un lugar pequeño, dentro de una mentalidad cerrada y limitada.

Cuando tenemos miedo, tendemos a encogernos. Comenzamos a huir de cosas y a escondernos de cosas, aunque nada nos persiga, incluso cuando Dios nos ha hecho fuertes como para superar el reto que tenemos por delante.

Yo he hecho eso antes, y probablemente tú también.

Y después te preguntas: *¿Por qué estoy aquí abajo en este lagar trillando mi cosecha? ¿Por qué vivo con una mentalidad tan a la defensiva? ¿Por qué estoy jugando para no perder, en lugar de jugar para ganar?*

Bueno, se debe a que has sido atacado antes. Es porque te han rechazado antes. Es porque has intentado entrar en algo más grande antes. Después miras lo que te espera en esta temporada de tu vida, y piensas: «No estoy preparado para esto. No soy tan inteligente como ellos. No soy tan bueno como ellos».

Nos sentimos más seguros encogiéndonos, pero eso no es real. Gedeón intentaba esconder el trigo de los madianitas, pero no había garantía de seguridad ahí abajo. Y, mientras intentaba proteger lo poco que tenía, la tierra entera estaba siendo asediada.

Él estaba en modo de supervivencia, en modo de luchar o huir. Sin embargo, eso tiene que ser algo temporal y no permanente. Habrá periodos en los que toda tu energía tiene que ir dirigida al modo de supervivencia. Quizá tu esposa está en el hospital y tú estás teniendo que hacer malabares entre el trabajo, las facturas, los niños y el temor. Tal vez eres una mamá o un papá primerizo y estás viviendo con tres horas de sueño al día, y vas a la oficina cada día como un zombi. Eso es entendible. Hay gracia para eso. Haz lo que tengas que hacer para superarlo.

Pero *¿quedarte* en modo de supervivencia? *¿Vivir* en modo de supervivencia? ¿Encogerte y esconderte como un estilo de vida? Esa no es la intención de Dios para ti.

Tengo un amigo que es excampeón de la UFC. Me dijo algo que se decía a sí mismo antes de un combate:

«Sobrevive al asalto, trabaja la herida». *Sobrevive al asalto* significa que, cuando el oponente viene hacia ti de forma furiosa y te está dando una paliza, la única meta es sobrevivir. Que no te dejes noquear, ni someter en ese asalto.

La segunda parte, *trabaja la herida*, tiene que ver con la ofensiva. Significa enfocarse en el área donde el oponente es débil, el lugar donde ha recibido algún daño. No intentas tirarlo a la lona con cada golpe, sino que sigues debilitándolo, golpe a golpe. Después del asalto, habrá un momento de pasar a la ofensiva, de hacer impactos, de conectar. Es entonces cuando trabajas la herida.

Cuando el ángel del Señor llegó a Gedeón, lo primero que dijo fue: «¡El Señor está contigo, valiente guerrero!» (Jueces 6:12). Estaba diciendo: «Gedeón, eres un gran guerrero y sobreviviste al asalto. Ahora es el momento de trabajar la herida».

Pero Gedeón estaba atascado en modo de supervivencia, así que pasó por alto el halago que Dios le estaba haciendo y respondió con una queja: «Si el Señor está con nosotros, ¿cómo es que nos sucede todo esto?» (versículo 13). Su lógica era que no era posible que Dios estuviera con ellos debido a que estaban sufriendo demasiada oposición.

¿Alguna vez has permitido que tus quejas cancelen los halagos de Dios? Yo sí. Puedo tener mi mente tan enfocada en lo que falta o lo que está quebrado en mí, que cuando Dios intenta hablarme de todo lo que soy capaz, resto importancia a la oportunidad y exagero los obstáculos.

Dios le dijo a Gedeón: «Ve con la fuerza que tienes y salvarás a Israel del poder de Madián. Yo soy quien te envía» (versículo 14). Entonces, Gedeón volvió a responder.

«Pero, señor…¿cómo voy a salvar a Israel? Mi clan es el más débil de la tribu de Manasés y yo soy el más insignificante de mi familia» (versículo 15).

¿Puedes oír el eco de un lagarto ahí? ¿Puedes ver cómo Gedeón se estaba convenciendo para no entrar en su llamado al apuntar a su experiencia pasada y su entorno presente?

No lo culpo. Yo he estado atascado en la tierra de los lagartos muchas veces. He tenido temporadas de asaltos que duraron tanto, que casi se me olvidó que llegaba el momento de trabajar la herida.

Tal vez tú también has estado ahí. Quizá estás ahí en este momento. Es difícil ver la fortaleza en tu interior si estás atrapado en un lagar de temor, depresión, ansiedad o carencia. Cuando eres más consciente de los enemigos que van contra ti que de la fortaleza que hay dentro de ti, es difícil tener fe en cosas grandes.

Sin embargo, Dios quiere hablarte en el lagar, igual que lo hizo con Gedeón. Creo que Dios quiere enseñarte lo que está preparando para ti. Creo que quiere encontrarse contigo dondequiera que estés y darte un sentimiento renovado de esperanza y misión. Creo que quiere que veas la puerta de oportunidad que te está ofreciendo.

Pero Dios no solo te da la oportunidad. Dios te está pidiendo que seas *tú* quien te des la oportunidad. ¿Qué harás con lo que Él te está pidiendo? ¿Escucharás su voz o la voz de la catástrofe, de la calamidad, de lo peor que puede pasar? ¿Creerás al lagarto o creerás al Señor?

Me gustaría poder decir que yo siempre hago esto correctamente, pero no es cierto. Ese es precisamente el motivo por el que esta mentalidad es mi favorita. Me recuerdo a mí mismo regularmente que Dios no está en mi contra; Él está conmigo, obrando a través de mí y peleando por mí.

¿Cuántas veces me ha dicho Dios algo en su Palabra, mediante su Espíritu o a través de alguien que quiso usar para animarme, pero yo no pude recibirlo porque estaba escondido en un lagar, porque me abrumaba la oposición, porque había adoptado una mentalidad de víctima, porque me veía como el más débil, el menor y el último?

A veces no entendemos bien quién es el enemigo. Pensamos que *nosotros somos* el enemigo: todas las debilidades de nuestra vida, todas las cosas que no están bien en nosotros. Nos avergonzamos de ellas. Pensamos que tienen que cambiar para que Dios pueda usarnos. «Tengo que arreglar esto. Tengo que arreglar aquello. Entonces podré hacer lo que Dios me está pidiendo». Si siempre ves la vida pensando: «¿Qué hago mal? ¿Dónde estoy fallando? ¿Qué tengo que arreglar para poder ser digno de hacer algo para Dios?», te inundará tan rápido que ni siquiera serás capaz de enfocarte en lo siguiente. Sin embargo, nunca avanzarás si sigues por el camino de la culpa.

Permíteme decirte algo que creo con todo mi corazón. No hay nada malo en ti que no se pueda solucionar. El llamado de Dios no está basado en tus recursos o en tu currículum, sino en su conocimiento y poder.

Recuerda que Gedeón se estaba escondiendo cuando Dios dijo: «¡Eres

> El llamado de Dios no está basado en tus recursos o en tu currículum, sino en su conocimiento y poder.

un guerrero valiente!». Se estaba quejando en un lagar cuando Dios dijo: «Ve con la fuerza que tienes». Su familia y sus vecinos adoraban dioses falsos cuando apareció el Dios verdadero. Gedeón no era una opción clara para ser un héroe. Ni mucho menos. Pero Dios lo escogió, aunque ni él mismo se habría escogido.

Él hace lo mismo contigo y conmigo.

Dios nunca confunde quién eres con dónde estás. Puedes estar en un divorcio horrible, pero Dios no te ve como alguien incapaz de amar. Puedes estar terriblemente deprimido, pero Dios no te ve imposibilitado para el gozo. Podrías estar en una situación económica imposible, pero Dios no te ve como alguien incapaz de proveer. Él no te ve según el estado en el que estás, sino según la fuerza que Él te ha dado.

Alguien me dijo recientemente que si yo pudiera verme como él me veía, no sería tan duro conmigo mismo. Le pregunté a qué se refería, y me dijo: «Yo te veo con ojos de amor». Me pregunté: *Si esta persona me ve con ojos de amor, y si Dios me ve con ojos de amor, ¿no debería verme a mí mismo con ojos de amor?* Las lentes con las que me miro a menudo no son de amor, sino de limitación o incluso de autodesprecio. ¿Por qué? Porque me conozco demasiado bien.

¿O no?

¿Conozco el yo que he visto hasta ahora, o conozco mi yo verdadero? ¿Conozco el yo miserable o el yo poderoso? ¿El yo que se queja o el yo guerrero? ¿El yo escondido y reticente o el yo que dice: ve en la fuerza que Dios me ha dado?

Cuando buscas a Dios, Él se revela a ti; sin embargo, eso no es todo lo que hace. Al revelarse a ti, también te revela tu *yo*. No el viejo yo, no el yo que siempre has conocido, sino la versión de tu ser que Él ve. Después le habla a tu yo verdadero: «Eres un poderoso guerrero. Yo te veo así. Yo te hice así. Puse muchas cosas en ti que aún no has visto, porque te has estado escondiendo de ellas; pero estás a punto de descubrirlas al comenzar a hacer lo que te estoy llamando a hacer. Ahora, ve en la fuerza que tienes».

Dios lo ha dicho, pero ahora tú tienes que *ir*. Para descubrir tu fuerza, tienes que avanzar como respuesta a lo que Dios ha dicho. Es entonces cuando se produce el descubrimiento. ¿Qué otra opción hay? ¿Esconder tus fortalezas? ¿Enterrar tus dones? ¿Negar la verdadera razón por la que estás vivo?

Hace bastante tiempo atrás, mi hijo Elijah estaba jugando a *Fortnite*, y lo oí gritar en sus auriculares. «Hermano, deja de acampar. ¡Deja de acampar! Venga, hombre, ¡eso es aburrido!». Le pregunté por qué estaba gritando, y me dijo que un campista es alguien que realmente no está jugando; tan solo se esconde y dispara desde lejos. No se involucra, no asume riesgos, no usa su potencial.

Me pregunto: ¿cuántas veces llega Dios a llamarme y me encuentra acampando? ¿Estoy contento con quedarme acurrucado sobre mi cosecha, intentando guardar mis cosas para que no me las roben? ¿A dar unos cuantos tiros desde la distancia, pero sin entrar nunca en el juego, sin asumir ningún riesgo, sin participar al nivel de mi potencial?

Recuerda: es más difícil para el enemigo acertar a un objetivo en movimiento. Vuelve a leer la frase. *Es más difícil para el enemigo acertar a un objetivo en movimiento.* A menudo, la respuesta al temor que sientes no es quedarte quieto, sino seguir avanzando.

Dios le estaba diciendo a Gedeón: «Continúa. Sé un blanco en movimiento. Si el enemigo te persigue, no dejes que te encuentre en el lagar. Que te encuentre en el campo de batalla, y después observa lo que hago por medio de ti».

Quiero que digas esto en voz alta: «Quizá termine siendo un fracaso, pero no viviré en temor». Esa frase se asentó muy dentro de mí un día en el que me lo dije a mí mismo, porque comprobé que quería esconderme. Concretamente, estaba pensando en cuántos de mis amigos habían experimentado recientemente épocas dolorosas de fracaso. Mi instinto inicial fue pensar: *Bueno, ¿qué sentido tiene? Son muchas las personas que fracasan y caen. ¿Para qué intentarlo?*

> Quizá termine siendo un fracaso, pero no viviré en temor.

En lugar de negar la posibilidad de fracaso, decidí aceptarla para que Dios pudiera empoderarme por medio del mismo. Quizá termine siendo un fracaso, pero no viviré en temor. Sé que suena un tanto negativo a primera vista. No me refiero a que yo sea un fracaso o que espere fracasar. Solo me refiero a que no sé cómo terminará mi historia. Nadie lo sabe.

Estoy seguro de que fallaré unas cuantas veces, pero no voy a vivir asustado. No voy a pagar por adelantado el precio del fracaso retirándome a un lagar. Si sufro algún daño, quiero fallar mientras estoy luchando, no recibir un disparo mientras estoy escondido.

No sé si voy a obtener grandes victorias en cada temporada. No sé si voy a ir hacia arriba o hacia abajo en lo que haga. Tú tampoco lo sabes. Estoy seguro de que habrá un equilibrio de ambas cosas en todos nosotros. Sin embargo, si Dios está con nosotros, tenemos que salir del lagar. No lo descubriremos hasta que salgamos. Si el enemigo nos va a atacar, que lo haga mientras estamos avanzando hacia algo que valga la pena obtener.

Los que odian nos van a odiar. Los críticos nos van a criticar. Los lagartos van a mentir. Eso es lo que hacen. Pero no tienes por qué escucharlos. Ellos no pueden echar por tierra lo que Dios dice acerca de ti. Por temor a callarte, tienes que subir y salir.

Si Dios está contigo, no hay demonio o diablo, mentira o lagarto, temor o enemigo que pueda prevalecer contra ti. Él está de tu lado. Él te cubre las espaldas. Él está contigo, obrando a través de ti y peleando por ti.

CAPÍTULO 15

NO DIGAS ESO

Mis hijos tienen un problema para cerrar las puertas. No lo puedo explicar; solo puedo observarlo. Y quejarme. Y enojarme. Las puertas de los armarios, las puertas de la despensa, la puerta principal, la puerta trasera, la del garaje; todas se quedan abiertas hasta que llego yo de mal humor y las cierro.

Oigo la voz de mi mamá en mi mente siempre que veo una puerta de la casa abierta. «¡Cierren las puertas!», decía a gritos cuando éramos niños. «¿Están intentando enfriar todo el vecindario? Se está yendo el aire frío, y están entrando moscas».

El otro día caminaba por nuestra casa, cerrando una puerta tras otra. Como ya ha quedado claro, puedo ser un poco mezquino. Mientras cerraba las puertas a portazos, iba dando un pequeño discurso entre dientes. «Está bien. Voy a ser el cerrador oficial de puertas en esta casa. No tengo nada mejor que hacer. Por algo no tengo ninguna otra cosa que hacer en todo el día. Me encanta ir detrás de todos ustedes y cerrar las puertas para que el estúpido perro que me han obligado a comprar no se salga a la calle y lo atropelle un vehículo. Eso es exactamente lo que pienso hacer hoy: cerrar todas las puertas que ustedes vayan dejando abiertas».

De repente, se me cruzó una idea por la mente. Tal vez era Dios hablándome, o quizá era solo la parte buena de mí. «Me pregunto qué pasaría si me preocupara igualmente lo que dejo entrar en mi corazón. ¿Qué pasaría si me importara tanto lo que sale de mi boca? Me preocupa mucho que entren las moscas, pero dejo que entre el temor. Me preocupa mucho que se escape el aire frío, pero dejo salir negatividad, chismes y enojo».

No dejé de estar molesto, y seguí cerrando las puertas de golpe un poco más fuerte de lo necesario, pero me hizo pensar. Me acordé del versículo que dice: «Por sobre todas las cosas cuida tu corazón, porque de él mana la vida» (Proverbios 4:23).

Si no tenemos cuidado, podemos dejar que entren toda clase de cosas en nuestro corazón. Podemos dejar que las malas noticias nos hagan caer en picado en la desesperación. Podemos dejar que ese pequeño revés con respecto a cómo planeamos nuestro día nos haga caer en un estado de urgencia emocional. Podemos dejar que una pequeña ofensa se convierta en un sentimiento de total rechazo.

Solo con un par de pensamientos, dejamos que nuestra fe se agriete y permitimos que entre el temor. Perdemos nuestra confianza, porque perdemos el control de nuestra confesión interna.

Ahora bien, no estoy diciendo que mientas sobre lo que ocurre a tu alrededor. No estoy diciendo que finjas que todo está bien si no lo está. Lo que digo es que no dejes la puerta del temor abierta de par en par a la negatividad y la duda. Cuando lleguen las malas noticias, declara para ti: «Sí, esto es malo. Sí, esto es desagradable. Pero Dios está conmigo. Él aún está obrando a través de mí y pelea por mí».

Cuando Dios llamó a Jeremías para ser profeta, Jeremías no creía que era capaz de cumplir el destino de Dios para él. Estaba demasiado desalentado por su autoevaluación pesimista como para confiar en la visión de Dios para él. Por lo tanto, dijo: «¡Ah, mi Señor y Dios! ¡Soy muy joven y no sé hablar!» (Jeremías 1:6).

Estoy seguro de que, si tienes niños pequeños (o incluso adolescentes), habrás oído respuestas parecidas miles de veces. «No puedo. Es muy difícil. No sé cómo. Soy pequeño». Los niños pueden construir mundos enteros en el internet, pero no saben cómo trapear el piso. Conocen la historia de fondo de todos los superhéroes de Marvel, pero olvidan dónde están guardadas las bolsas de basura en la despensa. Y son incapaces de cerrar las puertas. Es increíble.

Como papá o mamá, entiendes que sus «razones» en realidad son solo excusas para rendirse fácilmente. Así que les dices: «Sí, puedes hacerlo. Aquí, te enseñaré cómo por vigésima vez. Después harás lo que sé que eres capaz de hacer». Y otras veces simplemente sacas tú la basura porque es más fácil.

Hablando de Jeremías, no lo culpo por poner excusas. Estoy seguro de que tenía miedo del llamado que Dios tenía para él. Pero sus argumentos eran una pantalla de humo que le impedía ver su verdadero yo. Eran una jaula que le impedía cumplir su llamado.

Dios le dijo a Jeremías: «No digas: "Soy muy joven", porque vas a ir adondequiera que yo te envíe y vas a decir todo lo que yo te ordene. No tengas temor delante de ellos que yo estoy contigo para librarte", afirma el Señor» (versículos 7-8). Jeremías se creyó sus propias excusas, pero Dios vio más allá de ellas, al igual que hace cuando intentamos negar quiénes somos realmente.

Un amigo mío llamado Brendon Burchard, un importante coach de desarrollo personal, dice que existen tres grandes excusas que ponemos para no usar nuestro potencial:

«No lo tengo».

«No sé cómo».

«No soy como ellos».

Los argumentos de Jeremías encajan en esas tres categorías. «No tengo la habilidad. No tengo la influencia. No sé hablar bien. No soy como los demás profetas, los "verdaderos" profetas que la gente respeta. Soy demasiado joven e inexperto». Asumió su propio fracaso para no tener que arriesgarse a experimentarlo.

¿Haces tú eso alguna vez? Yo sí. Unas cinco veces al día. En un buen día. En cuanto llega una idea buena a mi mente, ya hay otras cuatro ideas que llegan y me dicen por qué no funcionará y cuán inepto soy para llevarla a cabo.

Me encuentro usando esas tres frases mucho más a menudo de lo que debería, y me pregunto si a ti también te pasa. No parecen excusas cuando las dices; suenan como algo lógico. Al menos para ti y para mí. Pero Dios sabe que son excusas, y dice: «Sí, puedes hacerlo. Mira, te enseñaré cómo por vigésima vez. Después harás lo que sé que eres capaz de hacer».

Como estas excusas son tan comunes y tan sutiles, veámoslas con un poco más de detalle.

En primer lugar, decimos: «*No lo tengo*». Cuando dices esto, a menudo estás hablando sobre una falta de recursos. No tienes el dinero para enviar a tu hijo a la universidad. No tienes tiempo o capital para comenzar ese segundo negocio de apoyo con el que siempre has soñado.

Para tu viejo yo, para la versión de ti que actuaba en base a la carencia, «no lo tengo» probablemente sería suficiente para hacer que te rindieras y te marcharas a casa. Pero el yo renovado viene de un lugar de abundancia. No abandonas solo porque no tengas suficiente, sino que dices: «No tengo suficiente ahora, pero lo tendré cuando lo necesite. Así que voy a dar ese primer paso. El Dios que suple todas mis necesidades según sus riquezas en gloria está conmigo. Cristo está en mí, así que soy suficiente».

> El Dios que suple todas mis necesidades según sus riquezas en gloria está conmigo.

La segunda excusa que ponemos es: «*No sé cómo*». Esta excusa usa la falta de conocimiento, habilidad o experiencia para impedir que intentes cosas que están fuera de tu zona de comodidad. No tienes los estudios adecuados para solicitar ese empleo. Nunca antes has practicado ese deporte. No se te da bien la tecnología.

Sin embargo, ¿por qué la ignorancia o la inexperiencia iba a tener la última palabra? Has estado aprendiendo desde el día en que naciste, y seguirás aprendiendo hasta el día que mueras. En la era de Google, YouTube y podcasts, «no sé cómo» es más probable que sea una excusa para el temor o la pereza que un verdadero obstáculo. El otro día le pregunté a un amigo mío si consideraría aprender a tocar la guitarra, porque le encanta la guitarra. Dijo: «No, en esta etapa de mi vida ya soy demasiado mayor para hacer algo mal». No quería comenzar, porque no quería enfrentar los momentos de fracaso que acompañan al aprendizaje de algo nuevo.

> El yo renovado está dispuesto a aprender por el camino, aunque eso signifique pasar vergüenza o cambiar tu mentalidad con respecto a algunas cosas mientras creces.

Tu antigua manera de hacer las cosas quizá aceptaría la excusa de «no sé cómo», pero tu yo renovado mira al fracaso, los errores y los puntos de inicio de otro modo. El yo renovado está dispuesto a aprender por el camino, aunque eso signifique pasar vergüenza o cambiar tu mentalidad con respecto a algunas cosas mientras creces. Viene de la abundancia, escogiendo ver los nuevos caminos como oportunidades para crecer y no como fracasos que se producirán.

Finalmente, la tercera excusa que ponemos a menudo es: «*No soy como ellos*». Esto tiene que ver con la comparación. Está impulsado por un sentimiento de ineptitud, el síndrome del impostor infame, que te hace descalificarte, porque piensas que otros son algo que tú no eres.

Una vez más, ese era tu viejo yo. El yo renovado sabe que la forma única en que Dios te creó es parte de la razón por la que te escogió. El yo renovado dice: «Mi diferencia *es* mi fortaleza. No tengo que esconderme o cambiar. Dios me está llamando a caminar en mis fortalezas, no a esconderme por mis debilidades. Él me hizo como soy por alguna razón. Él me puso aquí para un tiempo como este».

Además, cuando dices: «No soy como ellos», lo que quieres decir es: «No soy como la versión de ellos que imagino basada en la impresión que tengo de ellos». La mayoría de las personas solo están proyectando las partes de sí mismos que quieren que veas. No permitas que tu impresión de alguien se convierta en tu inseguridad sobre ti mismo. Realmente no los conoces. Estoy seguro de que tienen sus propias debilidades que les hacen envidiar tus fortalezas.

Una vez más, la respuesta de Jeremías a Dios muestra estas tres excusas, porque Jeremías era tan humano como tú y como yo, y era dolorosamente consciente de lo que le faltaba. Me resulta interesante que no fue hasta después de que Jeremías expusiera sus excusas cuando Dios le dio lo que necesitaba. Jeremías escribió: «*Luego* extendió el Señor la mano y, tocándome la boca, me dijo: "He puesto en tu boca mis palabras"» (versículo 9, énfasis añadido).

Tienes que sentirlo por Jeremías. Si las palabras de Dios ya estaban en su boca, Jeremías probablemente no habría dicho: «Lo siento, Dios, no puedo ir a hacer eso. No puedo hablar por ti». Cuando dijo que no sabía hablar era cierto: en el momento en que lo dijo. Pero Dios, que es soberano, puso algo en Jeremías en el momento en que lo necesitaba.

Dios también está poniendo algo en ti. Ese es mi punto. Eso es lo que debes tener siempre presente en tu mente y en tu boca. En este momento, tal vez no tienes suficiente. Quizá no sabes lo suficiente o no eres lo suficiente. Pero lo tendrás sobre la marcha, porque el Dios que te llama también te equipará y empoderará.

Escucha la respuesta de Dios a Jeremías. «No digas: "Soy muy joven", porque vas a ir adondequiera que yo te envíe y vas a decir todo lo que yo te ordene. No tengas temor delante de ellos que yo estoy contigo para librarte"» (Jeremías 1:7-8).

¿Oyes el eco de esta mentalidad en las palabras de Dios a Jeremías? Dios estaba diciendo: «Jeremías, puede que las personas estén en tu contra, pero yo estoy contigo y estoy por ti. Yo te envío. Voy a poner mis palabras y mi fortaleza dentro de ti. Yo pelearé por ti, y nadie será capaz de hacerte frente, porque yo te salvaré».

Dios estaba en eso con él, obrando a través de él, y peleando por él. Esa fue la respuesta de Dios a los argumentos de Jeremías.

Y es también su respuesta para nuestros argumentos.

Cuando dices: «Yo no soy», «Yo solo soy» o «Yo no puedo» a un Dios que te llama a avanzar hacia tu futuro, estás dejando salir algo mucho más valioso que el aire acondicionado. Pierdes el potencial que Dios te ha dado cuando dices palabras que te limitan.

Cuando estábamos comenzando nuestra iglesia, recuerdo una conversación que cambió el modo de verme y de hablar acerca de mí mismo. Iba de copiloto junto a uno de los miembros del equipo que nos estaba ayudando a comenzar la iglesia. Se llama Tyler, y era nuestro director creativo voluntario. Íbamos conversando sobre una idea que yo tenía para una próxima serie de sermones. Antes de compartir mi idea para el material gráfico, lancé un descargo de responsabilidades. «Mira, sé que no soy muy creativo, pero me preguntaba si...». Después describí mi idea.

Cuando terminé, me dijo: «Es una gran idea, y creo que deberíamos llevarla a cabo. Pero hay una cosa que me gustaría que nunca volvieras a hacer».

Esperé a que continuara. Pensé que quizá iba a decir: «Me gustaría que nunca me dijeras cómo diseñar el material gráfico para un sermón. Tú te encargas de la predicación. Yo me encargo del diseño».

Pero no dijo eso. Lo que dijo fue mucho más desafiante que eso. Dijo: «No digas: "Yo no soy creativo". Te he oído decirlo en más de una ocasión. Y de algún modo me duele cuando te oigo decirlo. Eres una de las personas más creativas que he conocido nunca. Solo porque no sepas usar el Photoshop no significa que no eres creativo. Y me gustaría que dejaras de decirlo».

Es raro para mi pensar en ese tiempo. Aunque sigo luchando con mi crítico interior (como has visto), ahora *sí* me acepto como alguien creativo. Fui creado a imagen de Dios. ¿Cómo podría no ser creativo? No me veía así en ese entonces, pero ahora sí. Estoy contento de que Tyler tuviera el valor de hablar y decir: «No digas eso».

Tal vez tú también tengas que decirte eso a ti mismo. ¿Estás minando tu potencial con las palabras que dejas salir de tu boca? ¿Estás permitiendo que pensamientos que sabotean tu confianza y ahogan tu creatividad divaguen sin control alguno por tu mente?

Si es el caso, sé como Tyler. Llámate la atención al respecto, y di: «No digas eso».

No te descalifiques con comentarios frívolos e informales que te encierran en el viejo yo. «No soy bueno en eso. Nunca podré hacer eso. Yo no soy...no puedo...nunca lograré...». Si Dios te ha llamado, Él estará contigo; y, si Él está contigo, tendrás todo lo que necesites cuando lo necesites.

> En lugar de decir: «No lo tengo», declara: «Dios sabe lo que necesito antes de que se lo pida, y su provisión ya está de camino».

En lugar de decir: «No lo tengo», declara: «Dios sabe lo que necesito antes de que se lo pida, y su provisión ya está de camino».

En lugar de decir: «No sé cómo», di: «Los pasos de una persona buena son guiados por el Señor, así que Él me guiará mientras camine por esto».

En lugar de decir: «No soy como ellos», di: «Soy quien soy por la gracia de Dios, y soy suficiente para lo que me espera por delante».

Cierra las puertas que están dejando entrar el temor y dejando salir la confianza. No digas cosas que maten tus sueños. No menosprecies tu llamado. No digas cosas que te hagan regresar a la vieja forma de hacer las cosas.

Declara vida sobre ti mismo. Declara gracia. Declara esperanza. Declara lo que Dios ve en ti y lo que dice acerca de ti.

«Soy llamado, y soy escogido. Puede que sea joven, puede que sea grande, puede que sea inexperto, puede que no se fijen en mí, puede que cometa algunos errores; sin embargo, caminaré con confianza, porque Dios no está en mi contra; Él está conmigo, obrando a través de mí y peleando por mí.

CAPÍTULO 16

DIOS TRAMA ALGO RÍO ARRIBA

Una de mis personas favoritas con quien componer canciones es mi amigo Brandon Lake. Vive en Charleston, Carolina del Sur, a unas tres horas y media de donde yo vivo.

Recientemente, descansando para almorzar durante una sesión de composición de todo un día, me dijo: «Hay algo que nunca te he contado. Hace doce años, cuando tenía dieciocho años, envié un correo a la iglesia Elevation Church y pregunté si podía ir a aprender sobre composición. Alguien me contestó al correo diciéndome: "No, lo sentimos, no tenemos un programa para eso". Así que en cierto modo me rendí, pero nunca lo olvidé. Y ahora mira dónde estoy».

Yo no sabía eso. Me hizo pensar. Recordé una ocasión, años atrás, cuando estaba sentado en mi oficina haciendo tablas de acordes, porque no teníamos un líder de alabanza a tiempo completo. Éramos una iglesia joven, pero lo suficientemente grande como para estirarme al límite, porque estaba sobrecargado con los detalles técnicos. Recuerdo sentirme muy agobiado, y preguntarle a Dios a quién iba a enviar para ayudarme.

Fue al inicio de nuestro ministerio, pero sentía que Dios había puesto una promesa en mi corazón. Sentía que íbamos a componer y producir canciones de adoración y álbumes que recorrerían el mundo entero, pero ahí estaba yo, delante de mi computadora, y no parecía que estuviéramos cerca en modo alguno de poder tocar al mundo.

No tenía ni idea de que, en ese momento, a unos cuantos kilómetros de distancia, en Charleston, Carolina del Sur, Dios estaba levantando a un joven llamado Brandon con el que llegaría a colaborar de formas asombrosas. Mientras yo me preocupaba, Dios estaba obrando. Mientras yo estaba orando por algo, Dios estaba preparando algo. Simplemente, yo no podía verlo todavía.

> Tenemos que escoger caminar en confianza sabiendo que Dios está con nosotros, y que trama algo que no podemos ver.

Me pregunto cuántas veces la respuesta a nuestras oraciones y nuestros problemas está tan solo a unos cuantos kilómetros de distancia o a unos meses de distancia. Pero no podemos ver lo que Dios está haciendo, así que nos sentimos solos. En esos momentos tenemos que hacer uso de nuestra fe. Tenemos que escoger caminar en confianza sabiendo que Dios está con nosotros, y que trama algo que no podemos ver.

Antes hablamos de que Israel lloró a Moisés durante un mes. Después, el periodo de luto terminó y llegó el momento de cruzar el río Jordán y entrar en la Tierra

Prometida. Sin embargo, había un problema. El Jordán no era un río enorme, pero era la temporada de crecida, así que el río era más profundo y más ancho de lo normal, y el agua fluía con rapidez. La idea de hacer que toda una nación lo cruzara, incluyendo niños, ganado y posesiones, debió haber sido abrumadora.

Sin embargo, Dios tenía un plan. Le dijo a Josué que indicara a los sacerdotes que llevaran el arca al río. Josué prometió a todos que el agua se detendría para que pudieran cruzar, pero cuando los sacerdotes y el arca comenzaron a moverse hacia el río, el agua corría a la misma velocidad y nada había cambiado.

Imagina las conversaciones entre la gente mientras caminaban detrás del arca. Estaban avanzando en fe, pero todavía no habían visto el milagro. Solo podían seguir el arca, que representaba la presencia de Dios entre ellos. El arca era Dios «con ellos». Era la promesa de que Dios obraría por medio de ellos y pelearía por ellos. Todo el pasaje está lleno de anticipación por una situación que era muy incierta para las personas que estaban caminando hacia ella.

Así es como la Biblia describe lo que ocurrió cuando los sacerdotes llegaron al río. «Y cuando los que llevaban el arca entraron en el Jordán y los pies de los sacerdotes que llevaban el arca se mojaron en la orilla del agua (porque el Jordán se desborda por todas sus riberas todos los días de la cosecha), las aguas que venían de arriba se detuvieron y se elevaron en un montón, a una gran distancia en Adam, la ciudad que está al lado de Saretán. Las aguas que descendían hacia el mar de Arabá, el Mar Salado, fueron cortadas completamente. Así el pueblo pasó hasta estar frente a Jericó» (Josué 3:15-16 NBLA).

Cuando los pies de los sacerdotes tocaron el Jordán, el agua dejó de fluir. No cuando oraron por el Jordán. No cuando leyeron tres libros sobre el Jordán. Fue cuando *entraron en el Jordán*. Al caminar hacia la incertidumbre, demostraron su fe en la victoria. Pero no la vieron hasta que llegaron a ese punto. Tuvieron que adentrarse en fe.

Ahí es donde verás el milagro: al entrar en ello, aunque te parezca raro e incómodo. Debes avanzar hacia ello. Debes seguir orando, seguir creyendo, seguir confiando, seguir indagando, seguir acudiendo, incluso cuando te parezca que es en vano, porque sabes que Dios te dijo que lo hicieras. Tus pasos te parecerán inciertos, pero la dirección de Dios cada vez será más clara a medida que avanzas.

Recientemente, me di cuenta de que había estado leyendo la historia de Israel y el cruce del Jordán de una manera un tanto errónea. En mi imaginación, me lo imaginaba como el Mar Rojo: Israel está frente al agua, la gente entra en el río, el agua se divide en dos paredes gigantes de agua, y cruzan caminando. Pero no es eso lo que la Biblia dice que sucedió aquí. Dice que «las aguas que venían de arriba se detuvieron y se elevaron en un montón, a una gran distancia en Adam» (versículo 16).

Eso significa que el agua dejó de fluir río arriba para que ellos pudieran cruzar más abajo. Fue un milagro *corriente arriba*. Fue un milagro que tardó horas en realizarse, y sucedió justo en el momento oportuno. Corriente abajo se preguntaban cómo cruzarían, mientras que Dios estaba tramando algo río arriba.

Esto es lo que quiero que veas. ¡Tienes un Dios río arriba! Tu confianza está en un Dios que sabía que estarías en la situación en la que te encuentras ahora antes de que llegaras a ella. Él te ha preparado para el momento y ha preparado el momento para ti.

> Él te ha preparado para el momento y ha preparado el momento para ti.

No sé tú, pero yo prefiero un plan infalible y detallado antes de dar un solo paso. A veces, Holly me dice: «Vamos a dar un paseo. Hace un buen día». Lo primero que hago es revisar la aplicación del tiempo. ¿Y si llueve mientras estamos dando una vuelta a la manzana? Holly dice: «Cariño, es una vuelta a la manzana. No vamos a recorrer el Sendero de los Apalaches. Y, si nos mojamos, cuando regresemos tenemos toallas».

Soy una obra en construcción. Estoy aprendiendo a soltar la necesidad de conocer cada obstáculo que pueda enfrentar, porque eso en realidad es una necesidad de control. Y mi necesidad de control puede impedirme avanzar. A veces me cuesta dar una vuelta a la manzana, pero otras veces me cuesta una oportunidad mucho mayor. Tengo que recordarme a mí mismo que Dios está en control. No necesito todo el conocimiento del pronóstico meteorológico, y no necesito todo el conocimiento del camino de la vida que tengo por delante. Necesito fe para confiar en Él y fortaleza para seguirlo.

Algo que me gusta decirme a mí mismo cuando no siento que puedo avanzar es lo siguiente: «Mientras avanzo, Dios me da fuerzas». Dios te da, por lo general, el siguiente paso y promete que, cuando des ese paso, te dará la fuerza que necesitas. Cada paso viene con su propia fuerza, y cada paso te hace más fuerte.

Repite eso. «Mientras avanzo, Dios me da fuerzas». No es: «Cuando lo averiguo todo» o «Cuando veo todo el recorrido que tengo por delante», sino cuando doy el siguiente paso de fe. Cuando te mojas los pies en el agua del Jordán.

¿Hacia dónde te diriges ahora? Tal vez es hacia una versión mejor del papá o la mamá que desearías haber tenido pero no tuviste, así que estás avanzando hacia ello, aunque no tengas un marco de referencia que usar. Mientras avanzas, te fortaleces. Mientras avanzas, Él lo está esclareciendo todo. Mientras avanzas, Él está abriendo un camino.

La historia de Israel entrando en el agua es una imagen de dar pasos de fe, lo cual es la verdadera fe. A veces, creo que tenemos que redefinir a qué nos referimos con el término fe para realmente caminar en ella. La fe puede significar casi lo que quieras si la usas de una forma genérica. Cuando le dices a alguien: «Tengo fe en ti», puede ser una bonita manera de animar a esa persona. Cuando dices: «Tengo fe en que esto va a salir bien», puede significar: «Tengo un buen presentimiento al respecto».

Ese no es el tipo de fe que necesito cuando estoy atravesando un Jordán crecido. Lo que *no* tengo cuando estoy en la orilla de un río en su periodo de crecida es «una buena sensación con respecto a esto».

Necesito una fe que me ayudará a adentrarme en algo con respecto a lo que *no* tengo un buen presentimiento. Necesito una fe que me lleve hasta la orilla de lo que sé que será un avance, incluso cuando las aguas del río no den señal alguna de aminorar. Necesito una fe que me ayude a enfrentar situaciones difíciles cuando no veo cómo Dios podría hacer que las cosas cooperen para bien.

La buena noticia del evangelio es que esta fe no viene de nosotros. La fe que tenemos en Dios nos la dio el propio Dios. Él tomó la iniciativa. La Biblia dice: «Porque por gracia ustedes han sido salvados mediante la fe. Esto no procede de ustedes, sino que es el regalo de Dios» (Efesios 2:8). La gracia es lo que nos salva; la fe es lo que nos permite recibir esa gracia; y ambas cosas vienen de arriba.

La fe no es algo que tienes que producir. La fe no es algo que tienes que fabricar. Sí, tienes que habitar en fe, caminar en fe y crecer en fe; pero la fe es un don de Dios, lo cual hace que sea algo que tiene que ver más con Dios que contigo mismo. Procede de Él, obra a través de ti y te vuelve a señalar a Él.

Por lo tanto, si sientes que tu fe se ha secado, si tu fe se ha desgastado, si tu fe se ha quebrado, no te condenes. Tu fe no está en tu fe, sino en el Dios que te envía fe de otro lugar, que te envía confianza desde otra realidad. Y, como no procede de ti, no depende de ti. Viene de Dios, así que no se puede agotar. Seguirá llegando con cada paso y en cada situación, porque Dios siempre trama algo río arriba.

La ciudad de Adam, donde el agua empezó a amontonarse, estaba a unos treinta kilómetros río arriba. ¿Cuánto tarda el agua en recorrer treinta kilómetros? ¿Seis horas? No lo sé, pero Dios sí lo sabe. Piensa en el tiempo de Dios. En cuanto los pies de ellos se mojaron, el agua se secó. Sin embargo, para que el agua se detuviera donde ellos estaban, tuvo que haberse detenido río arriba mucho antes de que llegaran ahí.

Dios llegó a Adam seis horas antes de que Israel llegara al Jordán. Dijo: «Oye, río Jordán, detente ahora mismo porque, dentro de seis horas, los pies de los sacerdotes van a tocar el agua. Dentro de seis horas estarán a la orilla de la promesa que le hice a Abraham hace cuatrocientos años».

Israel no tenía modo de saber lo que estaba ocurriendo río arriba. Nadie en Adam les estaba enviando un mensaje de texto, diciéndoles: «Oigan, el agua se ha estado apilando aquí arriba hace ya un buen rato, así que prepárense para cruzar, porque el Jordán se va a secar allá abajo en cualquier momento».

No pudieron planearlo o calcularlo en su propia mente. Solo podían adentrarse en él al tener la instrucción de Dios.

Sé que es tentador esperar a que Dios te dé un buen sentimiento antes de obedecer. Queremos que Dios nos muestre sobre el papel cómo va a funcionar todo y así podemos confiar en Él. Esperamos que quite de nosotros ciertos deseos y así podremos caminar en libertad. Pero la naturaleza de la fe es la capacidad de creer que Dios trama algo río arriba, donde no podemos ver, y la clave para que lo experimentemos es avanzar hacia eso que se interpone entre nosotros y lo que Dios nos ha llamado a hacer.

> Fe es la capacidad de creer que Dios trama algo río arriba.

Podría ser caminar hacia la libertad, la recuperación, el servicio, el propósito, la disciplina, la restauración, la relación, la intimidad, o muchas cosas más. Solo tú sabes hacia lo que Dios te está pidiendo que avances. Tal vez podrías nombrar una cosa a la que Dios te está llamando ahora mismo. Quizá ya sabes el paso que Dios te está pidiendo que tomes.

Pregúntate: «¿Qué es algo que sé que Dios me ha hablado y que puedo obedecer hoy?».

Y ahora hazlo.

Cuando no sabes cómo aguantar o qué hacer, comienza a hacer eso que harías si supieras que Dios está contigo, obrando a través de ti, peleando por ti. Haz eso que harías si creyeras que Él ya ha estado trabajando río arriba todo este tiempo.

«Pero no estoy seguro de cómo va a resultar». Bueno, haz eso que harías si estuvieras seguro de que Dios está contigo.

«¿Me estás diciendo que podría comenzar cualquier cosa y suponer que Dios está conmigo? ¿Me estás diciendo que puedo abrir una cafetería y el Señor va a bendecir el negocio?». No lo sé. Tal vez no sepas cómo dirigir un negocio, y nunca he probado tu café, así que eso es algo entre tú y Dios, y las personas pueden darte sus opiniones sinceras al respecto. Pero, si estás siguiendo su presencia y Él te llama a entrar en una promesa que Él te dio, entonces haz lo que harías si supieras que treinta kilómetros río arriba Él ya ha estado obrando.

No sabes lo que Dios trama río arriba. Por eso no puedes morir río abajo. Por eso tienes que adentrarte en fe en el Jordán. Por eso tienes que hacer eso que harías si creyeras que al otro lado del río está la victoria, la sanidad, el avance, las segundas oportunidades y los nuevos comienzos. Recuerda, siempre que tengas un problema, el cielo tiene un plan. Entrégale a Dios el resultado y déjalo ahí.

Después, da el paso.

¿Confiarás en Él en los treinta kilómetros de por medio? ¿Pondrás todo tu empeño para no estresarte durante las dos semanas siguientes mientras esperas los resultados de los análisis? Mientras esperas la cita para la resonancia magnética, ¿lo pondrás todo en sus manos?

Seguro que tendrás algunas dudas río abajo. Yo, tú, el Papa, el obispo, el fiscal general y tu abuela que no deja de orar, todos tenemos dudas río abajo. Cuando no puedes ver lo que Dios está haciendo, cuando no puedes sentir lo que Dios está haciendo, comienzas a preguntarte algunas veces si estás loco por confiar en Dios.

Las dudas no son un indicador de falta de fe, sin embargo, porque las dudas son principalmente sentimientos y la fe es principalmente acción. Tú eres más que tus dudas. Esas dudas son hábitos que aún quedan ahí de tu viejo yo, pero ese ser ya no eres tú. Haz eso que haría *el yo renovado*: el yo al que Dios le está hablando. El yo mediante el que Dios está fluyendo. El yo que está en armonía con Él. El yo que se sostiene por la gracia. El yo que está lleno de la fe de Jesucristo. Deja que Dios lidie con las cosas con las que tú no puedes lidiar mientras haces las cosas que Él te ha llamado a hacer.

> Deja que Dios lidie con las cosas con las que tú no puedes lidiar mientras haces las cosas que Él te ha llamado a hacer.

Tal vez estás al borde de un gran logro. Estás de pie en la orilla del río, a punto de meter el dedo gordo en el agua. Quizá vas a llamar a un consejero esta semana y decirle: «Estoy listo para comenzar a trabajar en mis problemas». Quizá vas a acercarte a alguien para disculparte. Tal vez vas a comprar lienzos y pinturas, porque algo dentro de ti te está diciendo que retomes el arte. Quizá vas a invitar a alguien a cenar, porque estás cansado de estar solo. Eso son pasos, y eso es fe.

Aunque estés dando pasos de bebé en un río caudaloso, Dios está listo para hacer grandes milagros a treinta kilómetros de distancia. Está tramando algo en el mundo invisible. Está tramando algo en lo inesperado. Está tramando algo en el escondite. Está tramando algo en las sombras. Puedes contar con ello.

Quizá no ocurra en los siguientes veinte minutos, y tal vez no ocurra en los próximos veinte días. El periodo de tiempo es asunto de Dios; sin embargo, si puedes creerlo a Él, si puedes dar los pasos que daría el yo renovado y hacer las cosas que haría el yo renovado, vas a ver el milagro.

Lo que está comenzando en este momento no comenzó en este momento, porque Dios estaba a treinta kilómetros de distancia de ti, y Dios te dará las fuerzas para dar cada uno de los pasos. ¡No te alejes ahora!

No puedes controlar el río, pero puedes caminar hacia él. Puedes meterte en él. Y, cuando lo hagas, verás el cumplimiento de lo que Dios ya puso en movimiento.

CAPÍTULO 17

HAZ LAS PACES CON TUS FORTALEZAS

Al haber crecido en el Sur, a menudo escuchaba a las personas usar esta frase: «Se lo tiene muy creído». Significaba que te tenías en demasiada estima a ti mismo.

En la iglesia y después en el seminario, se instaló en mí una versión religiosa de esa idea. Por lo general, se alineaba con Proverbios 16:18: «Tras el orgullo viene la destrucción; tras la altanería, el fracaso». Desde muy temprano entendí que, si hacías algo bueno, tenías que darle toda la gloria a Dios; y, si hacías algo mal, tenías que responsabilizarte por completo. No estoy diciendo que eso se enseñara directamente, pero de algún modo se entendía así. Podías hablar de tus errores todo lo que quisieras, porque eso era humildad; pero tenías que tener cuidado al hablar de lo que habías logrado, porque podrías caer en el orgullo, y ese era el pecado que hizo que el diablo fuera expulsado del cielo.

Hasta la fecha, a menudo me encuentro lidiando con un temor subconsciente cuando celebro las cosas buenas que suceden, porque me preocupa que pueda comenzar a creérmelo. Me pregunto si Dios me va a humillar de algún modo solo para colocarme en mi sitio.

Ahora bien, definitivamente es una mala idea pensar que lograste algo en tu propia fuerza cuando fue Dios quien te capacitó para hacerlo, o permitir que un logro te haga pensar que eres mejor que otra persona, o suponer que tú no te vas a tropezar al voltear la esquina. Eso lo entiendo, y estoy seguro de que tú también.

Pero la idea de que no debo sentirme bien por algo que he hecho es de algún modo errónea, ¿no crees? ¿Y si mis hijos me vieran del mismo modo en que yo he visto a Dios con frecuencia? «Ten cuidado de lo que dices delante de papá. Si cree que estás orgulloso de lo que has conseguido, si ve que te estás adueñando del mérito por las calificaciones que has logrado, o tu trofeo deportivo, o un dibujo que hiciste, te bajará un punto. Te humillará para enseñarte una lección».

¿Puedes ver cuán tóxica es esta idea? Por eso, la primera parte de esta afirmación, «Dios no está en mi contra», es fundamental para el resto de la frase. Si vamos a caminar en fe, si queremos ser y hacer todas las cosas que Dios puso en nuestro interior, no podemos comenzar desde un lugar que piense: «Dios me va a castigar». Ese es un camino que lleva a la parálisis, no a la posibilidad.

Sé que le debo todo a la gracia de Dios. He trabajado mucho y he puesto lo mejor de mi parte, pero nunca podría hacer lo suficiente para merecer todas las bendiciones que tengo. Nunca podría hacer lo suficiente para ganarme todas las oportunidades que Dios me ha dado. No pienso ni por un momento que puedo ganarme mi camino hasta el cielo. Sé muy bien que el orgullo es un enemigo escurridizo y sutil, y que mi responsabilidad es mantenerme humilde.

Sin embargo, Dios me ha estado enseñando a pensar de otro modo con respecto a las fortalezas que Él me ha dado. Me está enseñando a estar en paz no solo con mis debilidades, no solo con mi pasado, no solo con mis errores y limitaciones, sino con mis *fortalezas*. Con mis dones. Con mi llamado.

Creo que te está pidiendo lo mismo a ti. Creo que se emociona cuando haces cosas grandes. Creo que lo hace sentirse orgulloso.

Mi hijo Elijah ha publicado dos álbumes. No son álbumes de platino por sus ventas, por supuesto, pero está comenzando e irá mejorando cada vez más a medida que siga haciendo música a lo largo de su vida. Pero el hecho de que un muchacho de dieciocho años ya tenga dos álbumes en el mundo con canciones que compuso y él mismo grabó, es algo que vale la pena celebrar. Al observarlo conceptualizar el arte del álbum, superar sus inseguridades a la hora de grabar videos musicales, y encontrar la seguridad en sí mismo al combinar la música que le gusta con sus experiencias de la vida, nuca sentí la necesidad de «bajarle a la calificación un punto». No intenté asegurarme de que me diera el mérito a mí por haberle comprado su equipo de grabación o por animarlo durante el proceso. Es mi hijo, y está entrando en su llamado, sus dones y sus sueños, y eso me hace estar feliz. Sé que habrá partes de ese camino que serán extrañas, y sé que es una obra en construcción, pero como su padre que soy, celebro cada paso que da.

¿Cuánto más no crees que estará Dios emocionado

cuando ve que usas las fortalezas que Él te dio? Está feliz de verte entrar en el potencial que puso dentro de ti. ¿Te imaginas a Dios sintiéndose orgulloso de ti? ¿Te imaginas a Dios eligiéndote? ¿Te imaginas a Dios promoviéndote?

Porque eso es lo que hace. Así es Dios. Así es como piensa. Así es como te ve.

> Mientras caminas en tu *fuerza*, sigues confiando en tu *Dios*. Esas cosas no son mutuamente excluyentes. Trabajan juntas.

Cuando Proverbios dice que el orgullo es antes que la destrucción, no se refiere a que Dios quiere que te llames a ti mismo gusano y te arrastres por la tierra. Solo significa que no deberías poner toda tu confianza en tu propia capacidad. Significa que no afirmas ser la única fuente de todo lo bueno que has recibido. Significa que, mientras caminas en tu *fuerza*, sigues confiando en tu *Dios*. Esas cosas no son mutuamente excluyentes. Trabajan juntas.

A eso me refiero con hacer las paces con tus fortalezas. No es orgullo ver tus fortalezas. Es una perspectiva de fe. Y a Dios le agrada, porque es Él quien puso esas cosas en ti en primer lugar.

¿Eres artista? ¿Se te dan bien las matemáticas? ¿Tienes don de gentes? ¿Tienes habilidades innatas para los negocios? ¿Te gusta hablar en público? ¿Eres deportista? ¿Te gusta resolver problemas? ¿Eres un buen motivador? Esas cosas no son pequeños detalles, ni cualidades accidentales. Dios puso en ti fortalezas. Él lo sabe, y espero que tú también lo sepas. Tienes que estar dispuesto a caminar en ello sin pensar que Dios te va a golpear desde el cielo si te atreves a soñar a lo grande.

Se ha vuelto muy popular en los últimos años compartir tus vulnerabilidades y aceptarlas abiertamente para conectar con los demás y estar en paz con cómo eres. Hay lugar para todo eso, y hemos hablado de ello bastante en este libro. Pero la autoaceptación también debería incluir aceptar tus fortalezas. No te limites a decir: «Mira todo lo que no puedo hacer. Me voy a sentar por horas sin hacer nada, solo a observar cómo otras personas hacen las cosas en YouTube en lugar de intentar yo mismo hacer algo». No, tienes que valorar tus dones. Tienes que valorar tu experiencia. Tienes que prestar atención a tu punto de vista y a las puertas que Dios ha puesto delante de ti.

Creo que a veces no hacemos las paces con nuestras fortalezas, porque sabemos que, si lo hacemos, somos responsables de usarlas. Pero entonces, ¿qué pasa si fracasamos? Es más fácil decir que no es el momento adecuado, que necesitamos más experiencia, que hay alguien más calificado para ese trabajo.

Como vimos antes, eso es exactamente lo que intentó hacer Gedeón cuando Dios lo llamó por primera vez. Quiero volver a ver su historia, porque Gedeón era realmente bueno aceptando sus debilidades, pero le costaba mucho aceptar sus fortalezas. Batallaba para ver más allá de su visión pequeña y deprimida de sí mismo y aceptar que era escogido para mucho más.

Recuerda que, al principio de la historia, el ángel y Gedeón tuvieron una discusión un tanto pasiva-agresiva.

El ángel le dijo a Gedeón que era un poderoso guerrero, y Gedeón ignoró eso y dijo que Dios los había abandonado. Así que el ángel ignoró *eso* y dijo: «Ve con la fuerza que tienes y salvarás a Israel del poder de Madián. Yo soy quien te envía». Finalmente, Gedeón respondió: «Pero, señor... ¿cómo voy a salvar a Israel? Mi clan es el más débil de la tribu de Manasés y yo soy el más insignificante de mi familia» (Jueces 6:14-15).

¿Ves cuánto peleaba Gedeón para *no* creer en sí mismo? Defendía a capa y espada una visión baja de su potencial, porque eso le parecía más seguro que reconocer los dones y el llamado que Dios había puesto en él. Rechazaba de plano el hecho de reconocer el poder que había en su interior y la gracia que había sobre él.

Pero Dios no estaba dispuesto a perder una discusión. Finalmente, convenció a Gedeón para que se viera a sí mismo como Dios lo veía y creyera que Dios estaba con él, y eso lo predispuso para convertirse en uno de los libertadores más grandes de la historia de Israel.

¿Y qué hay de ti? ¿Estás metido en una discusión con un Dios que ve las fortalezas que te dio y no se detendrá hasta que tú también las veas? Si es así, ¿le permitirás ganar? ¿Accederás a ir en tu fuerza a la victoria que Dios te está dando? ¿O te encogerás hasta el nivel de tu pasado, de tu temor, de tus sentimientos, de las cosas que dejaste atrás, de la inseguridad que te tiene atascado dentro de ti mismo?

Dios te conoce, y tú te conoces; sin embargo, quizá no conocen al mismo yo. Como Gedeón, puedes ser débil y fuerte a la vez. La fortaleza y la debilidad que viven dentro de ti son para coexistir. Una no cancela a la otra. Por eso, tienes que aceptar tanto tus debilidades como tus fortalezas.

La debilidad te enseña a depender de Jesús. Si no tuvieras ninguna debilidad, pensarías que no necesitas a Jesús, y probablemente *sí* te lo tendrías muy creído. La fortaleza existe para mostrarte lo que Dios y tú pueden hacer juntos. Te da la confianza para decir: «Todo lo puedo en Cristo que me fortalece». Te hace tener fe en un Dios que es capaz de hacer muchísimo más de lo que puedas pedir o pensar según el poder que actúa en ti. Un Dios que te llena, que te hace capaz de poder subir una montaña, que te hace capaz de volver a vivir, que te hace capaz de librarte de esas cadenas.

El momento clave en la discusión llegó cuando Gedeón le ofreció al ángel algo de comer. El ángel tocó la comida con su vara, y el fuego consumió al instante la comida. Gedeón comprendió que no estaba hablando con un simple ángel. Era Dios. De inmediato supuso que iba a morir por haber visto a Dios cara a cara.

¿Te puedo decir algo? Cuando Dios nos muestra quién es en verdad y nos dice lo que podemos hacer mediante su presencia y su poder, lo primero que solemos sentir es temor. Sé que el miedo tiene mala fama, pero cada sensación de miedo que experimentamos no es necesariamente una indicación de que algo está mal. A veces, es Dios atravesando nuestros sentidos y nuestra experiencia limitada e interviniendo en nuestra situación. Por lo tanto, si surge en ti temor cuando enfrentas algo que te desafía, no vuelvas a esconderte al lagar. No te ocultes en quién solías ser. Dios te está llamando a renovarte, y tardarás un poco en acostumbrarte.

Dios le dijo a Gedeón: «¡Quédate en paz! No temas.

No vas a morir» (versículo 23). Después, Gedeón construyó un altar en ese lugar y lo llamó «El Señor es paz».

Piensa en eso por un instante. Dios intervino, la comida se quemó, Gedeón se recompuso, y después se dio cuenta de que ese fuego era *amigable*. Dios no estaba ahí para juzgarlo, sino para ungirlo. Como Moisés en la zarza ardiente, como las lenguas de fuego en Pentecostés, era Dios mostrándose en su amor consumidor, poder y bondad para llamar a Gedeón a ser su yo verdadero.

El Dios de paz es quien te llama a ir en tu fuerza. En otras palabras, hacer las paces con tus fortalezas comienza cuando sabes que Dios está en paz contigo. Él no está en tu contra; está a favor tuyo. La paz que tienes *con* Dios y *en* Dios es lo que te da la confianza para llevar a cabo su propósito.

> Cuando haces las paces con tus fortalezas reconoces que, como la fortaleza viene de Dios, depende de Dios.

Cuando haces las paces con tus fortalezas reconoces que, como la fortaleza viene de Dios, depende de Dios. Dices: «Estos son los dones que tú me has dado. Estas son las habilidades que me has confiado. A veces no me siento la gran cosa, pero tú dices que soy fuerte y estás diciendo que tengo fortalezas, así que voy a ir con lo que tengo.

Quizá estés pensando: *Yo podría ser una persona más paciente. Podría ser más alentador. Podría solicitar ese empleo.* ¡Quizá podrías! Ve en la fuerza que tienes y descúbrelo. No te descalifiques abandonando antes de tener la oportunidad de tener éxito. No te escondas en un lagar y lo llames humildad si Dios te está diciendo que avances en fe.

Esa noche, Dios le dijo a Gedeón que derribara un altar que su padre había levantado a Baal, un falso dios, y que después construyera un altar nuevo y sacrificara uno de los toros de su padre al Dios verdadero. Así que Gedeón lo hizo. Tienes que reconocer lo que hizo. Tuvo momentos de temor, pero también hizo algunas cosas que requerían mucha valentía.

Al día siguiente, todos los vecinos estaban enojados y querían matar a Gedeón, pero el padre de Gedeón dijo: «Escuchen, si Baal es realmente un dios, que él mismo se defienda». Por supuesto, Baal no lo hizo, y Baal no pudo hacerlo, porque Dios estaba con Gedeón, y Dios está contigo.

Aquí encontramos una lección. Pienso que muchos de nosotros nunca hacemos las paces con las fortalezas que tenemos, la capacidad que tenemos, el potencial que tenemos, porque estamos limitados por lo que siempre hemos visto y conocido. A menudo, el primer paso para hacer las paces con quien Dios te hizo ser es derribar algunos altares del pasado.

No lo digo de forma literal. No estoy diciendo que debas ir al garaje de tu papá y romper sus herramientas porque pasa demasiado tiempo allí usándolas y no te dedica demasiado tiempo. No quiero decir que, si tus padres beben demasiado, debas ir por la casa rompiendo todas sus botellas de licor. Eso debería ser obvio.

Hablo de forma metafórica. Rompe con las cosas del pasado que te decían quién eras y quién no eras. Gedeón tuvo que dejar de decir que era el integrante más pequeño de la familia más débil de la tribu más pequeña. Tuvo que rechazar las falsas creencias de su familia y sus vecinos, y aceptar lo que Dios le estaba enseñando.

Tal vez haya algunos altares que tengas que derribar, algunas creencias a las que tengas que renunciar, algunas suposiciones que tengas que cuestionar. «Todos en mi familia tienen un problema con la bebida. Nadie en nuestra familia fue a la universidad. Todos los que conozco fracasaron en su matrimonio. Ninguno de mis compañeros de trabajo tiene una buena ética laboral».

Para Gedeón, construir un altar llamado «El Señor es paz» e ir en la fuerza que tenía significaba dejar atrás la vida a la que estaba acostumbrado y a la que había sido leal. Significaba dejar atrás la gente que siempre había conocido, los patrones que siempre había seguido, y la perspectiva que había escogido para sí mismo.

Romper con el pasado no es tarea fácil. Hacer las paces con tus fortalezas no es fácil, A veces minimizas lo que Dios está haciendo para poder encajarlo en tu experiencia previa. Dios te está llamando a ir más arriba, pero si te dice algo sobre ti que nunca habías visto en ti, quizá te dé miedo. «No puedo hacer eso. Yo no soy así».

Pero ¿y si en verdad *sí* eres tú? ¿Y si las demás cosas como el miedo, el quedarte atrás, la negatividad, ir por la vida a la segura, evitar la responsabilidad, no ser creativo, no querer liderar, la falta de disciplina, la falta de seguimiento, son las cosas falsas? ¿Y si «esconderte en un lagar» es precisamente a lo que el temor te ha llevado, pero «guerrero valiente» es lo que Dios te llama?

Si lees el resto de la historia, Dios hizo un milagro increíble por medio de Gedeón y trescientos soldados armados solo con antorchas, trompetas y jarras. No tenían un gran ejército, y ni siquiera tenían armas convencionales, pero tenían fe. La fe en un Dios que estaba con ellos, no contra ellos. Fe en un Dios que obraba a través de ellos y peleaba junto a ellos.

Dios te llama guerrero valiente, pero tú estás buscando un ejército poderoso. Quizá no lo haya. El poder no está en el tamaño del ejército, sino en el tamaño del Dios que hay en ti. Es Cristo en ti. Eso siempre ha sido suficiente, y siempre hará que tú seas suficiente.

Haz las paces con tus fortalezas, porque el Dios de paz te las dio. No pelees contra el fuego que Dios te ha dado. No luches contra el fluir que te ha dado. No te menosprecies para aplacar a las personas que no van donde Dios te está llevando. No luches contra aquello en lo que eres bueno para encajar con lo que no fuiste creado en un principio. No adores en el altar de todo lo que tu familia ha conocido.

Seguramente, a veces sentirás miedo, pero la respuesta a tu miedo no es disminuir lo que Dios dice para que encaje en el contexto de lo que has conocido. La respuesta no es enconderte y esperar que otra persona responda al llamado.

La respuesta es expandirte a todo lo que Dios dice que eres. Acepta tu Yo, el ser que fuiste creado, y confía en Él.

Haz lo que *ese* yo haría. El yo del guerrero valiente. Ese yo capaz. Ese yo llamado. Ese yo seguro de sí mismo. El yo que ha hecho las paces con tus fortalezas.

Lo que te dices a ti mismo es importante, razón por la cual es importante recordarte a ti mismo que Dios no está en tu contra; Él está contigo, obrando a través de ti y peleando por ti. Cuanto más te creas esta afirmación, más confianza tendrás al avanzar hacia tu futuro.

Uno de los mayores desafíos que enfrentamos al dar estos pasos de fe es guardar nuestro corazón y nuestra mente de la negatividad. No estoy hablando de ignorar la realidad. Hablo de asegurarnos de no interpretar la vida mediante los filtros erróneos: cosas como la duda, el temor, la inseguridad, la negatividad y la desesperanza.

Tenemos que tomar lo que sabemos que es cierto acerca de Dios y vivirlo a nivel de nuestros sentimientos y acciones. Tenemos que escoger el filtro *correcto* para las experiencias de nuestra vida, lo cual nos lleva a nuestra siguiente mentalidad. Es la más corta, pero quizá la más práctica de todas: *Estar alegre es mi tarea.*

MENTALIDAD 5

«ESTAR ALEGRE ES MI TAREA».

PASO DE ACCIÓN:
APRÓPIATE DE TUS EMOCIONES.

CAPÍTULO 18

EL DURO TRABAJO DE LA FELICIDAD

Hace un par de años, mientras estábamos de vacaciones almorzando, le pregunté a mi familia: «¿Quién es la persona más feliz que conocen?». Soy famoso por comenzar juegos de este tipo en comidas familiares, y mis hijos son famosos por encontrar los fallos inherentes en dichos juegos.

Dijeron: «Esa es una pregunta imposible. Realmente no se puede saber si las personas son felices o no».

Tenían razón, pero seguí insistiendo, así que comenzaron a nombrar a las personas más felices que conocían. Me sorprendieron algunas de sus respuestas, pero no me sorprendió que ninguno dijera: «Tú, papá».

No me malentiendas. Puedo ser un tipo bastante divertido, pero no estaba esperando conseguir el premio al ser humano más feliz del planeta, ni siquiera el premio al papá más feliz. Aun así, una parte de mí esperaba que al menos uno de ellos me diera una mención honorífica. Estaba pagándoles las vacaciones, incluso había pedido aperitivos.

Entonces, antes de que llegara el turno de Holly, lo preparé para ella. Dije: «Holly, *tú* eres la persona más feliz que conozco».

No era un cumplido: era la verdad. Ella respondió: «Eso es muy bonito». Y después dijo el nombre de otra persona como su respuesta.

La conversación me dio mucho que pensar. Me han dicho más de una vez que tengo tendencia a poner una mirada...seria, podría decir. O enojada. O incluso mezquina. La expresión natural de algunas personas es «carita de ángel». Yo más bien tengo «cara de pocos amigos», según parece.

Y, si soy realmente sincero, *no* soy una persona optimista por naturaleza. Mi primer instinto en una situación es ver vulnerabilidades, lastres y obstáculos. Si no puedo encontrar ninguna, seguiré mirando. Soy un localizador creativo de cosas por las que tener miedo y pavor. Ese es el tipo con el que vive Holly, la persona más feliz que conozco.

Brian Wilson de los Beach Boys dijo en una ocasión: «Tengo setenta años y me tomó mucho tiempo aprender algo muy simple: es un duro trabajo ser feliz».* Lo entiendo. Lo he visto. He comprobado que no me resulta fácil apropiarme de mis emociones. Me cuesta mucho manejar mis sentimientos. Tengo que apoyarme en esta pequeña frase

---

* Random House of Canada Limited, nota de prensa (15 de abril de 2013), "Rock & roll music legend Brian Wilson to publish new memoir with Random House Canada", https://www.newswire.ca/news-releases/rock--roll-music-legend-brian-wilson%E2%80%91to%E2%80%91publish-new-memoir-with-random-house-canada-512265701.html.

liberadora: *Estar alegre es mi tarea*. Me lo digo muchas veces, y es un buen recordatorio para mantener mis sentimientos y mi actitud bajo control.

El salmista escribió: «Este es el día que el Señor ha hecho; Regocijémonos y alegrémonos en él» (Salmos 118:24 NBLA). *Alegrémonos* significa que la alegría es un acto de la voluntad. Está dentro de nuestro control. Hay una gran esperanza en eso, porque significa que podemos escoger la energía y el entusiasmo que llevamos a nuestro día.

Me gusta llamarlo «el duro trabajo de la felicidad» porque tienes que trabajar mucho en ello algunas veces. Algunos tenemos que hacerlo más que otros, aparentemente. Pero ¿acaso trabajar en la felicidad no parece una contradicción? El trabajo normalmente no es algo que se asocia a la diversión. El trabajo es algo en lo que nos esforzamos para poder llegar al fin de semana y *divertirnos*. La felicidad debería ser algo fácil, ¿no es cierto? Deberíamos despertar en la mañana con brío en nuestros pasos y experimentar nuestro día solo con sensaciones positivas. O al menos eso nos han dicho, y lo mismo nos decimos a nosotros mismos, incluso cuando no funciona así.

La realidad es que tus emociones y pensamientos se mueven hacia todos los lados. Cambian sin previo aviso. Puede que te despiertes emocionado y lleno de esperanza, y entonces ves un mensaje de la noche anterior y pierdas tu alegría a las 7:45 de la mañana. O puede que estés deprimido al regresar a casa en la noche, pero te acuerdas de una canción que te encanta mientras estás estacionando y la negatividad que traías durante todo el día se evapora en dos segundos.

Tus sentimientos importan, pero los sentimientos pueden ser variables. Ambas cosas son ciertas.

Ahí es donde entra en escena el trabajo.

––––––––––––––

Tienes que gestionar tus emociones. Tienes que enmarcar tus sentimientos dentro del contexto más amplio de quién eres. Eres una persona emocional, pero tú no eres tus emociones.

Ahora bien, no dije que entierres tus sentimientos. No los aborrezcas, los escondas o te sientas culpable por ellos. No dije que sigas adelante después de esa ruptura que hizo pedazos el corazón y que pretendas estar bien sino lo estás. No dije que acumules todo el estrés que soportas en tu interior hasta que te choques con una pared y comiences a tener ataques de pánico.

Dije *aprópiate de tus emociones*. Toma autoridad sobre tus actitudes. Reconoce las cosas que pasan por tu cabeza y tu corazón y responde a ellas de manera apropiada, intencional y madura.

Como lo haría tu yo renovado.

El viejo yo pensaba que la felicidad venía del exterior. Era algo que perseguías, te ganabas, construías o demandabas.

El yo renovado sabe que la felicidad viene de *dentro* de ti. La paz está dentro de ti, porque el Dios de paz siempre está contigo. Alegría, satisfacción, contentamiento, gratitud, perdón, libertad y confianza están creciendo dentro de ti por la presencia y el poder del Espíritu Santo. Eso es el fruto del Espíritu Santo, a fin de cuentas. Es lo que Dios hace en ti, no solo lo que las circunstancias te producen.

Apropiarte de tus emociones significa que *tú* eres fundamental para el proceso. Tu alegría es tu tarea. Tu actitud es tu asignación. Tu estabilidad es tu responsabilidad. No es tarea de nadie más hacerte feliz. Tu cónyuge no tiene esa obligación, ni tus hijos ni tu jefe ni tu perro. Ellos pueden estar ahí para ti, pero no pueden cargar el peso de tu felicidad, ya que se asfixiarían bajo ese tipo de expectativas, porque tu alegría no está dentro de su jurisdicción. Solo tú puedes responder por tu actitud.

> Alegría, satisfacción, contentamiento, gratitud, perdón, libertad y confianza están creciendo dentro de ti por la presencia y el poder del Espíritu Santo.

Una vez cometí el error de decir que alguien me robó la alegría, y el Espíritu Santo realmente me llamó la atención al respecto. «¿Ellos te robaron la alegría? Tu alegría no es tarea de ellos, y si te la robaron, tú deberías haber hecho un trabajo mejor cerrando las puertas para que no pudieran entrar a robártela. Si otra persona puede robar tu alegría, significa que la estás guardando en un lugar donde cualquiera puede entrar y arrebatarla».

Tal vez no soy la persona más feliz que conoce mi familia, pero eso no significa que tenga que ser el más gruñón. Estar alegre es mi tarea, y estoy decidido a estar a la altura de esa tarea. Los atascos de tráfico no pueden robarme la alegría. Esa reunión estresante en el trabajo no puede robar mi tranquilidad. Esos dolores y achaques que comenzaron cuando cumplí cuarenta años no pueden robar mi contentamiento, porque todas estas cosas las gestiono yo.

Como dije, tuve que aprender cómo funciona todo esto. Recuerdo que unos años atrás estábamos lanzando una nueva serie de sermones en nuestra iglesia, y teníamos récord de asistencia. Todas las salas extras de la iglesia estaban llenas a su máxima capacidad. En muchos de nuestros campus estaba oyendo reportes de cuán alta estaba siendo la asistencia.

Y, sin embargo, entre un servicio y otro, me vi sentado detrás de la plataforma sintiéndome muerto por dentro. De hecho, no podía sentir nada. Había predicado con todo mi corazón, y estaba agradecido por lo que Dios estaba haciendo; pero, si soy honesto, gran parte de mi alegría había dependido tanto de la meta de tener un domingo con una gran asistencia, que cuando superamos esa meta me pareció un poco vacía. Fue uno de los grandes momentos de nuestro ministerio, y por razones que aún estoy tratando de entender, tenía ganas de llorar y no de celebrar.

Me obligué a mí mismo a recuperarme y volví a predicar, pero estaba bastante sacudido por lo que había sentido. Pensé: *Si no me siento feliz ahora, ¿cuándo lo voy a estar?* Me decía a mí mismo: *Probablemente necesito un descanso. Estoy agotado. Tan solo necesito hacer una escapada.*

Poco después, hicimos ese viaje. A Holly y a mí nos invitaron a pasar una semana en una de las islas más hermosas que he visto nunca. La persona que nos invitó insistió en cubrir todos los gastos, así que ni siquiera tuvimos presión económica sobre nuestras cabezas. Pero, por alguna razón, estuve triste todo el tiempo. De hecho, me sentía como si estuviera en la cárcel en esa isla. Mi esposa estaba ahí y mis amigos estaban ahí, pero yo no estaba ahí. Bueno, estaba ahí; pero no estaba ahí. Y la ausencia de alegría en medio de tanta bondad realmente me asustó.

De regreso a casa, le dije a Holly: «Creo que necesito conseguir ayuda. Creo que no estoy bien».

Ella no me lo restregó por la cara, ni me dijo: «Te lo dije», aunque me había dicho varias veces que pensaba que debía considerar tener una cita con un consejero para procesar toda la presión que estaba sufriendo.

Siempre me resistí a eso por la misma razón que con frecuencia nos resistimos a recibir ayuda. Pensaba que, si aguantaba, si lo intentaba con más fuerzas, si alcanzaba más metas y mejoraba mi entorno, mis sentimientos, pensamientos e inseguridades se arreglarían por sí solos. Estaba en esa rutina de perseguir y nunca llegar a alcanzar el «yo futuro» del que hablé antes. Pero el problema estaba dentro de mí, no a mi alrededor. Lo vi claramente en esa isla.

Mi mentalidad hasta ese punto era que, si tan solo era capaz de alcanzar cierta meta o experimentar un mayor nivel de éxito, con eso bastaría. Sería digno y sería feliz, pero estaba enterrando algunas cosas con las que tenía que lidiar, y cargando algunas cosas que tenía que dejar, y me estaba quemando.

Ahora bien, no es que mi vida fuera un desastre o que todo se estuviera desmoronando. No estoy diciendo que todos los días eran como estar en un pozo oscuro de desesperación. Experimentaba momentos maravillosos mientras llevaba todas estas cargas; pero sabía que, para poder ser el hombre que quería que tuvieran mis hijos, y espero que alguien a quien ellos quisieran imitar un poco, tenía que arreglar algunas cosas. No era trabajar en la iglesia sino trabajar en *mí mismo*. Y tampoco era tener solamente momentos de felicidad cotidiana, sino tener el gozo de Dios como el punto de referencia para mi alma.

La vieja mentalidad me estaba matando y el yo renovado me estaba llamando, pero no resultaría fácil. Primero, tuve que encontrar a alguien con quien hablar. Eso requería admitir ante otro ser humano que necesitaba ayuda. Para alguien a quien le gusta ser considerado como el fuerte, eso era difícil de hacer. Pero lo hice. Me acerqué a un amigo y le pregunté: «¿Quién es ese terapeuta que tuviste hace años? ¿Me le podrías presentar?».

Mi amigo se alegró de poder ayudarme. Resultó que, aunque tu alegría es tu tarea, cuando realmente te comprometes con ello, por lo general, encuentras aliados que te ayudan en la batalla.

Eso dio inicio a un proceso de terapia semanal con el que he estado comprometido más de cinco años ya. No dedicaré mucho tiempo a hablar de ello aquí, porque muchas de las lecciones que ya he compartido han sido fruto de ese proceso transformador.

Según mi esposa, otras personas que me conocen bien y el testimonio interno del Espíritu Santo, ahora estoy en un lugar mucho mejor. No solo por la terapia, sino también por el compromiso con el trabajo analítico y profundo de dejar viejas formas de ser yo mismo y revestirme de otras nuevas.

Aprender sobre nosotros no es contrario a seguir a Cristo. Es *consecuencia* de seguir a Cristo. Dios es un Dios de verdad, y la verdad nos hace libres. Dios usa muchos mensajeros para hacer llegar su verdad. Usó a una burra para enseñarle a Balaam sus puntos ciegos, y seguro que puede usar a profesionales entrenados para mostrarnos los nuestros.

Mi punto no es decirte que necesitas alguna terapia. Tal vez sí, o tal vez no. Quizá lo intentaste y no funcionó. O quizá lo intentaste, pero *no* hiciste los deberes. No lo sé. Yo he aprendido que, para algunas personas, la terapia es una herramienta;

> Aprender sobre nosotros no es contrario a seguir a Cristo. Es *consecuencia* de seguir a Cristo. Dios es un Dios de verdad, y la verdad nos hace libres.

para otras, se convierte en un arma. Después de procesar todos sus problemas, llegan a la conclusión de que hablar de ello no ayuda, y se sienten todavía peor.

Al margen de las herramientas que uses, tienes que apropiarte de tus emociones. Tienes que entender algunas cosas sobre ti mismo, sobre tu infancia, sobre tus modelos mentales, sobre tu personalidad, sobre los traumas del pasado. Esa es la parte del trabajo duro de la felicidad, porque estás reclamando tu narrativa, la del yo renovado, y eso es bueno. Eso es algo piadoso.

Las emociones son valiosas, por supuesto. Tienes que prestar atención a cómo te sientes. ¿Cómo si no ibas a saber cuándo descansar? ¿Cómo si no ibas a saber hacia dónde te está llevando Dios si no tuvieras sensación alguna de las sugerencias del Espíritu Santo? Hay algunas cosas que tienes que sentir, no solo razonar; así que los sentimientos, las emociones y los deseos tienen su lugar.

Sin embargo, ese lugar no es el trono de nuestra vida.

Dios está en el trono. Eso significa que lo que Dios dice,

lo que quiere, el cuadro más amplio de hacia dónde está llevando tu vida y cómo quiere usarte, eso debería llevar el mayor peso, incluso cuando realmente no lo «sientas».

Tenemos tendencia a colocar nuestros sentimientos en el trono. Si queremos explotar por algo, explotamos. Si queremos levantarnos tarde, nos levantamos tarde. Si queremos saltarnos el día de entrenamiento de piernas, nos saltamos el día de entrenamiento de piernas. Si tenemos ganas de hacer algo que no está bien para sentir alivio en un momento de estrés, lo justificamos: «Oh, no es para tanto». Dejamos que nuestros sentimientos nos digan lo que es mejor, lo que es cierto, lo que está bien.

> Pero la idea no es que sigamos a los sentimientos, ya que tenemos que condicionarlos y conformarlos a la imagen de Cristo.

Pero la idea no es que sigamos a los sentimientos, ya que tenemos que condicionarlos y conformarlos a la imagen de Cristo.

El pasaje que hemos leído en Efesios 4 dice que el viejo yo, la vieja naturaleza, «está corrompida por los deseos engañosos» (versículo 22). El problema con los deseos *engañosos* es que, por definición, no sabes que son equivocados. Puedes tener anhelos, sentimientos, emociones y necesidades que se te presentan como totalmente veraces, cuando en realidad no son lo que afirman ser. Son astutos, sutiles y convincentes, pero no siempre son correctos.

Muchas veces en mi vida he sido aporreado y castigado por las consecuencias de cosas que pensé que quería. Apuesto a que tú también. Esa ira parecía estar bien en ese momento. La mentira que fue tan útil para conseguir lo que querías. La conversación clave sobre otra persona que te hizo sentir mejor contigo mismo, pero solo por unos segundos. El portazo que le hizo entender a tu cónyuge.

Pero ¿a qué costo?

El yo renovado está llamado a ver más allá de estas urgencias incontroladas. Es la versión de tu ser que ve los deseos engañosos tal como son: destellos del viejo yo.

¿Cómo identificas qué deseos son engañosos? ¿Cómo caminas en tu yo renovado en lugar de volver a tu viejo yo?

Permíteme darte tres sencillos pasos. Piensa en el acróstico *IVA*.

Identifico

Valoro

Adopto

La última no es tan fácil como las dos primeras, pero es la más importante.

Identifico significa que tienes que prestar atención a tus pensamientos, tus reacciones, tus sentimientos, tus temores, tus deseos. En caso de que nunca vayas a terapia, quiero asegurarme de que entiendas este fundamento básico de la psicología: no puedes lidiar con cosas que no sabes que están ahí. No puedes tomar buenas decisiones cuando ni siquiera te das cuenta de que estás decidiendo.

Así que presta atención a tu temor. Escucha tu ira. Toma nota cuando algo dentro de ti desencadene algo. «Ahí voy, otra vez culpando a las personas. Ahí voy, otra vez siendo catastrofista». Identifícalo, pero después recuérdate que tú no eres eso.

Después, *valora* lo que has identificado. ¿Es bueno o malo ese deseo? ¿Está bien o mal esta acción? ¿Esta decisión es sabia o estúpida? No te limites a encogerte de hombros y decir: «Así soy yo. Así es como siempre he sido. Mi papá también era así. Qué puedo hacer». Compara eso con lo que Dios dice de ti. Valora si es tu yo renovado o tu viejo yo.

Cuando aparece el temor, intento enmarcarlo así en mi mente de este modo: «Estoy sintiendo temor». Eso me da algo de distancia para poder lidiar con el temor reconociendo lo que es. Es más que pura semántica. Si digo «*Soy miedoso*», eso me habla de una identidad. No quiero ser Steven el miedoso. Steven el miedoso hace tonterías. Ataca verbalmente, habla mal de la gente, toma decisiones de visión corta. Por el contrario, si digo: «Estoy *sintiendo* temor», simplemente estoy reconociendo un hecho. Esa emoción es válida, pero no durará para siempre. Es como una tormenta: pasará. No es quien yo soy. Jesús está en mí, y Jesús no tiene miedo, así que Steven el miedoso no es mi verdadero yo.

Identifico el temor como podría comprobar el tiempo. Lo *valoro*. Después *adopto* el yo que se supone que debo ser, llevando un paraguas si es necesario. Decido caminar en fe y valentía, porque ese es mi verdadero yo.

No estoy otra vez en los ochenta, cantando livianamente: «Don't worry, be happy» (No te preocupes, sé feliz). Solo te estoy recordando que, en Cristo, tu alegría no es rehén de nada ni de nadie. Es tuya. Jesús te la dio. El mundo no te la dio. Y, como dice el viejo corito: «Si el mundo no me la dio, el mundo no me la puede quitar».*

---

* Compuesta e interpretada por Shirley Caesar, «If the World Didn't Give It» (HOB, 1975).

Jesús dijo a sus discípulos: «La paz les dejo; mi paz les doy. Yo no se la doy a ustedes como la da el mundo. No se angustien ni se acobarden» (Juan 14:27). Después les dijo: «Se pondrán tristes, pero su tristeza se convertirá en alegría... pero cuando vuelva a verlos se alegrarán y nadie les va a quitar esa alegría» (Juan 16:20, 22).

Dios te da una paz que el mundo no te puede dar. Él te da una alegría que nadie te puede robar. Incluso cuando el mundo está cambiando y temblando a tu alrededor, su paz es tu paz. Su alegría es tu alegría. Su confianza es tu confianza.

No tienes que ser la persona más alegre y extrovertida, el alma de la fiesta por fuera. Está bien. Tu familia te ama igualmente. Además, tu seriedad podría ser parte de lo que pagó las vacaciones.

Por dentro, sin embargo, puedes saber que tu alegría es real, es tuya, y cada día estás creciendo más y más conforme a la imagen de Cristo en ti.

CAPÍTULO 19

¿QUIÉN ESTÁ EN TU CABEZA?

Joey Logano es un piloto de la NASCAR y doble campeón de la Cup Series. Es amigo de nuestra familia y parte de nuestra iglesia, y yo soy un gran seguidor suyo. Me refiero a Joey, no a la NASCAR. Realmente no entiendo los por menores del deporte, pero me encanta Joey.

La primera vez que llevé a mi familia a una carrera fue porque Joey me convenció. Yo estaba un tanto reticente, y dije: «Respeto totalmente lo que haces, pero ¿no será un poco aburrido verte dar vueltas en círculo durante cuatro horas?».

Me dijo: «Créeme, lleva a tus hijos. Les encantará».

Nos reunimos con su equipo en el Charlotte Motor Speedway, y nos dieron un trato VIP. A cada uno nos dieron una pequeña radio y unos auriculares amarillos para poder oír al jefe del equipo y al observador diciéndole a Joey lo que tenía que hacer. Escuchar la comunicación interna fue muy divertido.

Abbey tenía cinco años en ese entonces. Estaba obsesionada con esos auriculares amarillos, pero también un poco confundida sobre cómo funcionaban. Pensaba que Joey también podía escucharla a ella, así que empezó a hablarle. «Joey Wogano. Joey Wogano. ¿Me escuchas, Joey Wogano?».

Nos lo estábamos pasando tan bien viéndola que no nos atrevíamos a decirle: «Cariño, no te puede oír». Joey conducía por la pista a casi trescientos kilómetros por hora, y una niña de cinco años pensaba que le estaba dando instrucciones. Claro que no podía oírla. Quienes le hablaban mientras conducía eran el jefe de equipo y un observador, y nadie más. Todos los demás podían gritar, vociferar, maldecir y animar desde la grada, pero no tenían acceso directo a su oído.

Sin embargo, ¿y si lo tuvieran? Imagínate si el equipo de Joey estuviera en la puerta y le dijera a cada seguidor: «Esta es tu radio y tus auriculares para que puedes decirle lo que quieras a Joey. Cualquier consejo, cualquier corrección, cualquier insulto. Lo que quieras».

¿Qué pasaría si pudiera oír todas esas voces en sus auriculares en tiempo real? El tío Bubba estaría allí dando su opinión sobre lo que Joey debería hacer: «¡Gira a la izquierda! ¡Gira a la izquierda otra vez!». Eso es más o menos todo lo que el tío Bubba sabe sobre las carreras. El auto más rápido que tuvo fue un Maxima. ¿Crees que el tío Bubba debería decirle a Joey cómo conducir?

Eso afectaría el enfoque de Joey. Arruinaría su concentración. Nadie podría correr correctamente con todas esas voces en su cabeza.

Y tampoco nadie puede *vivir* correctamente con todas esas voces en su cabeza. Nadie puede enfrentar los desafíos de la vida con firmeza y valentía si convierte a cada crítico y cada comentarista en un copiloto.

Y, sin embargo, ¿no es eso lo que muchos de nosotros hacemos? Le damos un micrófono a todo el mundo. «Aquí tienes, CNN. Aquí tienes, Fox News. Aquí tienes, Elon. Aquí tienes, TikTok. Aquí tienes, troll aleatorio del Internet con diecisiete seguidores y un resentimiento». Para ser sincero, a menudo la voz más fuerte de todas es la de tu viejo yo, que aún intenta controlar tu rumbo.

No estoy diciendo que esté mal escuchar otras voces si realmente son útiles, pero no son tu jefe de equipo. No son tu observador. No puedes permitirte darle a cada voz el mismo acceso a tu atención y a tus emociones.

Este es mi punto. Si quieres gestionar tu alegría, debes gestionar tu enfoque.

> Si quieres gestionar tu alegría, debes gestionar tu enfoque.

Anteriormente hablamos de que Josué tuvo que liderar a Israel a través del Jordán en plena crecida. Antes de que Dios hiciera un milagro río arriba para Israel, tuvo una conversación sincera con Josué sobre el enfoque.

Recuerda, Moisés ya no estaba, y Josué había sido puesto a cargo recientemente. Esa no pudo haber sido la transición más tranquila en la vida de Josué. No solo estaba asumiendo el mando del único líder que la nación había conocido, lo cual significaba que cada movimiento que hiciera sería vigilado y comparado con cómo lo habría hecho Moisés, sino que también tenía que liderar al pueblo

en situaciones que no tenían sentido y en batallas más grandes que cualquier cosa que habían enfrentado antes.

Estoy seguro de que cada general, cada comandante,
cada soldado y cada ciudadano tenía una opinión sobre lo
que deberían hacer a continuación. Josué no podía tener
todas esas voces en su cabeza. Por lo tanto, Dios le dio
algunos consejos sobre a quién escuchar y en qué debía
enfocarse.

«Solo te pido que seas fuerte y muy valiente para
obedecer toda la ley que mi siervo Moisés te ordenó.
No te apartes de ella ni a derecha ni a izquierda;
solo así tendrás éxito dondequiera que vayas. Recita
siempre el libro de la Ley y medita en él de día y de
noche; cumple con cuidado todo lo que en él está
escrito. Así prosperarás y tendrás éxito. Ya te lo he
ordenado: ¡Sé fuerte y valiente! ¡No tengas miedo
ni te desanimes! Porque el Señor tu Dios te acompa-
ñará dondequiera que vayas» (Josué 1:7-9).

Observemos dos cosas aquí. En primer lugar, Dios le
dijo a Josué que obedeciera la ley, que la mantuviera en sus
labios y que meditara en ella. Esto significa que sus acciones, palabras y pensamientos debían estar alineados con
la fe. Para que la fe sea efectiva, debe estar *enfocada*. En
segundo lugar, Dios le dijo varias veces a Josué que no
tuviera miedo ni se desanimara, sino que fuera fuerte y
valiente.

Creo que Dios le estaba diciendo a Josué que su enfoque y su valentía estaban conectados. Él sabía que Josué iba

a enfrentar muchas situaciones arriesgadas y aterradoras. Sabía que el miedo y el desánimo siempre serían una tentación. Quería que Josué supiera que, en los momentos en que las emociones negativas intentaran paralizarlo y mil voces le dijeran lo que estaba haciendo mal y por qué iba a fallar, necesitaría enfocar su fe.

Nosotros necesitamos hacer lo mismo. Debemos aprender a vencer el miedo y el desánimo meditando en lo que Dios dice, declarando lo que Dios dice, y haciendo lo que Dios dice.

La mayoría de nosotros no lo hacemos de modo natural. No enfocamos nuestra fe en Dios; enfocamos nuestro miedo en el problema que tenemos delante. «Estoy desanimado, porque no he obtenido un ascenso en cinco años. Estoy desanimado, porque no puedo pagar mi préstamo de estudios. Estoy desanimado, porque mi dolor de espalda empeora y no mejora».

En lugar de lidiar con lo que hay dentro de nosotros, nos quejamos de lo que tenemos delante. «Oh, estar casado es mi problema. Si estuviera soltero...». ¿Estás seguro de que eso ayudaría? Porque hace tres años atrás decías: «Oh, si estuviera casado...». ¿Cuál es la verdad?

No estoy diciendo que tus problemas estén solo en tu cabeza. Son reales y desafiantes, y es normal sentir miedo y frustración. Pero ¿los estás empeorando al escuchar las voces equivocadas? ¿Estás dejando que el miedo sea tu jefe de equipo? ¿Has convertido a la frustración en tu observador? Tal vez el desánimo que sientes provenga menos de lo que estás enfrentando y más de lo que te dices a ti mismo *sobre* lo que estás enfrentando.

La Biblia dice que la fe viene por oír la palabra de Dios. Lo contrario también es cierto: el desánimo viene por oír las palabras del mundo, los susurros de la preocupación, los argumentos de la ansiedad. Si estás lidiando con el miedo y el desánimo, regresa e identifica tu diálogo. No el diálogo que tienes con los demás, aunque eso también puede ser parte del problema, sino el diálogo que tienes en tu interior. Identifica si estás escuchando la voz del miedo, la voz de la duda, la voz de tu viejo yo.

Dios estaba diciendo: «Josué, para ser fuerte, para mantenerte animado, tienes que ajustar tu enfoque. No hagas solo lo primero que se te ocurra o lo que la gente te diga que hagas. Obedece la Palabra, declara la Palabra, medita en la Palabra. Enfoca tu fe en el camino que te he trazado, y serás exitoso».

De nuevo, vas a sentir algunas cosas ansiosas, y está bien. Dios no estaba tratando de impedir que Josué *sintiera* miedo o desánimo. Dios no le estaba diciendo: «Deja de ser tan dramático. Deja de ser tan emocional. Deja de llorar, o te daré algo por lo que llorar».

Él no dijo: «No te *sientas* desanimado».

Dijo: «No *estés* desanimado».

Hay una gran diferencia para Dios entre lo que sientes y quién eres. Tu condición no es tu identidad. Tal vez te sientes preocupado en este momento, pero eso es lo que sientes, no quién eres. Quizá tienes miedo en este momento, pero esa es tu condición, no tu identidad.

Dios aquí no está hablando en absoluto sobre un sentimiento.

Está hablando sobre un enfoque.

Está diciendo: «Está bien que lo sientas, pero no *seas* eso. Está bien que lo sientas, pero no te *comportes* como tal».

No tienes que creer todo lo que el miedo te dice. No tienes que aceptar cada pensamiento negativo que te llega a la cabeza. Pueden no ser verdaderos en absoluto. Puede que no sean la historia completa. Pueden no ser la perspectiva correcta. Necesitas un control de seguridad en tu cerebro, uno de esos agentes de la TSA (Administración de Seguridad en el Transporte) sin sentido del humor en la entrada de tu mente, diciéndoles a ciertos pensamientos: «No puedes pasar de este punto».

Si tienes una conversación contigo mismo todo el tiempo que no involucra a Dios y no le estás permitiendo interrumpir tus pensamientos, es probable que te desanimes. No porque las circunstancias en sí mismas sean muy difíciles, aunque podrían serlo, sino porque el diálogo interno puede ser brutal. Si no gestionas tu meditación, el enemigo intentará colarse y robarte la esperanza. «Bueno, esa situación es imposible. No hay forma de salir de eso». O te atacará con la preocupación. Cuando tus hijos se van a la escuela, te dirá: «Se van a estrellar. Van a morir en un accidente de tráfico».

No estoy tratando de convertirte en una máquina ni digo que siempre puedas controlar qué pensamientos llegan a tu mente, pero tienes más control del que el enemigo quiere hacerte creer. Sin embargo, debes *decidir* enfocarte. Debes ser intencional al respecto, o de lo contrario regresarás a tu viejo yo.

Si tienes cuidado con lo que dejas entrar en ti, serás valiente cuando enfrentes lo que está por delante. Sé receptivo a las voces que te ayudan, pero no eleves a nadie al nivel de la Palabra de Dios. El Espíritu Santo es tu jefe de equipo y tu observador. Escucha su voz. Medita en ella y obedécela. Habla lo que Él te diga, no lo que el miedo, el desánimo o el tío Bubba dicen.

¿Adónde te está llevando Dios? ¿Qué te ha dicho Dios? ¿Qué te está hablando acerca del futuro? ¿Qué te está pidiendo que hagas hoy? Haz de eso tu meditación, tu declaración y tu ocupación.

No renuncies a lo que Dios te dio debido a un sentimiento. Enfoca tu fe, y sé fuerte y valiente.

CAPÍTULO 20

UN CORAZÓN AGRADECIDO ES UN CORAZÓN ESTABLE

Hay una antigua historia china que me gusta mucho y que a menudo se llama la Parábola del Granjero Chino. Dice más o menos así:

Había un granjero que vivía en una pequeña aldea en China. Un día, su caballo se escapó. Los aldeanos llegaron y dijeron: «¡Qué mala suerte!».

El granjero respondió: «Tal vez».

Unos meses después, el caballo del granjero regresó, y trajo consigo un grupo de caballos salvajes. Los aldeanos llegaron a felicitar al granjero. «¡Qué buena suerte!».

El granjero respondió: «Tal vez».

Poco después, el hijo del granjero intentaba domar uno de los caballos salvajes, pero se cayó y se rompió la pierna. Los aldeanos llegaron a ofrecer sus condolencias. «¡Qué terrible suerte!».

El granjero respondió: «Tal vez».

Luego estalló una guerra en la región, y los soldados

del emperador llegaron a la aldea para reclutar jóvenes para el ejército. Sin embargo, el hijo del granjero quedó exento por tener la pierna rota. Los aldeanos llegaron de nuevo. «¡Qué gran suerte!».

Una vez más, el granjero respondió: «Tal vez».

Así es como termina la historia. Podría continuar sin fin, y ahí está el punto. Realmente no puedes saber si algo es bueno o malo, al menos no en el momento. Lo único que puedes decir es: «Tal vez».

Para mí, esta historia enseña un principio poderoso: no puedes obtener tu estabilidad de tu situación, ni dejar que tu entorno moldee tus emociones. ¿Por qué? Porque no puedes ver más allá de hoy. No sabes si la situación cambiará mañana o cómo podrían cambiar las circunstancias la próxima semana. Eso por lo que te estás lamentando hoy podría ser algo por lo que estés agradecido dentro de un mes, un año o diez años.

Ahora bien, el granjero chino solo podía confiar en la suerte. Solo podía resignarse al destino. Las cosas malas podrían convertirse en cosas buenas, y las cosas buenas podrían convertirse en cosas malas, y ahí está el humor en la historia. La vida tiene su modo de engañarte, de zarandear tus emociones de un lado a otro, al igual que esos crédulos aldeanos.

Ahí está el punto, sin embargo. Tú no confías en la suerte. No te apoyas en la fragilidad del destino y la fortuna. Tu fe está en un Dios que está presente en tu vida y tiene buenos planes para tu futuro.

Creo que eso es lo que Pablo tenía en mente cuando escribió: «Ahora bien, sabemos que Dios dispone todas las cosas para el bien de quienes lo aman, los que han sido llamados según su propósito» (Romanos 8:28). No estaba diciendo que tu vida estará libre de dolor, más bien que está llena de propósito y que incluso las cosas difíciles se dispondrán para tu bien.

Eso significa que no tienes que preocuparte y preguntarte si las cosas van a salir bien. No tienes que volverte loco cuando las cosas van mal. Los propósitos de Dios aún siguen en pie, y tarde o temprano verás su bondad.

La mentalidad que dice «Estar alegre es mi tarea» se basa en esa verdad. Descansa sobre la realidad de que, incluso cuando mi situación está en cambio constante, mi fe no lo está. Está enfocada y fija en un Dios que conoce el futuro y que hará que todas las cosas ayuden para bien.

Por supuesto, una cosa es decir: «Dios está haciendo que todo se disponga para bien», y otra cosa es vivir de esa manera en tiempo real. Tu mente puede pasar de la paz al pánico en un momento. Puedes pasar de la fe a la frustración en dos segundos. Podrías estar feliz y tranquilo un momento, y al instante estar diciendo: «No puedo creer que lo hicieran de nuevo. Han acabado con mi paciencia. No los soporto. ¿Habrá alguien aquí que tenga dos dedos de frente? ¿Por qué siempre sucede esto?».

Si tu sensación de bienestar depende de algo externo, es una preparación para la inestabilidad. Siempre habrá algo que llegue y te

> Si tu sensación de bienestar depende de algo externo, es una preparación para la inestabilidad. Siempre habrá algo que llegue y te desequilibre, porque el mundo en sí mismo no es un lugar estable.

desequilibre, porque el mundo en sí mismo no es un lugar estable. Puedes leer veintisiete titulares y encontrar veintisiete razones para creer que todo se está desmoronando y que todo el planeta se dirige al infierno. Necesitas una estrategia celestial para mantener tus emociones bajo control.

Yo no solía tener un proceso para mantener bajo control mis pensamientos. Por años, tuve tendencia a victimizarme por las cosas que sucedían en el exterior en lugar de verme a mí mismo como un arquitecto de mi entorno. En lugar de comprender lo que significaba tener la mente de Cristo, estaba atrapado en la mente de la carne: los modelos mentales y patrones de pensamiento del viejo yo. Si algo malo sucedía, o si alguien decía algo injusto o falso sobre mí, o si yo mismo cometía un error, eso podía descarrilarme para el resto del día.

He tenido que aprender que la estabilidad se produce en el nivel de tu sistema de creencias. Viene de los límites que estableces en tu mundo interior. No puedes controlar la mayoría de lo que sucede fuera de tu cerebro, pero puedes mejorar a la hora de gestionar lo que sucede adentro: cómo interpretas eventos, comentarios y situaciones.

Sé que ya hemos hablado mucho acerca de esto, pero créeme, la repetición es necesaria. Cuando estás acostumbrado a pensar en las cosas de cierta manera, la transformación de tu mente requiere un proceso de entrenamiento consistente.

Entonces, aquí está la gran pregunta. ¿Cómo pasas del pánico a la paz? ¿De la frustración a la fe? ¿De la inestabilidad a la estabilidad?

De hecho, tanto tú como yo sabemos que hay muchas

herramientas y verdades que nos pueden ayudar: la oración, la adoración, la meditación en la Palabra, y hablar con alguien que pueda ayudarte a salir de tu pésimo estado de ánimo, por nombrar algunas. Si eres realmente valiente, podrías probar un baño de hielo. Wim Hof dice que eso ayuda, y en mi poca experiencia con los baños fríos, creo que tiene razón.

Pero, por ahora, quiero centrarme en la estrategia que para mí parece marcar la *mayor* diferencia y la *más rápida*. Voy a mostrarte un par de maneras específicas de aplicarlo también, porque quiero que esto sea práctico, no teórico, y porque creo que podría inspirarte a desarrollar tu propia práctica.

La estrategia es esta: *gratitud*.

Sé que es sencilla, pero esto es material de lucha callejera, no material de torre de marfil. Esto es práctica, no solo teoría. Es algo que puedes hacer cuando la vida te golpea en la cabeza y dices: «No puedo evitar que lleguen los malos pensamientos».

Hace un tiempo, una buena amiga mía publicó algo en las redes sociales que se me quedó grabado. Estaba teniendo un día horrible tratando de controlar y contener a sus hijos pequeños, y en el video parecía estar escondida en un armario. Su video era una señal de socorro. Dijo algo así como: «¡Necesito ayuda ahora mismo! Que alguien me diga la mejor técnica que tenga para no perder la cabeza cuando has estado con tus hijos todo el día durante el verano. Algo por lo que no me metan a la cárcel y que funcione ahora mismo. Y no quiero escuchar: "Los días son largos, pero los años son cortos". Necesito cosas de la vida real».

Usó una palabra más fuerte que «cosas», pero captas la

idea. A veces, no necesitas un eslogan o una estrategia sofisticada de siete pasos. A veces necesitas cosas de la vida real.

Pues bien, te diré cosas de la vida real. Aquí tienes lo mejor que tengo de mi arsenal secreto: no puedes evitar que lleguen los malos pensamientos, así que no intentes detenerlos. En cambio, estabilízate. Y ¿cómo te estabilizas? Con la gratitud.

> Un pensamiento agradecido es una de las pocas cosas que pueden igualar la velocidad y la fuerza de los pensamientos negativos. Esquiva la negatividad y te lleva de regreso a la bondad y la gracia de Dios.

Es la mejor intervención que he descubierto cuando necesito volver a controlar pensamientos y emociones desbocados. Un pensamiento agradecido es una de las pocas cosas que pueden igualar la velocidad y la fuerza de los pensamientos negativos. Esquiva la negatividad y te lleva de regreso a la bondad y la gracia de Dios.

Esto ha sido transformador para mí. Tal vez parece básico, pero ha sido muy liberador darme cuenta de que puedo decidir en cualquier momento desalojar un estado de ansiedad o temor mediante la práctica de la gratitud y de la fe.

Yo no inventé esta estrategia, por supuesto. Puedes encontrar diarios de gratitud en Amazon, afirmaciones de gratitud en Spotify, enseñanzas sobre la gratitud en Instagram, pero ya estaba en la Biblia desde mucho antes. Por ejemplo, Pablo escribió: «Por eso, de la manera que recibieron a Cristo Jesús como Señor, vivan ahora en él, arraigados y edificados en él, confirmados en la fe como se les enseñó y llenos de gratitud» (Colosenses 2:6–7).

Observa que dice «arraigados», «edificados» y «confirmados», que son términos de estabilidad, y luego agrega «llenos de gratitud». Está diciendo que la estabilidad y la gratitud van de la mano. La gratitud no es la única manera de ser estable, pero es importante, es confiable, y a menudo es la más fácil de adoptar cuando necesitas un reinicio rápido.

Un ejercicio que uso a menudo es algo que en realidad nos inventamos mi hija Abbey y yo. Es una de las mejores cosas que ella me ha enseñado, justo al lado de los significados ocultos en las canciones menos conocidas de Taylor Swift. He probado diarios de gratitud con diversos grados de éxito por años, pero a veces no tengo mi cuaderno. A veces no quiero tomar notas en mi teléfono, porque es de ahí de donde viene mi problema.

Así que enumero rápidamente, en voz alta si es posible, ocho cosas por las que estoy agradecido en este momento. Ahora bien, aquí está la parte que Abbey me mostró. Ella me enseñó a trazar suavemente la silueta de cada uno de los dedos de mi mano con un dedo de la otra mano mientras las enumero. Si comienzas en el exterior de tu meñique y recorres todos tus dedos, cuando llegues al pulgar habrás llegado a ocho. Es otra capa de simbolismo táctil para recordarme que cada cosa buena que tengo viene de la mano de Dios.

¿Por qué ocho? Porque me gusta jugar con las palabras y la palabra gratitud tiene «ocho» letras. ¿Lo ves? GRATITUD.

Si eso es demasiado tonto para ti, tengo otras razones. En la Biblia, *ocho* es el número de los nuevos comienzos. El *ocho* parece un bucle de infinito si lo giras de lado. *Ocho* también es el número de patas que tiene una araña, y una araña puede tejer su propia red desde el interior. Ese es el secreto de estar contento, de ser fuerte, de no rendirse: poder encontrar lo que necesitas dentro de ti. Puedes crear algo positivo de la nada. Puedes crear un espacio mejor para vivir, al margen de tu situación, porque lo que necesitas está dentro de ti, justo donde Dios lo puso. Eso es lo que la gratitud hace por ti.

Escoge ocho cosas cualesquiera, tan rápido como vengan a tu mente. No analices todo tu pasado, presente y futuro y elige las ocho cosas más importantes. Sé más inmediato y más detallado que eso. Pueden ser las cosas más simples del mundo.

El otro día dije: «Estoy agradecido por mi esposa que quiere salir en una cita conmigo esta noche». No me detuve mucho tiempo, pero pensé por un momento en dónde podríamos ir. Fue divertido imaginarlo. Cambió mi energía.

«Estoy agradecido de que mi hombro no me doliera esta mañana como a veces me duele». Eso me importaba en ese momento. Cuando llegas a los cuarenta, las cosas comienzan a chocar. Te encuentras dando gracias a Dios no solo por lo que se siente bien, sino también por lo que no duele tanto como dolió ayer.

«Estoy agradecido de que Josh venga esta tarde a trabajar en un proyecto conmigo».

«Estoy agradecido de que el sol esté brillando hoy».

«Estoy agradecido de poder llevar a mi hija a la escuela en unos minutos y llevarla a comer a su restaurante favorito».

«Estoy agradecido de que estoy compartiendo este mensaje en un libro que ayudará a alguien en el futuro».

«Estoy agradecido de que tengamos unas vacaciones familiares dentro de un mes y todos parecen emocionados por ir».

«Estoy agradecido por...».

Es así de fácil. Se tarda tres minutos como mucho. Incluso puede ser más rápido si es necesario.

El problema no es encontrar ocho. El problema es detenerse en ocho, porque una vez que le das a tu mente algo a lo que aferrarse y en torno a lo que gravitar, seguirá en esa dirección por sí sola. Puede ser un comienzo lento, pero notemos que Pablo dijo «llenos de gratitud». Eso significa que, una vez que abres ese grifo, la fe sigue fluyendo. El favor sigue fluyendo. Eso es lo que quieres. El objetivo es sacar tu mente de un flujo negativo y llevarla a uno positivo.

Cuando te encuentres en un estado mental abrumado, no intentes detener la avalancha de ansiedad. Enfréntala con agradecimiento. Combínala con gratitud. Dale a tu mente algo diferente a lo que aferrarse y hacia lo que gravitar que no sean las cosas malas que sucedieron ayer o que podrían suceder hoy. Tu mente puede ir en esa dirección por sí sola. Dale una dirección alternativa. Dale algo más constructivo que hacer.

Ahora bien, ten en cuenta que la gratitud no es la *única* forma de lidiar con la ansiedad y otros sentimientos difíciles, y quizá haya veces en las que necesites hacer algo más que una práctica rápida de gratitud. Eso depende de ti, porque eres quien mejor te conoce. Compartí anteriormente que veo a un terapeuta regularmente, así que soy un gran defensor de aprovechar las estrategias y los recursos que funcionen para ti, incluida la búsqueda de ayuda profesional.

Además, no uses la gratitud como una máscara para cubrir problemas reales que necesitan ser abordados. Eso es una forma de evasión espiritual, que es cuando usas un lenguaje espiritual para evitar hacer cambios prácticos. Si tienes que lidiar con algunos asuntos, ocúpate de ellos. Si estás llamado a superar algunos problemas o enfrentar algunos desafíos de frente, no uses la gratitud como una excusa para pasar por la vida al estilo *hakuna matata* en lugar de hacer el trabajo.

Lo que estoy diciendo es que la gratitud te ayudará a detener muchos pensamientos y sentimientos oscuros antes de que se conviertan en algo más profundo. Por eso llamé a esto material de lucha callejera. Es una estrategia que puedes agarrar a mitad de una reunión o mientras estás esperando en una fila, cuando tu mente comienza a divagar por caminos de negatividad y tienes que encontrar un camino de regreso.

Imagino mi mente un poco parecida a Bo, nuestro Boston terrier. Bo es el perro que Holly, Graham y Abbey me rogaron que les comprara. También es el perro que mordió mis lentes de sol Ray-Ban favoritas el otro día.

¿Qué haces para evitar que un perro muerda tus lentes de sol? Regalárselo a otra persona. Estoy bromeando. Mis hijos me matarían.

Ahora en serio, le das otra cosa para morder, algo que esté diseñado para morderse. Lo distraes dándole otra cosa que hacer.

No pretendo comparar tu hermoso y capaz cerebro con un Boston terrier, pero creo que la imagen encaja. Al menos encaja para mí. Si no gestionas tu mente, comenzará a fabricar aún más negatividad, fusionando recuerdos para hacer que eventos dolorosos sean incluso peores y hacerte sentir más miserable de lo que ya te sientes. No se necesita ayuda para armar una lista de todas las cosas que no te gustan de tu vida. En lugar de eso, dale una lista de GRATITUD. Haz que

> No solo estás agradecido *por* las cosas: estás agradecido *con* Aquel que te las dio.

piense en la bondad de Dios, la gracia de Dios, la soberanía de Dios que hace que todo se disponga para tu bien. Luego puedes regresar a tu vida, incluidas las cosas que no te gustan, y abordarlas desde un nivel más elevado.

Utiliza la gratitud para involucrar tu fe en Dios. Él es la fuente de lo que tienes y lo que necesitas. No solo estás agradecido *por* las cosas: estás agradecido *con* Aquel que te las dio. Eso es algo que a veces se pierde cuando se enseña la gratitud como una práctica. No deberíamos estar agradecidos con ese regalo; estamos agradecidos con el Dios que nos da el regalo. Si Él se lo lleva, puede darnos otro. Hay una estabilidad interna profunda en ese tipo de fe.

¿Cuándo deberías practicar la gratitud? Siempre que lo necesites. De hecho, incluso *antes* de necesitarlo.

Contraté a un entrenador vocal para que me ayudara a manejar el desgaste que ha sufrido mi voz después de años de hablar. Una de las primeras cosas que hizo fue darme una grabación de ejercicios de calentamiento con sonidos tontos. Estos ejercicios no son para cuando sienta dolor. Si espero a sentirlo, es más difícil lidiar con él. Un mejor plan es prepararme con anticipación para que, cuando hable, mi voz esté fuerte.

Lo mismo sucede con mi actitud. ¿Cuándo debería ser agradecido? Cuando necesite serlo, o incluso antes de necesitarlo. Antes de contestar bruscamente a alguien en lugar de escucharlo, o al menos antes de responder bruscamente por tercera vez. Antes de rechazar demasiado rápido la idea de alguien en lugar de dejar que respire un poco. Antes de sentir que comienzo a tensarme en mis emociones, mi estado de ánimo o mi fe. Al margen de la situación que esté atravesando o a punto de enfrentar, puedo tomarme el tiempo para calentar mi corazón agradecido.

Es posible que hayas sido programado según un patrón de pensamiento más pesimista, siempre encontrando lo que está mal. Llamaste a eso ser «realista». Pero ¿estás siendo realista o simplemente reactivo? ¿Estás siendo honesto o simplemente permites que todo a tu alrededor te controle? Si no rebosas de agradecimiento, probablemente tendrás una mente invadida por la ansiedad e inundada por el miedo.

Permíteme compartir contigo un ejercicio más. Aunque es estupendo dar gracias a Dios por las pequeñas cosas que vienen a tu mente al azar, también puede ser útil reflexionar profundamente sobre lo que más agradeces.

Recientemente, en una de mis famosas fases de tristeza, cuando parecía que no podía encontrar una sola cosa que estuviera haciendo bien en mi vida, me topé con otra estrategia de gratitud. Comenzó con esta pregunta: *Si perdiera lo que más amo, ¿qué daría por recuperarlo?*

Lo primero en lo que pensé, y lo que más amo, fue Dios. Pero no puedo perder mi relación con Dios. Así que lo llevé al nivel humano. Si perdiera a Holly, mi esposa, a quien amo más que a cualquier otro ser humano, ¿qué daría por recuperarla?

La respuesta llegó de manera instantánea, automáticamente.

Todo.

Daría todo por recuperarla.

Entonces, ¿qué tengo en este momento? Todo. Ya lo tengo todo. Si daría todo por recuperarla y la tengo, entonces lo tengo todo.

Una vez que comencé a pensar de esta manera, la lista siguió aumentando. Si perdiera a mis hijos, ¿qué daría por tenerlos de regreso? Todo. Gastaría cada dólar, sacrificaría cada sueño, pasaría por cualquier inconveniente. Daría todo por recuperarlos. Los tengo, así que tengo todo. Más tarde ese día, cuando los niños llegaron a la casa de la escuela, tenía una perspectiva menos molesta. Claro, aún peleaban y discutían y hacían un lío en la mesa; sin embargo, me di cuenta de que, incluso en ese desorden, había un milagro que muchas veces doy por sentado.

Ahora bien, tal vez *has* perdido algo que no puedes recuperar. No quiero causarte dolor al incluir estos comentarios. Pero incluso en la mayor pérdida, estoy seguro de que hay alguien o algo que viene a tu mente que tienes actualmente. ¿Qué significa esa relación o bendición para ti? Y dado que lo tienes, ¿cuánto tienes? ¿Cuán agradecido puedes estar por ello?

Más allá de las relaciones humanas, tienes el perdón de tus pecados y la paz con Dios. Si perdieras eso, darías todo por recuperarlo. Tienes paz con Dios en este momento.

Tienes el perdón de tus pecados en este momento. Así que lo tienes todo.

Tienes aire en tus pulmones en este momento. Si perdieras la capacidad de respirar, ¿qué darías por tenerla otra vez? Todo. Por lo tanto, con cada respiración que tomas, recuérdate a ti mismo: «Tengo todo lo que necesito en este momento. Tengo a Jesús. Tengo al Espíritu Santo. Mi corazón está lleno de alabanza».

> Tienes paz con Dios en este momento. Tienes el perdón de tus pecados en este momento. Así que lo tienes todo.

Esto no significa que no haya deseos aún por cumplir. No significa que no haya problemas dolorosos. Es solo una perspectiva para estabilizarte cuando el mundo parece derrumbarse a tu alrededor, y es una estrategia para gestionar tu alegría.

Tú eliges. Haz el cambio. Las herramientas están en tus manos para que las uses.

Un corazón agradecido es un corazón estable, y un corazón estable conduce a una vida estable. Así que hazlo ahora mismo. Piensa en tus ocho cosas por las que estás agradecido. Dilas en voz alta si puedes. Traza la silueta de tus dedos si eso te ayuda. Recuérdate a ti mismo la mano de Dios en tu vida.

Uno...dos...tres...cuatro...cinco...seis...siete...ocho.

¡Adelante!

CAPÍTULO 21

CONFIANZA HORRIBLE

Holly estaba fuera de la ciudad, y para darme un capricho, busqué en Google «conciertos en Charlotte esta noche». Pensé que podría ver a una de mis bandas favoritas de los años noventa en una gira de nostalgia, o tal vez ir a un espectáculo de rock independiente que me hiciera sentir actual.

En cambio, terminé en una cantata de Mendelssohn.

Estaba bastante orgulloso de mí mismo. Incluso me puse un traje. Cuando Holly llamó para comprobar esa noche, le dije: «No te vas a creer a dónde me fui yo solo». No lo creyó. No solo se me conoce por ser solitario cuando se me da la opción, sino que también me siento mucho más cómodo en un concierto de rock que en una sinfonía.

La pasé bien. Me impresionaron los músicos. Tal vez incluso me intimidaron un poco, porque comprenderían más sobre la música incluso estando en estado de coma que yo en mi mejor estado. Pero más allá de todos los fagots y los instrumentos de metal que probablemente no podría identificar correctamente, hubo una cosa que no pude superar: toda la cantata estaba en alemán. No sabía eso cuando compré las entradas.

Ahora bien, comprendo que la música clásica llega a muchas personas a nivel subconsciente y súper refinado que un guitarrista de punk rock como yo nunca podría entender; pero para mí, la mitad de mi amor por la música está ligado a las letras. Algunas personas dicen que no prestan atención a las palabras, pero yo soy totalmente lo opuesto. Claro que pude seguir el hilo emocional de la cantata a través de la música, pero sin las palabras, me perdí mucho.

¿Por qué menciono esto? No para presumir de lo culto que soy; si acaso, creo que esta historia está demostrando lo contrario. Más bien, es porque quiero destacar un salmo que es muy significativo para mí, uno que creo que es muy profundo en su aplicación para nosotros hoy, pero parte de la belleza y el mensaje del salmo se pierden en la traducción.

Ese salmo es el Salmo 34. Desde un punto de vista lírico, este salmo es una obra maestra. Es un poema acróstico. No se puede ver en la traducción al español, pero cada verso comienza con una letra diferente del alfabeto hebreo. Cuando lo lees en español, pierdes algo de esa grandeza. Te estás perdiendo algo, al igual que yo cuando asistí a la cantata de Mendelssohn en alemán.

En su esencia, este salmo habla sobre confiar en Dios *en la vida real*, no solo cuando estás cantando canciones en la iglesia, no solo cuando las cosas van bien, no solo cuando te sientes espiritual y estás lleno de fe, sino cuando el mundo parece desmoronarse a tu alrededor.

Leamos los cuatro primeros versículos. Utilizo la versión Reina-Valera 1960, porque se oye mejor.

«Bendeciré a Jehová en todo tiempo; su alabanza estará de continuo en mi boca. En Jehová se gloriará mi alma; lo oirán los mansos, y se alegrarán. Engrandeced a Jehová conmigo, y exaltemos a una su nombre. Busqué a Jehová, y él me oyó, y me libró de todos mis temores».

Hay dieciocho versículos más que continúan en el mismo tono. Es inspirador, ¿verdad? Tanta fe. Tanta elegancia. Incluso sin poder entender hebreo o admirar la destreza literaria, puedes ver la belleza aquí.

¿Por qué es esto importante para nosotros hoy? Hay dos razones. En primer lugar, el mensaje de este salmo debió haber sido importante para David, porque le dedicó tiempo. Trabajó mucho en ello, y se nota. Es elocuente, poético, y está hecho de manera experta. Quiere que nos tomemos el mensaje de este salmo muy en serio.

En segundo lugar, significa que no fue una oración espontánea en tiempo real, porque nadie ora a través del alfabeto cuando lo está pasando mal. No haces oraciones artísticamente organizadas cuando tienes una pila de facturas delante y no puedes pagar ninguna de ellas. No haces oraciones alfabéticas cuando tus hijos actúan como si necesitaran tres medicamentos diferentes. No elaboras oraciones que son obras maestras literarias cuando comienzan a despedir a personas más calificadas que tú, y te preguntas: «Bueno, si los despidieron a *ellos*, ¿seré yo el siguiente?».

Clamas. Gritas. Dices exactamente lo que hay en tu corazón, y generalmente no es bonito.

Si tomas este salmo al pie de la letra, casi podrías sentirte intimidado por lo bueno que es David al alabar. Parece saber más sobre fe y confianza en estado de coma que yo en mi mejor estado. Así de magnífico y elocuente es. Pero no es muy realista si lo tomas literalmente.

¿Quién habla así cuando está atravesando momentos difíciles? ¿Alguien bendice al Señor en *todo* momento? ¿O lo alaba *de continuo*? Es un estándar muy alto. Yo no hago eso. Escuchaba a Metallica de camino a la iglesia el otro día. Era temprano en la mañana y necesitaba algo que me despertara, y Mendelssohn simplemente no podía hacerlo. Sin ofender a Félix, pero necesitaba a James Hetfield para arrancar. No creo que alabar a Dios de continuo signifique tocar solamente canciones de géneros cristianos.

David no solo dice que alaba a Dios de continuo, sino que también usa frases como «se gloriará mi alma». No creo que haya usado «gloriarme» al hablar. No le digo a Holly: «Me glorío en ti, por lo bien que cuidas a nuestros hijos». Cuando el perro tonto escapa de la casa, no les digo a mis hijos: «¡Apresúrense a perseguir a la bestia! ¿Lo buscaron en la casa del vecino? Búsquenlo mientras pueda ser hallado».

Yo no hablo en ese tono, y definitivamente no oro así cuando estoy atravesando momentos dolorosos. Si me golpeo el dedo del pie con la mesa del café, no digo: «Oh, alabo al Señor por una mesa de café en la que golpeo mi dedo del pie. Algunas personas en algunas partes del mundo no tienen mesas de café, ni los granos que hacen el café. Te bendigo en todo momento, Señor. Te bendigo por los granos y te bendigo por los golpes». En momentos como ese, la palabra que me viene a la mente no es «gloriarme». Comienza con *m* y termina con *a*, pero no es «gloriarme».

Tal vez pienses que confiar en Dios siempre debería ser como poesía, pero te dan ganas de maldecir algunas veces, y eso no parece espiritual en absoluto. Sabes que deberías estar alegre y contento, pero es difícil conciliar la dicha que esperas con el desorden que estás experimentando.

Está bien. No dejes que el diablo te diga que tu fe es falsa solo porque tus sentimientos están por todos lados o no ves un camino adelante.

> No dejes que el diablo te diga que tu fe es falsa solo porque tus sentimientos están por todos lados o no ves un camino adelante.

Te estás presionando de la manera equivocada, porque cuando digo: «Estar alegre es mi tarea», cuando hablo de que debería estar lleno de la paz y la alegría de Dios, eso no significa que mi proceso siempre será bonito. A veces es realmente horrible.

¿Has oído hablar del llanto horrible? Yo llamo a esto confianza horrible. Y es algo en lo que David era realmente bueno.

Aquí está el trasfondo del Salmo 34. David todavía no era rey. Algunos años antes había matado a Goliat, un gigante de la ciudad filistea de Gat, y se había convertido en un guerrero famoso y un héroe del pueblo. Eso molestó mucho a Saúl, el rey actual impulsado por el ego, mayormente demente, y trató de matar a David. Comprenderás que eso asustó a David, y huyó para salvar su vida.

Desesperado, David salió de Israel, fue a Gat y se

reunió con su rey, llamado Aquís. Ahora les tocaba a los *filisteos* tener miedo, lo cual también es comprensible. No estoy seguro de por qué David pensó que era una buena idea que un matagigantes que llevaba la espada del gigante muerto buscara ayuda en la ciudad natal del gigante. La gente de Gat lo tomó como una amenaza, y comenzaron a circular rumores y contraamenazas.

Creo que eso es interesante. David estaba huyendo asustado, pero el enemigo tenía miedo de él. ¿Sabes que tu enemigo te reconoce? A veces, tu enemigo sabe de lo que eres capaz más que tú mismo. Ese no es mi punto principal aquí, pero es algo para pensar.

David se dio cuenta rápidamente de que su vida estaba en peligro, así que hizo lo único que se le ocurrió para demostrar que no era una amenaza para nadie: fingió estar loco. Rasguñaba las puertas y dejaba que la saliva le corriera por la barba.

Funcionó. El rey de Gat lo etiquetó de lunático y lo dejó ir.

Ponte en el lugar de David por un momento. ¿Te imaginas lo que sintió? Ya estaba bajo la mayor presión de su vida mientras huía de Saúl, y entonces empeoró cuando llegó a Gat. Estaba literalmente a punto de morir. Podía ver a la gente mirándolo de reojo y poniendo sus manos en sus espadas. Probablemente no fue tan difícil hacerse el loco, porque ya había alcanzado su punto de quiebre emocional y mental. Entonces, tuvo que añadir humillación a la desesperación. Sufrió burla, desprecio y despido. Sacrificó su dignidad para escapar con vida.

Y fue *entonces* cuando David escribió este salmo.

No mientras estaba sentado bajo cielos azules y un olivo a la vez que tocaba el arpa. No mientras contemplaba las ovejas que pastaban junto a aguas tranquilas.

Lo escribió con saliva en la barba y astillas debajo de las uñas.

Y ahora, eso nos lleva de nuevo a la pregunta: ¿qué significa realmente decir: «en Jehová se gloriará mi alma»? Porque David no estaba orando de rodillas en el templo en esta historia. No estaba ofreciendo sacrificios, ni quemando incienso ni cumpliendo una promesa a Dios. No estaba recitando poemas en orden alfabético, ni hablando con vocabulario ostentoso.

Estaba escondiéndose de Saúl. Se estaba humillando ante Aquís. Estaba huyendo de un loco y fingiendo demencia, todo mientras ideaba su próximo paso desordenado.

Te digo esto porque a veces hablamos muy elegantemente sobre la fe, pero David estaba garabateando sin sentido en los postes de las puertas en territorio enemigo cuando escribió: «en Jehová se gloriará mi alma». Tenemos que ampliar nuestra comprensión de buscar, confiar y creer. Estas cosas son más complicadas de lo que pensamos y más prácticas de lo que imaginamos. Y podríamos ser mejores en ellas de lo que solemos creer.

Gloriarse en el Señor no solo significa ir a la iglesia. No solo significa hacer una oración, cantar una canción o leer un capítulo de la Biblia. No solo significa escuchar música de adoración en la cocina o citar un versículo al día para mantener alejado al diablo. No estoy diciendo que *no* hagas esas cosas, pero no puedes hacer esas cosas todo el tiempo. Nadie puede.

Algunos días, estás sentado en la sala de espera del médico esperando otra sesión de quimioterapia. Vas a terapia de pareja y te preguntas si tu matrimonio va a durar. Estás tratando de pedir dinero prestado para mantener a flote tu negocio. Puedes orar en esos momentos, pero las oraciones pueden no ser bonitas. Está bien. Sigue siendo fe. Sigue siendo confianza. Es tan solo confianza horrible.

Tal vez el diablo intente decirte que tu fe no es real porque estás al límite. Yo argumentaría que quizá sea cuando más real está siendo. Estás en ese espacio entre clamar a Dios y ver su respuesta.

Es un lugar difícil, pero recuerda, sin embargo, que uno de los salmos más hermosos de la Biblia provino de una de las situaciones más desagradables. David buscó al Señor con saliva en su barba. Algunos de los testimonios más hermosos de tu vida comenzarán con fealdad. Emociones horribles. Opciones desagradables. Pasos horribles.

Confianza horrible.

Puede que te preguntes por qué estoy hablando de la confianza en una sección que trata sobre la alegría. Esta es la razón. «Aprópiate de tus emociones» no significa tener solamente pensamientos felices todo el tiempo. No eres Peter Pan intentando volar. Apropiarte de tus emociones significa que te das espacio a ti mismo para sentir todas las emociones, pero no permites que te definan. Las admites, pero no te sometes a ellas. Sientes y confías. Tienes miedo y crees.

David lo sabía. Dijo que Dios lo libró de todos sus temores. Espera un minuto, David. ¿Temores? Pensé que tenías fe. ¿Cuál es la verdad? ¿Estabas bendiciendo a Dios o angustiándote? ¿Estabas escribiendo canciones o preguntándote si saldrías vivo de ello? ¿Era eso alabanza en tu boca o baba en tu barba?

Sí y sí.

Era ambas cosas.

Era todo eso.

Confiar en Dios no significa que nunca tendrás pensamientos temerosos. Buscar a Dios no significa que nunca sentirás que estás enloqueciendo. La verdad es que nadie sabe realmente por lo que estás pasando. Nadie sabe por lo que tienes que luchar. Nadie sabe cuán cerca estuviste de renunciar, cuánto luchas con sentir que eres suficiente, cuán difícil ha sido para ti pelear por estos catorce meses de sobriedad, cuánta determinación se necesita para seguir presentándote en tu trabajo, cuán tensa y difícil ha sido esa situación en tu hogar.

Nadie más lo sabe, pero Dios te ha escuchado. Cuando clamaste, Él te oyó. Cuando oraste, Él te escuchó. Te escuchó y va a responder. Él te va a librar. Verás su fidelidad. No sabes cómo ni cuándo, y no sabes qué pasos seguirás para llegar allá, pero Dios sí lo sabe.

Por lo tanto, no te sientas culpable por sentir miedo mientras sigues a Dios. No mires tu miedo y critiques tu fe. No pienses que solo porque estás desesperado estás decepcionando a Dios. Eso no es hipocresía; es humanidad. Es confianza horrible.

Recuerda que David no hablaba tan poéticamente y pacíficamente mientras pasaba por todas esas cosas. Estaba murmurando como un loco. Se comportaba de manera extraña, y probablemente se preguntaba si estaba volviéndose loco, y llamó a todo ese proceso loco «buscar a Dios».

Así que no esperes algo bonito. Lo bonito son los poemas acrósticos y las oraciones con lenguaje rimbombante. Lo bonito son las sinfonías y las orquestas. Lo bonito es cuando ves la respuesta y te gozas en la liberación. Llegará el momento para lo bonito, y será hermoso.

Ahora necesitas lo práctico. Lo práctico es hacer *lo mejor que sigue*, porque no puedes hacer lo que realmente quieres hacer. La Biblia dice que más adelante David seguía huyendo de Saúl, y pensó: «Un día de estos voy a morir a manos de Saúl. Lo mejor que puedo hacer es huir a la tierra de los filisteos. Así Saúl se cansará de buscarme por el territorio de Israel, y podré escapar de sus manos» (1 Samuel 27:1).

Así que David fue a Gat por *segunda* vez. Recuerda que la primera vez lo vieron como una amenaza debido a su fama por matar al gigante y su estrecha conexión con Saúl. Sin embargo, ahora las cosas habían cambiado. Había sido un proscrito conocido que huía de Saúl por mucho tiempo, así que ya no era una amenaza. En todo caso, lo habrían visto como un aliado, porque a los filisteos tampoco les gustaba Saúl.

Solo puedo imaginar las emociones que debió sentir al atravesar nuevamente las puertas de la ciudad. Este no era el lugar donde deseaba estar. No era donde quería construir una casa y criar a sus hijos. Por eso llamó a este paso «lo mejor que puedo hacer». Realmente no era lo mejor, porque lo mejor habría sido regresar a su hogar sano y salvo, pero era lo mejor que podía hacer *dadas las circunstancias*.

Cuando dijo lo mejor, realmente se refería a la segunda mejor opción, o la siguiente mejor opción.

Así es como David buscó al Señor. Haciendo lo mejor que sigue. «Lo mejor que sigue» significa dos cosas al mismo tiempo. Significa que David hizo la segunda mejor opción, porque la mejor opción no era una posibilidad. E hizo lo siguiente, dio el siguiente paso, porque no podía simplemente rendirse.

Buscó al Señor *dando* pasos. Sus acciones fueron la prueba de su fe. Fueron su oración no expresada.

Así es como también tú buscas al Señor. Así es como confías en Él. A veces, eso es lo único que puedes hacer. Haces lo siguiente mejor que puedes hacer, incluso cuando desearías poder hacer algo mejor, incluso cuando no puedes ver el final, confiando en que Dios te guiará a medida que avanzas.

Es una confianza horrible.

Estás estresado, pero aún estás buscando. Estás cansado, pero aún estás confiando. Estás preocupado, pero aún estás avanzando, mirando hacia adelante, dando pasos de fe lo mejor que sabes. Es una confianza marcada por el camino, llena de cicatrices de batalla, con lágrimas en los ojos, con babas en la barba, pero sigue siendo confianza. Sigue siendo fe. Sigue siendo esperanza. Sigue siendo alabanza.

> Es una confianza marcada por el camino, llena de cicatrices de batalla, con lágrimas en los ojos, con babas en la barba, pero sigue siendo confianza. Sigue siendo fe. Sigue siendo esperanza. Sigue siendo alabanza.

Y algún día, como David, dirás: «Lo busqué cuando no podía verlo. Estaba palpando en la oscuridad, avanzando a tientas en la fe, pero no podía sentirlo. Lo busqué, y hubo un espacio, y por un tiempo me pregunté si lo lograría, pero Él me escuchó y me liberó».

Para David, hubo un espacio de siete años. No siete días. No siete meses. Siete *años* en los que Saúl lo persiguió. Siete años en los que hizo su hogar en cuevas. Siete años en los que lidió con el miedo y la depresión. Esta historia en Gat fue solo un incidente de muchos. No buscó al Señor una sola vez. Tuvo un estilo de vida de recurrir a Dios, apoyarse en Dios, seguir a Dios. Hizo muchas cosas de la siguiente mejor manera en ese tiempo. Vivió en más de una decena de lugares durante los años que escapó de Saúl. A menudo iba solo un paso por delante, y era agotador. Hubo momentos en los que pensó que iba a morir. Pero no se rindió. Confió.

¿Te has sentido así? ¿Lo estás viviendo en este momento en algún área de tu vida? Tal vez estás esperando un veredicto legal. Tal vez estás tratando de encontrar un lugar para vivir, o quizá estás trabajando en un conflicto relacional. No puedes ver la solución y te preguntas si Dios lo sabe o le importa.

Ahí es donde entra la confianza. Es entonces cuando tu fe se eleva por encima del nivel de tus emociones. Es cuando entregas tu camino al Señor. Es cuando planeas tus pasos, pero dejas que el Señor dirija tus caminos. Es cuando haces lo mejor que sigue.

Dentro de tres meses podrías estar escribiendo poesía acróstica sobre todo lo que Dios ha hecho. Podrías estar contándole a alguien tu testimonio con lágrimas de alegría en los ojos. Pero, en este momento, es desagradable. Ahora mismo no puedes ver el final, así que solo necesitas hacer lo mejor que sigue.

«Me encantaría llevar a mis hijos a la escuela todos los días, pero solo los veo cada dos fines de semana. Así que, cuando los tenga, voy a aprovecharlo al máximo, porque eso es lo mejor que sigue».

«Me encantaría tener a alguien con quien dar largos paseos por la playa, pero no tengo a nadie y no tengo una playa, así que voy a subirme a esta caminadora, escuchar un podcast y dar un paseo yo solo, porque eso es lo mejor que sigue».

«Me encantaría estar mejor en mis finanzas en este momento, pero no lo hice todo bien, y algunas cosas me sorprendieron en el camino, así que voy a hacer lo mejor que sigue y comenzaré a manejar mi dinero ahora».

¿Cuál es lo siguiente mejor que puedes hacer? Eso es todo lo que tienes que hacer. No tienes que descifrar las próximas cincuenta cosas. Eso le corresponde a Dios.

A veces va a ser feo. Pero ¿sabes lo que significa «feo» para mí? *Hasta que Dios te levante.* Incluso tengo un versículo para eso. «Humíllense, pues, bajo la poderosa mano de Dios para que él los exalte a su debido tiempo. Depositen en él toda ansiedad, porque él cuida de ustedes» (1 Pedro 5:6-7).

Humildad es confiar en que Dios hará lo que solo Él puede hacer, y hacer lo que Él dice que tú puedes hacer. Humildad no es exigir estar en control y saberlo todo en cada momento, sino dar el siguiente paso en obediencia a

268

268 ¡RENUÉVATE!

> Humildad no es exigir estar en control y saberlo todo en cada momento, sino dar el siguiente paso en obediencia a Dios, confiando en que Él te levantará en el momento adecuado, «a su debido tiempo».

Dios, confiando en que Él te levantará en el momento adecuado, «a su debido tiempo».

Dios te levantará a su *debido* tiempo. Entonces, ¿qué *harás* mientras tanto?

Puede que no sea una temporada bonita, pero aun así puede ser una temporada de alabanza. Puede seguir siendo una temporada de oración. Puede seguir siendo una temporada de confianza. Puede que sean alabanza y oración horribles, pero está bien. Puede que sea confianza con saliva en la barba, costra en los ojos, lágrimas en la almohada, confianza de noches sin dormir, pero está bien. Sabes que, cuando lo buscas, Él te escucha. Cuando clamas, Él está escuchando.

Así que puedes decir: «Bendeciré a Jehová en todo momento. Confío en ti, Dios. Confío en ti para mi futuro. Confío en ti para mi familia. Confío en ti para mis hijos. Confío en ti en esta decisión. Confío en ti en esta economía. Confío en ti en este traslado. Confío en ti en esta transición».

Ya sea que estés escupiendo y rascándote, o que estés componiendo letras de alabanza, sigue siendo confianza. Sigue siendo oración. Sigue siendo búsqueda.

Y pronto, a su debido tiempo, en el tiempo de Dios, podrás cantar con David: «Busqué a Jehová, y él me oyó, y me libró». Él te levantará a su debido tiempo. ¿Qué harás mientras tanto?

A veces pasamos por alto el hecho de que Dios no solo creó las emociones, sino que Él *tiene* emociones. Él es emocional, y fuimos creados a su imagen. No es de extrañar que las emociones tengan un papel tan fundamental en nuestras vidas. A Dios no le molestan tus emociones, ni le confunden ni se frustra con ellas, como a menudo me sucede a mí cuando aparecen en mis hijos adolescentes. En cambio, Dios es el padre perfecto que quiere ayudarte a sacar el máximo provecho de tus emociones. Ese es el corazón que hay detrás de la mentalidad: «Estar alegre es mi tarea». Puedes encontrar estabilidad y paz en Dios, y no es necesario que niegues tus deseos y sentimientos en el proceso. Tu alegría es tu tarea, pero tu Dios es tu fuente.

A la luz de este conocimiento, ¿cuál es la siguiente mejor cosa que puedes hacer *ahora mismo*? Al avanzar hacia la sexta y última mentalidad, vamos a explorar maneras de «aceptar tu presente». ¿Cómo das el siguiente mejor paso? ¿Cómo haces eso que harías? Esta última mentalidad es la que te preparará para el éxito en cualquier periodo o situación en la que te encuentres: *Dios me ha dado todo lo que necesito para la temporada en la que estoy.*

«DIOS ME HA DADO TODO LO QUE NECESITO PARA LA TEMPORADA EN LA QUE ESTOY».

PASO DE ACCIÓN:

ACEPTA TU PRESENTE.

CAPÍTULO 22

MIRA A LA IZQUIERDA

Recientemente recibí una nota de un joven de mi iglesia llamado Trenton. Trenton tiene veintitrés años, y sufre parálisis cerebral. Él sirve en el equipo de bienvenida en nuestro campus de Lake Norman cada dos domingos. Todos los que lo conocen dicen que su energía es contagiosa.

Me escribió para dejarme saber cuánto le habían alentado uno de mis sermones recientes y una canción que habíamos compuesto. La canción se titulaba «Tú lo puedes todo», y en el sermón yo prediqué lo que compartí anteriormente cuando Dios le ordenó a Gedeón: «Ve con la fuerza que tienes».

Trenton me dijo que el sermón fue profundamente significativo para él. Dijo: «Yo tengo una discapacidad. Así es como me define la gente, pero cuando predicaste sobre Gedeón y dijiste "ve con la fuerza que tienes", comprendí algo. Aunque puede que yo esté limitado desde una perspectiva humana, Dios puede hacer cosas grandes por medio de mi vida».

Esa es una verdad muy hermosa, y habló a mi corazón

cuando leí la nota. Trenton puede que tenga una limitación física, pero ha desarrollado una fuerza espiritual increíble. Donde otros ven una discapacidad, Él ve la capacidad de Dios, y eso es lo que más importa. Trenton ve la perspectiva de sí mismo más plena y más precisa.

¿Tienes tú esa perspectiva? ¿Puedes ver esa versión de ti? ¿Ves la capacidad de tu Dios, o la discapacidad de tu deuda, o de tu enfermedad, o de tu fracaso, o de tu carencia? Todos tenemos limitaciones que pensamos que podrían evitar que veamos a Dios hacer cosas grandes en nuestras vidas. En lugar de permitir que nos detengan, necesitamos permitir que el «ve» de Dios convierta cualquier discapacidad en la capacidad de Dios.

Esta disposición a confiar en la gracia de Dios en toda situación está en el corazón de la mentalidad que dice: «Dios me ha dado todo lo que necesito para la temporada en la que estoy». Gedeón experimentó esa gracia, como vimos en capítulos previos, y muchos otros héroes de la Biblia también la experimentaron. Cuando dieron un paso de fe, vieron la provisión de Dios perfectamente oportuna para cada circunstancia.

Quiero que veamos ahora a otro héroe en el libro de Jueces que estaba preparado de modo único para su papel. Su nombre fue Aod. La historia de Aod normalmente no se enseña en la escuela dominical, y hay un motivo para eso. Es realmente desagradable; no es algo que uno quiere leer mientras come.

En el momento en que Aod entra en escena, Israel había estado bajo el poder de Moab por dieciocho años. Tenían que pagar un tributo anual, y Aod estaba a cargo de llevar ese tributo al rey moabita llamado Eglón.

Lo primero que nos dice la Biblia es que ese Aod era un hombre zurdo. Ese es un detalle importante. En aquella cultura, las personas zurdas eran consideradas frecuentemente soldados menos que ideales. Irónicamente, Aod era de la tribu de Benjamín, que significa literalmente «hijo de mi mano derecha». Por lo tanto, en cierto sentido, Aod no encajaba en su propia tribu y tampoco encajaba en el molde de un guerrero.

Aod debió estar harto del dominio de Moab, así que decidió tomar las riendas con sus propias manos; con su mano *izquierda*, para ser precisos. Cuando llegó el momento de llevar el tributo a Eglón, él se hizo un puñal de un codo de largo y lo ocultó debajo de su capa, sujeto a su muslo derecho. Entonces fue a ver al rey Eglón, que la Biblia menciona concretamente que era un hombre muy gordo. Imaginemos a Luke Skywalker confrontando a Jabba el Hutt.

Cuando Aod le presentó el pago, le dijo al rey que tenía un mensaje secreto para él. Por lo tanto, Eglón ordenó que todos se retiraran. Cuando Aod se acercó al rey, extendió su mano izquierda, sacó el puñal que llevaba en el muslo derecho, y lo clavó profundamente en el estómago de Eglón. El rey no lo vio llegar, porque salió desde la izquierda.

Es aquí donde la escena se pone realmente sangrienta. La Biblia dice que la grasa del vientre de Eglón rodeó el puñal y lo cubrió por completo, y que se le salieron los excrementos del intestino. Aod cerró la puerta con llave, dejó el cuerpo donde había caído, y salió por una ventana del piso superior. ¿Cómo? Parece que, gateando por el inodoro privado del rey, que probablemente se había vaciado en una cámara por debajo. Entonces escapó sin ser visto. Podrían haberlo olido, pero no lo vieron. Salió de allí y levantó un ejército, lideró una revuelta, y libró a la tierra del poder de Moab.

¿Por qué te estoy diciendo todo esto? No para arruinar tu apetito, sino para ilustrar un punto: *Dios con frecuencia hace cosas de un modo improbable.*

De un modo secreto.

De un modo que nadie vio llegar.

En un momento en el que nadie esperaba que ocurriera.

Usando a alguien que nadie pensaba que podría hacerlo.

Quiero que te hagas esta pregunta: *¿Cuál es el arma secreta que Dios ha puesto en mi mano izquierda? ¿Cuál es el arma secreta en la que Dios me está convirtiendo?*

En otras palabras, ¿cuál es esa cosa inesperada que Dios quiere hacer a través de ti? ¿Cuál es el modo inesperado en que Él quiere suplir tus necesidades? ¿Cuál es la habilidad inesperada que Él te ha dado? ¿Cuál es la situación inesperada para la cual tú serás la solución?

Tal vez estás atravesando algunos retos y tienes cierta expectativa de cómo tienen que resolverse las cosas. Quizá ha estado orando muy concretamente, diciéndole a Dios con exactitud cómo podría solucionar esto o arreglar aquello. Sin embargo, ¿y si lo estás mirando del modo erróneo? ¿Y si estás buscando ayuda en las cosas equivocadas? Estás esperando estrategias de mano diestra y Dios te hizo zurdo. Tal vez ya tienes lo que necesitas, pero has estado mirando la mano equivocada.

Estoy seguro de que Israel estaba buscando un líder llamativo con una estrategia de batalla infalible y un ejército sofisticado. En cambio, tuvo a un llanero solitario zurdo con un puñal hecho por él y un plan de escape que sacó de las tortugas ninja mutantes. Nadie vio llegar eso.

Y por esa razón funcionó.

Solamente Aod pudo hacer eso. Y solamente tú puedes hacer lo que Dios te está llamando a hacer.

Por eso no puedes compararte con nadie. No puedes descartarte a ti mismo diciendo: «Ah, *esa* es la persona adecuada. Lo hace del modo correcto. Mira cuán inteligente es. Mira cuán carismático es. Mira lo que le enseñaron sus padres. Mira lo que heredó. Es la opción obvia».

Tú no sabes lo que Dios quiere hacer contigo. Esa persona tiene en su mano derecha todo lo que tú no tienes, pero Dios ha puesto algo en tu mano izquierda, y nadie lo verá llegar. El enemigo no sabrá qué fue lo que lo golpeó. Deja de hablar de lo que no tienes en tu mano derecha y comienza a mirar la izquierda. Otro podría ser «diestro» según lo que se espera, lo que es normal y obvio, pero si Dios es zurdo, la diestra de ellos es equivocada.

Tienes que creer que Dios te está mirando *a ti*. Él te ha preparado *a ti*, y te está llamando *a ti*. El inadaptado. La persona zurda que viene de una tribu de diestros. Él mira lo que puso en ti, lo que te dio, y lo que está pidiendo que uses ahora.

Eso significa la mentalidad: «Dios me ha dado todo lo que necesito para la temporada en la que estoy». No se trata de llegar con dificultad a fin de mes. No significa relajarse y esperar que Dios haga todo el trabajo. Significa entrar en lo que demande de ti este periodo confiando en *el ser que fuiste creado*. Eso es lo que haría el yo renovado.

Si puedes, decláralo en voz alta: «Dios me ha dado todo lo que necesito para la temporada en la que estoy». Haz hincapié en «todo» y en «temporada» cuando lo digas, porque esas son las claves de esta mentalidad. No tienes que tener lo que necesitarás para cada temporada, pero tienes lo que necesitas para esta; por lo tanto, acepta tu presente. En lugar de quedar paralizado por el futuro y por lo que no tienes y no puedes hacer, sé vigorizado por tu presente a medida que te enfocas en lo que *sí* tienes y *puedes* hacer.

Aod debió ser vigorizado en algún momento. Comenzó a mirar por su casa intentando averiguar qué podría convertir en un arma, y fabricó un puñal. Se dio cuenta de que su fortaleza secreta era ser zurdo, de lo cual la gente se reía siempre. Trazó un plan digno de una trama de *Misión Imposible*, ideando su escape por un inodoro, porque nadie pensaría nunca en hacer guardia en una letrina.

Fue genial. Asqueroso, gráfico y sangriento, pero genial.

Me pregunto qué genialidad hay en tu interior. ¿Qué podrías crear si miraras lo que tienes? ¿Si redefinieras tus rarezas y excentricidades como cualidades? ¿Y si agarraras una nueva energía y aplicaras la creatividad del Espíritu Santo a cualquier cosa que estés enfrentando?

Madián gobernó por dieciocho años hasta que Aod se hartó. ¿Necesitas tú hartarte de algo? Tal vez *podrías* crear una estrategia para salir de la deuda. *Podrías* reconciliarte con tu mamá. *Podrías* resolver el problema de confianza con tus empleados. *Podrías* conectar con tu hijo o tu hija que está en la secundaria y de repente parece distante.

Quizá no lo harás del modo en que lo hace todo el mundo, pero esa es tu genialidad. Por eso puedes llevarlo a cabo. Dios te dio *a ti* lo que necesitas para este periodo. Está en ti porque Él lo puso ahí, pero tienes que verlo. Tienes que valorarlo. Y entonces tienes que usarlo.

> Dios te dio *a ti* lo que necesitas para este periodo. Está en ti porque Él lo puso ahí, pero tienes que verlo.

No estoy diciendo que sea fácil. Tan solo digo que tienes una perspectiva única. Tienes tu propia creatividad. Tienes habilidades, experiencia y conocimiento específicos, y Dios te los dio con un propósito. Él quería que los tuvieras. Él conocía los periodos que tendrías que atravesar, y sabía lo que necesitarías para cada uno de ellos.

Me resulta interesante que la Biblia no diga que Dios ungió a Aod con el Espíritu del Señor. Ni siquiera dice que Dios le dijo que hiciera lo que hizo. Solamente dice que lo hizo. No estoy diciendo que Aod actuó neciamente o que lo que hizo estuvo mal. Solo digo que Dios no siempre anuncia lo que hace cuando lo hace. Algunas veces, ni siquiera sabrás que Él está haciendo algo. En ocasiones, tan solo haces todo lo que puedes o lo segundo mejor que puedes, y Dios te muestra un camino que nadie más podría haber visto. Entonces, una cosa conduce a otra hasta que ves una victoria improbable de un modo inesperado.

> El destino se oculta con frecuencia en tu diferencia.

Por lo tanto, no te apresures a descartarte a ti mismo solo porque no eres como todos los demás. No restes importancia a lo que te hace diferente. El destino se oculta con frecuencia en tu diferencia.

Muchas veces, cuando estamos atravesando algo difícil, queremos que Dios haga algo drástico; sin embargo, ¿y si Él ya te ha dado lo que necesitas, pero tú no lo has visto todavía? ¿Y si estás oteando el horizonte, esperando a un rescatador diestro, pero Dios ya te dio una unción de zurdo?

Ahora bien, cuando hablo de tu mano izquierda no me estoy refiriendo solamente a tus fortalezas obvias. Eso también forma parte de ello, pero en realidad me refiero a que Dios utiliza una amplia variedad de cosas inesperadas, improbables e imprevistas para producir liberación. A veces, esas son tus habilidades únicas, pero otras veces son tus *debilidades* únicas. O, por lo menos, lo que tú percibes como una debilidad.

Yo no soy boxeador, pero en una ocasión tomé una lección, y se me quedó grabada una cosa. El instructor me mostró que, como yo soy diestro, debería apoyarme con mi pie izquierdo. Eso parecía contrario a la lógica. Mi lado izquierdo es mi lado débil, de modo que mi pie izquierdo es más débil, ¿no es cierto? Está menos coordinado y menos balanceado; sin embargo, él me explicó que giras sobre tu pierna débil para así poder pegar con tu mano fuerte. La potencia viene de atrás. Viene de un lugar oculto, un lugar que no parece fuerte por sí solo, pero la potencia está en el giro.

La metáfora que veo es que, con frecuencia, Dios guiará con algo que parece una debilidad, porque tu potencia se encuentra en su giro. Él nos hace dar pasos adelante, incluso en nuestra debilidad, y entonces su diestra hace la obra. Me encanta lo que Dios le dijo a Pablo cuando estaba frustrado con su debilidad: «Te basta con mi gracia, pues mi poder se perfecciona en la debilidad» (2 Corintios 12:9).

¿Dónde estás dando un paso y parece una debilidad? ¿Dónde te está pidiendo Dios que lideres con la izquierda? Tal vez ocupas un papel en el trabajo para el que no te sientes preparado, o acabas de tener un bebé y sabes que no eres el papá o la mamá que te gustaría ser, al menos no todavía. La diestra de Dios hará la obra. Simplemente tú guía con la izquierda. Lidera con lo que tienes. La Biblia dice: «Y todo lo que te venga a la mano, hazlo con todo empeño» (Eclesiastés 9:10). Podría parecer que no es una fortaleza, pero el poder de Dios te respalda.

En ocasiones, Dios hace algo inesperado por medio de nosotros o por nosotros, y pensamos que fue un golpe de suerte. «¡Vaya! ¡Me alegra que eso funcionara! Fue una decisión difícil. ¡Qué coincidencia!». Pero la soberanía de Dios estuvo ahí todo el tiempo. Coincidencia es su pseudónimo. Es un nombre que se pone cuando Él no quiere que sepas todavía que es Él. Coincidencia es simplemente Dios disfrazado. Por lo tanto, cuando Dios comience a responder a tu oración, acostúmbrate a quedar sorprendido; no solo por lo que Él hace, sino también por lo que *tú* haces.

Observemos que todo en esta historia se construye en torno a la idea del secreto. Ser zurdo era una fortaleza secreta. El puñal era un arma secreta. Aod afirmó que tenía un mensaje secreto. Mató a Eglón en secreto, cerró la puerta con llave para mantener en secreto el asesinato, y escapó por una salida secreta.

> Con frecuencia, Dios hace cosas que están ocultas de la vista. Son inesperadas e invisibles, pero eso no supone que no sean importantes.

Con frecuencia, Dios hace cosas que están ocultas de la vista. Son inesperadas e invisibles, pero eso no supone que no sean importantes. No hace que sean insignificantes.

Isaías, uno de los grandes profetas de Israel, atravesó un periodo en el que se sentía escondido. Escuchemos cómo lo describe él mismo:

Escúchenme, costas lejanas,
oigan esto, naciones distantes:
El Señor me llamó antes de que yo naciera,
en el vientre de mi madre pronunció mi nombre.
Hizo de mi boca una espada afilada
y me escondió en la sombra de su mano;
me convirtió en una flecha pulida
y me escondió en su aljaba.
Me dijo: «Israel, tú eres mi siervo;
en ti seré glorificado».
Y respondí: «En vano he trabajado;
he gastado mis fuerzas sin provecho alguno.
Pero mi justicia está en manos del Señor;
mi recompensa está con mi Dios».

(Isaías 49:1-4)

Isaías dijo: «y me escondió en la sombra de su mano; me convirtió en una flecha pulida». Estaba escondido porque era significativo. Era una señal de una preparación detallada para un propósito establecido.

En ocasiones, pensamos que estar escondido es una señal de insignificancia. Si las personas no nos celebran o no nos reconocen, no nos sentimos validados. «Nadie me conoce. Nadie ve lo que puedo hacer. Tengo solamente trescientos seguidores en Instagram». Gedeón tenía solamente trescientos seguidores y venció a todo el ejército madianita. Los seguidores no te hacen ser valioso. Que te celebren no te hace ser significativo.

Tú no eres insignificante. Estás *escondido*. Hay una gran diferencia. Dios está haciendo algo sutil en ti. Te está moldeando y puliendo. Estás escondido en este periodo, pero tu propósito saldrá a la luz a su debido tiempo. Dios te está preparando para que, en esa temporada, tengas lo que necesitas. Igual que tú escondes cosas valiosas en tu hogar para que los ladrones no puedan robarlas, Dios tiene cosas encerradas en tu interior porque son valiosas. Es tu tesoro, el recurso de tu contribución, tu don espiritual, tus actos de servicio. Cuando llegue el momento adecuado, Él te sacará a la luz.

Es interesante que Isaías se veía a sí mismo como un arma para que Dios la usara. Lo mismo ocurrió con Aod. Aod no solo *tenía* un arma escondida; él *era* el arma escondida.

Y también lo eres tú.

Las cosas que Dios ha puesto en ti y la gracia que ha puesto en ti no son aleatorias. No son cosas menores. Están ahí con un propósito, y tú estás aquí con un propósito. Él te hizo zurdo, porque quiere hacer un milagro zurdo.

> Las cosas que Dios ha puesto en ti y la gracia que ha puesto en ti no son aleatorias. No son cosas menores. Están ahí con un propósito, y tú estás aquí con un propósito.

Tú eres el arma.

Tú eres lo secreto que Dios está haciendo.

Necesitas verte a ti mismo de ese modo.

Si eso es una sorpresa para ti, simplemente demuestra cuán astuto es Dios. Él estuvo obrando en ti en secreto para así poder hacer algo poderoso en público cuando sea el momento adecuado.

El asunto del momento adecuado es crucial, sin embargo. Isaías sabía que él era un arma, pero también se sintió frustrado cuando no vio resultados. Por eso dijo: «En vano he trabajado; he gastado mis fuerzas sin provecho alguno». Estoy seguro de que Aod se sentía así cada año, cada vez que caminaba fatigosamente hasta el palacio del enemigo para entregar el tributo de Israel ganado con tanta dificultad. Tuvo que esperar el momento adecuado, el tiempo adecuado de Dios, que no era necesariamente el tiempo esperado.

¿Te sientes tú también de ese modo? Tal vez parece que has trabajado, pero ha sido en vano. Te hiciste vulnerable intentando crear relaciones, pero no salió bien. Intentaste con fuerza superar ese reto de salud, pero nada ha mejorado. Intentaste salir de ese patrón tóxico, pero sigues regresando a él. Parece que tu sacrificio fue en vano, porque nada cambia, nadie te ve, nadie te agradece, nadie te asciende.

Pero sigamos leyendo. Isaías no ha terminado todavía. «Pero mi justicia está en manos del Señor; mi recompensa está con mi Dios».

¿Qué manos? En ocasiones es la mano izquierda, y otras veces es la mano inesperada del Señor. El milagro que no viste llegar. El don que no sabías que Él puso en ti. La puerta a la que casi no llamaste, pero lo hiciste, y eso lo cambió todo.

Tu justicia está en manos del Señor porque *tú* estás en manos del Señor. Él te está puliendo y escondiendo para su propósito. Otras personas tal vez te descartaron, o lo hiciste tú mismo. Sin embargo, no estás olvidado. Tan solo estás escondido.

No permitas que la falta de progreso se convierta en autocompasión. La autocompasión se siente bien por un minuto, pero te distrae y te desalienta. Te roba la confianza y mata tu creatividad. Te convierte en una víctima cuando Dios te está llamando a la batalla. Sabotea la parte estratégica de tu mente, la parte que resuelve problemas y ve el potencial en los puñales escondidos y las letrinas no vigiladas.

Podrías estar escondido, pero siguen sucediendo cosas. Secreto no significa estático o inmóvil. Tal vez eres un papá o una mamá que no trabaja fuera de casa y te sientes olvidado, pero estás inculcando valores a tus hijos, y ellos serán personas fuertes y saludables debido a la inversión que tú hiciste en ellos. Quizá en algún área de la vida Dios te está usando de un modo imperceptible para cambiar algo. Tú no lo ves todavía, pero Él lo hace, y tu fidelidad está teniendo efecto. Puede que estés haciendo cosas que te parecen tan naturales, que apenas si las observas o las consideras insignificantes, pero tus contribuciones darán fruto por años.

Solo tú podrías hacer lo que estás haciendo, y necesitas saber eso. No menosprecies las habilidades de la mano izquierda. Las estrategias de la mano izquierda. Los riesgos de la mano izquierda. Los planes de la mano izquierda. Los milagros de la mano izquierda. No supongas que el camino «diestro» es el camino correcto. Podría ser correcto para ti, pero equivocado para Dios.

Él está haciendo algo inesperado, algo que el enemigo no vio llegar y no será capaz de detener. Podría no haber sucedido todavía, pero sucederá. Tú lo verás, y serás parte de ello si aprendes a mirar a la izquierda.

CAPÍTULO 23

AYÚDAME A FALLAR

En una ocasión llegó a mi casa un culturista, y estaba entrenando con mis hijos y conmigo en el Pound. El muchacho tenía unos veinte años, y estaba en mejor forma que cualquiera que haya conocido en toda mi vida. Lo acompañaba su novia, que también era culturista. Yo pensé en aprovechar la oportunidad para preguntarle algunos trucos para así poder verme como él; preferiblemente alguno que no incluyera la hormona del crecimiento humano.

Me dijo algo que dejó en mí un impacto duradero. Fue una frase que repitió a lo largo de todo su entrenamiento, y destacó para mí más que cualquier otro consejo que pudiera darme. Cuando se estaba preparando para realizar sus últimas repeticiones en cada aparato, le decía a su novia que lo miraba: «Ayúdame a fallar».

Pensé que era muy interesante que lo dijera de ese modo. No dijo: «Ayúdame a hacer una repetición más». No dijo: «Ayúdame a terminar la rutina», ni tampoco: «Ayúdame a establecer un nuevo récord de repeticiones». Podría haberse referido a todas esas cosas también, pero lo que dijo fue: «Ayúdame a *fallar*».

Cuando piensas en cosas en las que quieres que la gente te ayude, eso no está en lo más alto de la lista, ¿no es cierto? No llamas a tu contador y le dices: «Ayúdame a fallar en entregar mis impuestos este año». No contratas a un entrenador para ayudarte con tu swing de golf y le dices: «Ayúdame a añadir algunos puntos más a mi juego». No contratas a alguien para ser tu tutor en la escuela y le dices: «Ayúdame a obtener una mala calificación».

Obviamente, ese no era el tipo de fallo que ese culturista quería. Él quería el tipo de fallo que lo haría más fuerte al llegar al otro lado.

Yo no soy un experto en levantar pesas, pero lo he hecho el tiempo suficiente para saber que el entrenamiento de resistencia trabaja rasgando las fibras musculares y estimulando el crecimiento del músculo y las conexiones nerviosas. «Ayúdame a fallar», en la rutina de peso de este hombre, significaba: «Ayúdame a llegar hasta el final de lo que puedo hacer ahora mismo, porque es ahí donde se producirán crecimiento y cambio».

Ahora bien, aquí está mi pregunta. Cuando enfrentas presiones o problemas que se sienten como un peso muy pesado y aplastante, ¿tienes fe en que Dios podría ayudarte a fallar? ¿Tienes fe en que Él te está dando lo que necesitas para este periodo, incluso cuando parece que estás tenso hasta el punto de quiebre?

Para ser sincero, yo ni siquiera oro para fallar. Digo: «Dios, ayúdame a tener éxito. Ayúdame a ganar. Ayúdame a lograr más cosas». Está bien querer ganar. La Biblia dice que Dios nos lleva de triunfo en triunfo, que somos más que vencedores, y que deberíamos correr de tal manera que ganemos el premio.

Sin embargo, ganar no siempre significa lo que creemos que significa. Para Dios, cultivar el carácter es una ganancia. La perseverancia es una ganancia. Librarnos de viejas maneras de pensar y actuar es una ganancia.

Y, algunas veces, para ganar tenemos que fallar.

Tienes que atravesar cosas que te quiebren a fin de que Dios te levante y te fortalezca.

> Tienes que atravesar cosas que te quiebren a fin de que Dios te levante y te fortalezca.

¿Qué tiene que ver esto con la mentalidad: «Dios me ha dado todo lo que necesito para la temporada en la que estoy»? ¿Acaso tener todo lo que necesitas no significa que nunca deberías fallar?

Sí y no.

Por un lado, significa que Dios es fiel para estar contigo, para fortalecerte, para guiarte, para librarte. Por lo tanto, no, no necesitas temer al fracaso en el sentido de destrucción total. El libro de Proverbios dice: «Porque el justo cae siete veces, y vuelve a levantarse, pero los impíos caerán en la desgracia» (24:16 NBLA).

Pero, por otro lado, Dios con frecuencia te llevará hasta el límite, porque es ahí donde tu fuerza comienza a crecer. El hecho de que Él está contigo y provee para ti, sin embargo, te da *un lugar seguro para fallar*.

Ese es un regalo extraordinario; sin embargo, tienes que verlo de ese modo o nunca le sacarás provecho.

Muchas veces nos asusta demasiado el fracaso. Pensamos que llegar al límite es un lugar terrible donde estar porque es muy incómodo; pero, para Dios, es ahí donde comienza el crecimiento.

No necesitas orar literalmente: «¡Dios, ayúdame a fallar!», pero sí necesitas saber que *fallarás*; sin embargo, incluso en el fracaso, Dios te da todo lo que necesitas para la temporada en la que estás. De hecho, podría estar dándote lo que necesitas *por medio* de tu fracaso.

¡Yo aborrezco eso! No voy a mentir y decir que me gusta mucho aprender de mis errores. Como dije anteriormente, soy un perfeccionista de corazón. No me gusta el fracaso. Me gustaría que cada una de mis decisiones fuera la correcta en el primer intento. Me gustaría no tener que volver a disculparme nunca por haber metido la pata.

Sin embargo, eso no va a suceder.

Por eso estoy aprendiendo a darme espacio a mí mismo para crecer en la seguridad de la gracia de Dios. Estoy aprendiendo a reconocer que, incluso cuando fallo, Dios es suficiente y yo soy suficiente, porque Él me mantiene a salvo y me ayuda a mejorar.

La Biblia dice que «también nos gloriamos en las tribulaciones, sabiendo que la tribulación produce paciencia; y la paciencia, carácter probado; y el carácter probado, esperanza» (Romanos 5:3-4 NBLA). No te sientes fuerte cuando fallas, pero cuando fallas, Él te hace más fuerte. Eso es gracia.

Ahora bien, no estoy hablando de salir a buscar el sufrimiento. El sufrimiento no te hace espiritual, y el martirio no te hace madurar. Algunas veces intentamos hacer que nuestra vida sea más difícil, incluso de modo subconsciente. Buscamos el sufrimiento, y entonces nos contamos historias a nosotros mismos sobre la situación en la que estamos atascados y hacemos que nuestro sufrimiento sea todavía peor.

No hagas eso, pues no es útil. Ya hay suficiente dolor integrado en los patrones normales de la vida. No tienes que salir a buscar más.

Lo que digo es que, cuando el dolor y la dificultad lleguen a tu camino, te concedas espacio a ti mismo para aprender por medio de prueba y error. Concédete a ti mismo espacio y gracia para fallar, pero hazlo de tal modo que te haga salir más fuerte al otro lado. Avanza hacia tu futuro mediante el fallo.

Cuando lleguen a tu camino esas situaciones pesadas que parece que son demasiado, puedes decir: «Dios, ayúdame a fallar, porque no lo estoy consiguiendo en cada área de mi vida. No lo estoy entendiendo en el modo en que crío a mis hijos. No lo estoy consiguiendo en el modo en que dirijo mi negocio. Tomé esta decisión y me pareció bien en ese momento, pero ahora resultó contraproducente. Dios, ayúdame a fallar. Hazme avanzar».

Si te estás dirigiendo a una situación esta semana en la que sientes que no eres suficiente, no permitas que el temor o el fracaso te paralicen. Tal vez es una persona que sabes que no te aceptará, o una disciplina que no puedes mantener, pero querrías hacerlo. Quizá es un proyecto en el trabajo que nunca antes has hecho, o un horario que está tan lleno que sabes que decepcionarás a alguien.

Sea lo que sea, *has de estar más comprometido al progreso que a la perfección*. Recuerda que estás siendo

fortalecido por medio de las cosas que precisamente parecen estar derribándote.

Si quieres tener éxito, tienes que arriesgarte al fracaso
temporal. Sí, parece horrible en el momento, pero obrará a
tu favor. Es un fracaso que te impulsa hacia delante.

Jesús se llamó a sí mismo el Buen Pastor, pero tú también podrías llamarlo el Buen Observador, porque te ayuda
a fallar. Hay seguridad en su presencia. Él no permitirá que
dejes caer ese peso; te mantendrá a salvo y te hará fuerte.

Él tampoco lo cargará por ti, porque tú eres suficiente
para hacerlo. Tienes lo que necesitas para cualquier cosa
que enfrentes. Él no solo está a tu lado, sino que también
vive en ti y te dice: «Lo tienes. Yo estoy contigo. Esto te está
haciendo más fuerte. Está ensanchando tu espalda. Te estoy
dando lo que necesitas para la temporada en la que estás,
pero tienes que dar el paso. Tienes que aceptar el reto. Tienes que empujarte a ti mismo hasta el límite, y si fallas no
ocurre nada, porque yo estoy aquí para ayudarte».

¿Recuerdas cuando Pedro caminó sobre el agua? No
fue exactamente un gran éxito. Pedro dijo: «Jesús, si tú me
dices que vaya a ti, iré». Jesús le dijo que fuera hacia Él, y es
probable que Pedro hubiera deseado no haber dicho nada.
Sin embargo, para crédito de él, puso todo de su parte y le
fue bastante bien en su primer intento. Cuando su fe fla-
queó, Jesús estaba ahí.

Pedro recibe muchas críticas por eso, pero él *caminó
sobre el agua* mientras que los demás se quedaron en la
barca. Sin considerar si fue su impulsividad o su fe lo que
motivó la acción, él aprendió una lección de primera mano

que los otros discípulos solo pudieron observar desde la distancia.

Observemos algo, sin embargo. Jesús le enseñó sobre la fe *después* de que él intentó caminar sobre el agua. Tuvo que estar más mojado antes de ser más sabio. Hay algunas lecciones que solo se pueden aprender por el camino difícil. Por medio de errores. Por medio de prueba y error. Sin embargo, eso no es malo. Pedro falló, pero aprendió; de modo que realmente no falló. El hundimiento fue temporal, pero el crecimiento fue permanente.

Creo que muchos de los grandes pasos que tomamos se parecen mucho a cuando Pedro caminó sobre el agua. Damos el paso, flaqueamos, clamamos, aprendemos un poco, y volvemos a intentarlo. Mientras tanto, otras personas se quedan sentadas en la barca y critican nuestra técnica. Están secos, pero también inactivos. Están seguros, pero también inmóviles. ¿No preferirías hundirte hoy un poco para así poder crecer mucho mañana?

Colócate en un lugar donde el fracaso no sea solo una opción: es una parte normal del proceso. Permite que Dios te ayude a fallar mientras creces, y te ayude a crecer mientras fallas. Eso significa salir de tu zona de confort. Significa hacer cosas que parecen difíciles o poco naturales. «Pedí perdón, pero lo hice imperfectamente. Dios, ayúdame a fallar. Intenté estar presente en la cena, pero miré mi celular tres veces. Dios, ayúdame a fallar. Intenté mantener la calma

> Permite que Dios te ayude a fallar mientras creces, y te ayude a crecer mientras fallas.

en esa situación, pero todavía sigo un poco estresado. Ayúdame a aprender de mis errores. Ayúdame a fallar».

No tengas temor a tus errores, tus debilidades y tus limitaciones. Si permites que Dios sea fuerte por medio de ellos, crecerás debido a ellos. El fracaso que se hace bien no es fracaso en absoluto. Es tan solo otro paso adelante a medida que te renuevas.

CAPÍTULO 24

HALLADO PESCANDO

Yo escucho a muchos oradores motivacionales, gurús del fitness y similares mientras voy manejando o estoy entrenando, y una cosa de la que hablan con frecuencia es que el ritual matutino puede prepararte para el éxito. Una mañana, no mucho tiempo atrás, me sentía un poco inquieto, un poco ansioso; por lo tanto, comencé a repasar una lista de todas las rutinas y rituales matutinos que había escuchado que se supone que te reencaminan para comenzar el día. Los anoté, solo por diversión, y cuando terminé la lista, tuve que reírme de mí mismo. Pensé: *Steven, tienes que dejar de mirar videos de YouTube y escuchar audiolibros sobre rituales matutinos. Esto está fuera de control.*

Si yo hacía todas esas cosas (la respiración, la meditación bíblica, las duchas de agua fría y caliente, las listas de oración, los actos de generosidad, el ejercicio, el silencio, el desayuno balanceado, los suplementos de vitaminas, la lista de quehaceres, y el diario de gratitud), no terminaría mi ritual matutino hasta las tres de la tarde.

Sin embargo, sentí que Dios hablaba a mi corazón: «Steven, tienes abundancia de cosas que sabes hacer para llegar a un lugar mejor. Escoge una. Practica una».

Escoge una, practica una.

Es una idea sencilla, pero también es poderosa. «Tengo abundancia de cosas que podría hacer. Haré una ahora mismo».

Regresa a la idea: «haz eso que harías». ¿Qué es «eso» para ti en tus circunstancias actuales? Si te sientes atascado, o malhumorado, o preocupado, o confuso, o avergonzado, ¿qué es algo que podría volver a encaminarte?

No puedes hacerlo todo, pero puedes escoger algo y hacerlo. Es así como aceptas tu presente: aceptando dónde estás y haciendo lo que puedas hacer con lo que tienes. Tal vez es solo un rápido ajuste de actitud antes de partir al trabajo. Quizá es acercarte para fijar una cita con alguien que sabes que te dará un buen consejo. Escoge una, practica una.

> Fe no es conocer todo el viaje de antemano o estar seguro sobre lo que debes hacer a continuación.

En cierto sentido, esas opciones son fe. Fe no es conocer todo el viaje de antemano o estar seguro sobre lo que debes hacer a continuación, sino es más bien ser fiel con lo que tienes a la mano y colocarte en un lugar donde Dios pueda hallarte, alentarte y usarte. Yo no lo llamaría encontrarnos con Él a medio camino; es más como encontrarnos con Él cuando hemos recorrido un cinco por ciento del camino. Sin embargo, ese cinco por ciento importa. Esa es tu posición y tu postura de fe. Es evidencia de que crees que

Dios está contigo y que te ha dado lo que necesitas en este periodo.

Cuando yo no sé qué hacer en una situación en particular, intento recordarme a mí mismo que, cuando me muevo, Dios lo deja claro. Preferiría que fuera lo contrario; quiero que Dios lo deje claro, y entonces me moveré. Pero, con frecuencia, Dios no obra de ese modo.

¿Estás en ese lugar ahora? Tal vez estás diciendo: «¿Qué puedo hacer? ¿Qué debería hacer? No lo sé. Simplemente no lo sé». Yo he estado en esa posición. Todos hemos estado ahí muchas veces. En ocasiones, lo único necesario es el mal humor, una mala decisión, o una mala noticia para que te sientas abrumado y sin esperanza. Perdiste tu empleo en el peor momento posible. No entraste en el programa de posgrado que planeabas. Recibiste facturas médicas inesperadas durante tres meses consecutivos y ahora te encuentras en un agujero financiero.

¿Cómo respondes cuando no ves un camino por delante? ¿Cómo responde tu ser *renovado*? Porque esa es la versión de ti que querrás para avanzar.

El viejo yo podría haberse paralizado, podría haber demandado una explicación y un mapa de ruta, o podría haber caído en la baja autoestima o la autocompasión. El yo renovado, sin embargo, acepta tu presente, sabiendo que Dios te ha dado todo lo que necesitas para la temporada en la que estás. El yo renovado pregunta: «¿Qué puedo hacer en este momento? ¿Qué sé hacer? ¿Qué me ha mostrado Dios? Voy a escoger una cosa y hacerla».

Tienes que estar dispuesto a hacer lo que puedas para

seguir adelante, incluso si el destino no está claro del todo y el camino para llegar allá parece inmerso en la niebla. Dios probablemente no te ha dado un plan a diez años detallado en cada esfera de tu vida. En cambio, te pide que estés dispuesto a dar el siguiente paso de fe hacia delante, y después el siguiente, y después el siguiente.

Tal vez hayas leído la historia en Juan 21 cuando Pedro salió a pescar después de la muerte y resurrección de Jesús. Invitó a algunos de los otros discípulos a que fueran con él, y estuvieron toda la noche pescando. Temprano en la mañana, Jesús los halló pescando, se reveló a ellos, y les cocinó el desayuno. Entonces comenzó a conversar con Pedro. Recuerda que, cuando Jesús fue arrestado, Pedro negó tres veces que incluso lo conocía. Ahora, mientras estaban al lado de la fogata, Jesús preguntó a Pedro tres veces si lo amaba verdaderamente, y le dijo tres veces que alimentara a sus ovejas. Fue una escena dramática y emotiva.

Pedro es muy criticado por salir a pescar, porque esa era su ocupación antes de que Jesús lo llamara. He oído a predicadores decir que Pedro se dio por vencido y regresó a su viejo modo de vida y arrastró a otros con él. Yo no creo que eso sea cierto.

No creo que Pedro salió a pescar por temor. Creo que estaba pescando en fe. No se estaba dando por vencido; se estaba extendiendo.

Piénsalo. Estoy seguro de que estaba herido emocionalmente. Después de todo, había negado a Jesús públicamente y después huyó por miedo cuando Jesús y los discípulos más lo necesitaban. Falló estrepitosamente en su papel de liderazgo, pero no era la clase de hombre que se esconde o se deprime. Por eso, cuando no sabía qué otra cosa hacer, hizo lo que estaba haciendo cuando Jesús lo llamó por primera vez a ser su discípulo. Hizo lo que sabía hacer, y confió en que Jesús lo encontrara allí.

Recuerda que Pedro tenía un historial de ver milagros provenientes de ese lago. Es donde echó sus redes al otro lado de la barca y pescó tantos peces, que sus redes comenzaron a romperse. Es donde Jesús llegó a sus discípulos caminando sobre el agua, y el propio Pedro dio unos pasos sobre el agua. Es donde Jesús le dijo a Pedro, cuando estaba preocupado por poder pagar los impuestos, que pescara un pez y que ese pez saldría del agua con dinero en su boca.

Por lo tanto, Pedro regresó a su barca tras la muerte y resurrección de Jesús. Creo que estaba pescando en fe. Estaba pescando fe. Cuando se vio atrapado en un lugar entre el fracaso y el llamado, entre el temor y su futuro, entre quién solía ser él y quién sabía que debía ser, salió a pescar.

Ahí era exactamente donde tenía que estar. Jesús lo halló pescando.

¿Puedes identificarte con eso? Tal vez te has encontrado diciendo: «No sé qué hacer. No sé si Dios me puede seguir usando. No sé si he arruinado mi reputación. No sé si todo lo que hice fue en vano. No sé si Dios me perdona realmente. No sé si puedo avanzar ahora que he visto que no soy tan fuerte como pensaba. ¿Qué hago?».

¿Y si dijeras: «Quiero ser hallado pescando»? ¿Y si dijeras: «No sé qué

> ¿Y si dijeras: «No sé qué hacer, pero voy a hacer eso que me coloca más cerca de donde he tenido un encuentro con Dios antes»?

hacer, pero voy a hacer eso que me coloca más cerca de donde he tenido un encuentro con Dios antes»?

Eso es lo que hizo Pedro. Su actitud era la siguiente: «Estoy lejos de quien necesito ser. No tengo ni idea de qué haré a continuación, pero voy a regresar a la barca porque recuerdo cuando Jesús me llamó. Voy a regresar a eso que sé hacer, y confiaré en que Dios intervenga. Voy a hacer lo que sé mientras espero a que Él me muestre lo que no sé».

Cuando Pedro hizo lo que sabía hacer, Jesús hizo algo nuevo. No solo restauró a Pedro con bondad y firmeza, sino que también amplió su llamado. «Alimenta mis ovejas», le dijo. El encuentro con Jesús se produjo no a pesar de que Pedro salió a pescar, sino *porque* salió a pescar. Jesús le mostró los pasos siguientes después de que Pedro dio el primer paso.

Ese es el punto. Cuando te sientas confuso o abrumado por algo que estás enfrentando, no te paralices. No tengas parálisis por análisis. No tienes que entender cada detalle o ver cada paso por delante.

En cambio, ve a pescar.

¿Qué significa eso? Significa hacer lo que sabes que deberías hacer, incluso cuando (*especialmente* cuando) no tienes el control de todo lo demás en tu vida. ¿Qué cosas sabes hacer ya? ¿Qué cosas tienes a la mano? ¿Qué es lo que sabes que Dios quiere que hagas ahora?

Escoge una. Practica una.

Eso es pescar. Eso es fe. Eso es una postura de curiosidad, de exploración y de apertura. Es ahí donde Dios te hallará, y es ahí donde descubrirás que necesitas seguir moviéndote.

A veces, esto significa dar un gran paso adelante, pero con frecuencia es sencillamente un cambio de actitud. Por eso mencioné los rituales matutinos que colocan tu mente y tus emociones en el lugar adecuado. No estoy diciendo que debas tener una rutina concreta; solamente digo que, incluso cuando estés abrumado, tienes opciones. No siempre puedes escoger cómo discurre tu día, pero hay maneras de comenzar con el pie derecho. Y, si las cosas se desvían un poco, hay maneras de detenerte y recuperar el aliento. Hay maneras de volver a capturar el ímpetu.

Para Pedro, fue la pesca. Para mí, es practicar con frecuencia la gratitud, como el ejercicio de gratitud que mencioné anteriormente: «Estoy agradecido por el tiempo que pasé con Elijah levantando pesas hoy. Estoy agradecido porque Graham y yo fuimos a ver una competencia de lucha este fin de semana. Estoy agradecido porque anoche Abbey me dio un abrazo y me dijo que me amaba. Estoy agradecido porque Holly y yo vamos a pasear hoy, y por una vez no hace un frío helador afuera».

Cuando hago eso, de repente el día tiene una sensación diferente. Todo se debe a que salí a pescar en busca de gratitud. Salí a pescar en busca de fe. Salí a pescar un cambio de perspectiva. Hallé *esas cosas* pescando, y Jesús me halló *a mí* pescando.

Esta es otra esta estrategia de «pesca» que utilizo. Es algo que hago cuando me siento bloqueado, porque me abre a posibilidades y me hace salir de mi inercia. Lo denomino «sucederá, puede y podría».

En primer lugar, enumero rápidamente todo lo que *sucederá* que viene a mi mente, que son cosas que personas harían por mí si yo se lo pidiera. «Holly saldrá a pasear conmigo y me dará retroalimentación sobre esta idea. Chuck supervisará este proyecto. Roberto me dará una clase de tenis».

Entonces enumero los *puede*, que son las cosas que yo podría hacer si quisiera. Están dentro de mi propia capacidad. «Puedo hacer una lista de posibles temas sobre los que predicar la próxima semana. Puedo enviar un mensaje de texto a esa persona y organizar una reunión».

Finalmente, enumero los *podría*, que son cosas tentativas a las que puede que quiera o no quiera dar seguimiento. «Podría ir a ese concierto. Eric podría almorzar conmigo esta semana».

Eso es todo. Me tomó tal vez cinco minutos. La meta no es resolver problemas, sino más bien aceptar mi presente y abrirme a otras posibilidades. Cuando termino, he identificado algunas cosas por las que *no* necesito estar preocupado y distraído, y he identificado algunas otras que podría abordar a continuación. Es una estrategia sencilla para dejar atrás los bloqueos mentales y emocionales y averiguar lo que es factible en este momento.

¿Y tú? ¿Cómo te desbloqueas? ¿Cómo pasas del pesimismo a la posibilidad? ¿De estar molesto con tu presente a aceptarlo? ¿Dónde tienes un encuentro con Dios? ¿Dónde lo escuchas mejor? ¿Qué es eso que podrías hacer *en este momento* para acercarte a Él y acercarte al yo renovado al que Dios te está guiando?

En otras palabras, ¿cómo podrías ir a pescar?

Si no sales a pescar las cosas adecuadas a propósito,

probablemente terminarás pescando otras erróneas por defecto. Si sales a pescar motivos para darte por vencido o motivos para estar desalentado, los atraparás. Si sales a pescar ofensa, la encontrarás. Si pescas excusas, morderán el anzuelo rápidamente.

Pero, por otro lado, si sales a pescar bondad, también encontrarás eso. Si pescas motivos para creer, o si pescas ver lo mejor en los demás, o pescas lo siguiente que Dios te da para que hagas, lo tendrás. Obtendrás lo que sales a pescar, no lo que deseas.

Por lo tanto, sal a pescar y comprueba lo que atrapas. Observa lo que Dios hace. Mira lo que Él te muestre.

Eso significa tomar tiempo para buscar a Dios con respecto a qué hacer a continuación, sin importar cuán pequeño pudiera parecer. Algunos de nosotros empleamos más tiempo buscando algo que ver en Netflix del que empleamos buscando al Espíritu de Dios para ver cuál es su voluntad para el presente. ¿Cuándo fue la última vez que estuviste a solas con Dios y le pediste una estrategia para volver a ponerte en movimiento? ¿Cuándo fue la última vez que le pediste ayuda a alguien que está en tu vida, o has permitido que el orgullo te mantenga paralizado? ¿Estás

> ¿Estás pasando más tiempo diciéndole a Dios cuán grande es tu montaña que diciéndole a tu montaña cuán grande es tu Dios?

pasando más tiempo diciéndole a Dios cuán grande es tu montaña que diciéndole a tu montaña cuán grande es tu Dios? En lugar de quedarte sentado sintiéndote mal por tus fracasos o preocupado por lo que llegará a continuación, levántate y sal a pescar.

Jesús te hallará allí. Él te recuerda: «Me alegra que estés en esa barca, porque es ahí donde yo voy a estar esta mañana. Estaré en el lago buscando a alguien que esté haciendo lo que sabe hacer para así poder mostrarle quién es realmente».

Dios te ha dado todo lo que necesitas para la temporada en la que estás. No te estreses o te obsesiones por cada permutación posible de tu futuro. Trabaja en el presente. Súbete a tu barca hoy. Busca a Jesús sobre las aguas de la fe hoy. Aprovecha al máximo lo que Él te ha dado. Acepta tu presente y sé hallado pescando.

CAPÍTULO 25

DIOS TE ESCOGIÓ. ¿LO HARÁS TÚ?

Una al lado de la otra en mi refrigerador tengo botellas de agua y botellas de Diet Coke. Cada día, escojo cuál de ellas bebo y pongo en mi cuerpo. Normalmente escojo Diet Coke, para ser sincero. No me juzgues.

Una al lado de la otra en mi teléfono tengo mi aplicación de la Biblia y mi aplicación de YouTube. Tengo que decidir dónde poner mi enfoque y mi tiempo. Es mi decisión.

Lado a lado en mi mente tengo pensamientos que me alientan y pensamientos que me paralizan. Hay una voz que dice: «Tienes algo que decir. Puedes ayudar a personas. Puedes alentar a personas». Y hay otra voz a su lado que dice: «No lo tienes todo solucionado. ¿Quién eres tú para decirles a los demás cómo vivir?». Yo decido qué voz escucho. Es mi decisión.

Y, lado a lado, están mi viejo yo y mi nuevo yo. El viejo yo y mi ser renovado. El ser que siempre he conocido, y el ser que Dios conocía desde antes de la fundación del mundo.

¿Cuál de ellos escogeré hoy?

¿Cuál de ellos escogerás *tú*?

No creo que sepas cuántas cosas en realidad escoges hacer en un día dado. Yo no lo sé, pero estoy comenzando a aprender hasta qué grado mi vida se construye en torno a decisiones. Anteriormente cité el versículo de Salmos 118:24: «Este es el día que el Señor ha hecho; regocijémonos y alegrémonos en él» (NBLA). Dios lo hizo, pero yo decido qué hacer con él. Eso es una decisión.

El poder de la decisión es el corazón que está detrás de las seis mentalidades que hemos estado explorando juntos. Es el corazón que está detrás del libro. Es el corazón que está detrás del paso de acción «acepta tu presente». Puedes controlar la mayoría de las cosas, pero no puedes controlar las cosas más importantes: tu mente, tus emociones, tus palabras, tus reacciones, tus decisiones, o tu diálogo interior.

La mayoría de las decisiones que tomamos son pequeñas y casi instantáneas. Cuando veo a mi hija en la mañana, escojo si saludarle con entusiasmo («¡Hola, Lucius! que es su sobrenombre), o estar distraído o malhumorado. Para ser sincero, tengo un promedio de bateo muy mezclado cuando se trata del tono de mi voz.

Cuando inicio una conversación relacionada con el trabajo, escojo entre comenzar diciendo: «Mira, estoy emocionado por...» o pasar directamente a lo que hace que me sienta frustrado. Yo decido si enfocaré las tareas desde la negatividad o desde la posibilidad.

El otro día tuve una conferencia telefónica sobre un proyecto en el que estábamos trabajando. Treinta segundos antes de ponerme al teléfono, me pregunté: *¿Cómo quiero comunicarme en esta llamada? ¿A qué nivel quiero que las personas participen?* Decidí que quería comenzar la llamada con energía positiva. Ese no es mi modo por defecto, en caso de que todavía no te hayas dado cuenta. Mi modo por defecto es presentar los problemas y entonces intentar resolverlos antes de permitirme a mí mismo sentirme esperanzado y contento. Sin embargo, desafié mi modo por defecto, y me hizo sentir bien.

Comencé diciendo: «Hola a todos, tengo buenas noticias y muy buenas noticias, pero primero tengo que darles las buenas noticias, porque las muy buenas noticias no tendrán sentido sin las buenas». Eso cambió el tono de toda la conversación. La positividad no hizo que la llamada fuera menos eficaz de lo que habría sido si yo hubiera comenzado diciendo: «Bueno, tengo malas noticias y muy malas noticias». Hizo que la llamada fuera *más* eficaz. Aporté una fuerza creativa a la conversación que hizo avanzar las cosas.

Cada mañana, tengo que decidir qué versión de mí voy a enviar al mundo. ¿Será el yo que quiere ser feliz ahora mismo a toda costa, o el yo que me dará las gracias dentro de diez años por tomar las decisiones correctas en el presente? ¿Será el yo que da un escalofrío cuando lo veo reproducido en mis hijos, o el yo del que puedo estar orgulloso, con el que me siento seguro, y que acude a pedir consejo cuando la vida se convierte en una locura?

Mi yo antes del café no es el yo que quiero que el mundo vea. Cuando despierto, mi aliento no es lo único que huele mal. Mi actitud huele mal, y también algunas de mis emociones y pensamientos. Tengo que colocar mi cabeza en el lugar adecuado o tendré un colapso a las diez de la mañana. Como dije anteriormente, tengo que tomar unos momentos para reflexionar en lo que tengo, o me obsesionaré todo el día por lo que no tengo. Si no ajusto mi mentalidad en la mañana y creo que «Dios me ha dado todo lo que necesito para la temporada en la que estoy», comenzaré el día con déficit. Continuaré sintiendo que no tengo fuerza suficiente, no tengo energía suficiente, y no tengo recursos suficientes.

¿Qué versión de ti estás enviando al mundo cada día? ¿Es la que te llevará hasta donde quieres llegar en tu carrera profesional, tu vida familiar, tu salud, y tu caminar con Dios? ¿Es la que proviene de la abundancia? ¿Es la que cree en un Dios que hace más de lo que podrías pedir o imaginar? ¿Estás escogiendo ser quien Dios dice que eres y hacer lo que Dios dice que puedes hacer? ¿O hay escenarios en los que te conformas con la inmadurez en nombre de la autenticidad, en los que estás atascado en el viejo yo cuando Dios te está llamando a revestirte de tu nuevo yo? ¿Estás escogiendo regularmente el ser renovado?

Ahora bien, sería realmente fácil seguir esta línea de pensamiento en una ratonera de vergüenza y baja autoestima. Tomas miles de decisiones cada día, y no todas ellas serán las apropiadas. No te estoy diciendo que te obsesiones por cada decisión que tomas, cada palabra que dices, y cada emoción que sientes. Tan solo digo que el punto de partida para *renovarte* es escoger el nuevo yo. Es aceptar cómo te hizo Dios y después tomar la decisión diaria, y algunas veces cada hora, de caminar en la versión más plena de eso.

Hemos pasado todo este libro explorando cómo hacer todo eso a nivel práctico. Cada mentalidad es una herramienta, una estrategia, para que puedas decidir hacer lo mejor incluso cuando la vida sea confusa o abrumadora.

Es fácil creer en ti mismo cuando atraviesas un periodo ganador, pero ¿cómo escoges el yo renovado incluso cuando sientes que no puedes hacerlo? ¿Cómo lo haces cuando eres más consciente de tu debilidad que de tu potencial? ¿Y cuando eres más consciente de tus errores que de tus dones?

Escogerte a ti mismo debe comenzar y terminar con el hecho de que *tú eres escogido por Dios en Cristo*. Efesios 1:4 dice: «Dios nos escogió en él antes de la creación del mundo, para que vivamos en santidad y sin mancha delante de él».

Dios no solo te conocía antes de crearte. Él te *escogió* antes de crearte.

> Escogerte a ti mismo debe comenzar y terminar con el hecho de que *tú eres escogido por Dios en Cristo*.

Pedro fue escogido por Jesús, aunque después maldijo y negó que conocía a Cristo. Del mismo modo, *tú* fuiste escogido, aunque maldijiste e hiciste otras cosas malas. Eso no te da permiso para continuar con los malos hábitos, sino que te da el poder para vencerlos sabiendo que Dios los conocía y de todos modos te escogió.

Graba esta frase en lo más profundo de tu ser: Dios te escogió.

Dios tiene opciones. Dios puede llamar a cualquiera que Él desee, y puede usar a cualquier persona que Él quiera. Podría haber tenido cualquier instrumento que quisiera, pero te escogió a ti. La Biblia nos llama «instrumentos escogidos». Eso significa que eres un instrumento de Dios escogido a mano incluso si te sientes un poco grueso, o sin forma, o demasiado alto, o con un aspecto un poco raro. Eres un instrumento escogido incluso si tienes una agarradera rota. Eres un instrumento escogido incluso si tienes algunas grietas.

El poeta y cantante Leonard Cohen dijo que hay una grieta en todo; «es así como entra la luz».* Nuestras debilidades y nuestras grietas son por donde entran la gracia y la gloria de Dios. Es ahí donde Dios hace su mejor trabajo. A veces nos obsesionamos con el recipiente (con nuestro cuerpo, nuestras habilidades, nuestro título, nuestra fama), pero Dios ve más allá de esas cosas. No son en absoluto puntos decisivos. Son parte de nuestra belleza.

Ahora bien, yo estoy a favor de cuidar de nuestro aspecto físico. Estoy a favor de mejorar nuestra salud financiera. Estoy a favor de cultivar nuestras habilidades. Sin embargo, para hacer esos cambios de un modo sano y balanceado, tenemos que saber en lo más profundo que Dios nos escogió.

«Sí, pero yo no soy…». Tú eres *escogido*.

«Pero es que hice eso…». Tú eres *escogido*.

«Es que ellos…». Tú eres *escogido*.

Tú has sido seleccionado y aceptado por un Dios cuya soberanía supera cada situación y cada limitación humana. Tu construcción atómica única fue obra de la mano del autor del tiempo, el espacio y las galaxias. El Dios que

---

* Leonard Cohen, "Anthem", *The Future* (album musical). Compositores: Leonard Cohen; Anthem lyrics © Stranger Music Inc. (1992).

formó a la oruga para que se convirtiera en una mariposa te ha creado a
ti para buenas obras. Él te llamó para
un propósito especial. Él te predes-
tinó mediante su amor. Te ha adoptado como su hijo o su hija. Te ha
aceptado en su familia.

Tú has sido
seleccionado y
aceptado por un
Dios cuya soberanía
supera cada situación
y cada limitación
humana.

Esas son buenas noticias, ¿no
crees? Significa que tu altura debía
ser la que es. Significa que debajo de
lo que no te gusta de ti mismo irradia un espíritu que no
está contaminado por la comparación con otros.

«Me gustaría haber nacido en el año 1800. Eso habría sido
estupendo». No naciste en ese año, y no debía ser así. No
es tan romántico como parece. En aquella época ni siquiera
tenían papel higiénico. Tú debías nacer cuando naciste.

«Me gustaría haber vivido en una época más sencilla.
Me gustaría haber caminado en esta tierra con Jesús». No
puedes hacerlo. Estás caminando ahora. La Biblia dice que
Dios estableció los tiempos y los lugares en los que debían
vivir las personas. Él te llamó para este tiempo, te llamó a
tu familia, te llamó a tu forma de ser, te llamó a aprovechar al máximo tu personalidad. Todo eso es parte de su
propósito.

Recuerda, Dios te escogió antes de la creación del
mundo, y eso significa que te escogió antes de que la vida se
arruinara o de que tú te arruinaras. Él te escogió antes de

que quedaras atrapado por esa adicción. Te escogió antes de que cometieras ese error. Te escogió antes de que esa persona abusara de ti. Te escogió antes de que desaprovecharas esa oportunidad.

Dios te escogió; pero tú tienes que escogerte a ti mismo.

Deja de rechazar lo que tú eres o lo que no eres. Deja de compararte con otras personas que ni siquiera conoces. Cree lo que Dios dice sobre ti. Decide actuar como la persona que Él dice que fuiste creada y entra en el llamado para el cual Él te creó.

Ya vimos que fuiste «creado para ser semejante a Dios en verdadera justicia y santidad», como dice Efesios, pero tienes que echar mano de eso momento a momento, en toda situación. No me refiero a que tengas que esforzarte por ello o ganártelo; me refiero a que echas mano de ello como si estuvieras recibiendo un regalo de Dios, o como si agarraras una Diet Coke del refrigerador. O una botella de agua, si estás de buen ánimo.

¿Qué necesitas para echar mano y recibir? Y, para hacer eso, ¿qué necesitas soltar y dejar atrás?

Dios te escogió, de modo que tienes que soltar todos los motivos por los que Él no debería haberlo hecho. Tienes que dejar de recitar todas las excusas que presentas para por qué Él no puede usarte. ¿Recuerdas que Dios le dijo a Moisés que liberara a su pueblo de Egipto, pero Moisés dijo que no podía hablar con la fluidez suficiente? ¿Recuerdas cuando Dios le dijo a Gedeón que salvaría a su pueblo, pero Gedeón dijo que él era el guerrero más débil en todo Israel? ¿Y cuando Dios dijo que Sara tendría un hijo, pero ella se rio a carcajadas en incredulidad? Todos ellos se aferraban con tanta fuerza a sus excusas, que batallaron para recibir la capacitación de Dios.

Tú y yo hacemos lo mismo algunas veces. «No tengo el tiempo. No tengo el dinero. No tengo las habilidades. No tengo la inteligencia. No tengo el trasfondo».

Suelta esas cosas y echa mano de lo que Dios te ha dado. Escoge creer quien Dios dice que eres. «Escojo creer que Jesucristo me ha hecho justo. Escojo creer que el Espíritu Santo vive en mí. Escojo caminar en ello. Escojo fluir en ello. Escojo poner la otra mejilla en esta situación. Escojo dejar atrás esa ofensa. Escojo perdonar. Escojo declarar vida. Escojo avanzar».

Dios te escogió. Ahora, ¿te escogerás a ti mismo? ¿Aceptarás el yo renovado?

Eso no siempre es fácil. Sin duda alguna, no es instantáneo. Yo batallo con eso, y estoy seguro de que tú también. Algunas veces escojo la actitud horrible. Escojo el chisme, que se siente bien al tragarlo, pero después arde en la boca de mi estómago, porque no puedo mirar a la gente a los ojos si he hablado mal de ellos a sus espaldas. Sin embargo, reconozco que ese no es el yo que quiero ser. No quiero ser el yo con mala actitud, el yo que critica, el yo ruin.

Quiero ser un yo más grande. Quiero ser lo bastante grande para mirar a alguien y ver que tiene dolor, que tiene sentimientos, que tiene motivos, que tiene sueños, y que tiene metas. Quiero ver a las personas como personas, no como problemas a resolver o herramientas para usar. Quiero ver los dones en mis hijos en lugar de desviarme por las pequeñas cosas que me hacen tropezar en su conducta diaria. Quiero ver sus intenciones. Quiero ver las semillas de lo que Dios puso en ellos. Quiero verlos como Dios los ve, y quiero verme a mí como Dios me ve.

Eso es lo que quiero ser, pero tengo que escoger serlo. Tengo que escogerme a mí mismo.

Y tú tienes que escogerte a ti mismo. Tienes que fijar en lo profundo de tu alma que Dios te salvó, Dios te ama, Dios está por ti, Dios está contigo, Dios te ha llamado, Dios te está guiando, y Dios te está cambiando.

¿Te escogerás a ti mismo?

¿Escogerás no abandonarte a ti mismo a la adicción? ¿Escogerás acercarte hoy a alguien a quien amas en lugar de aislarte y quedarte solo con tus pensamientos? ¿Escogerás avanzar ese gran sueño que tienes, incluso si es solamente un paso diminuto en la dirección correcta? ¿Escogerás el futuro en lugar del pasado? ¿Escogerás estar presente en lugar de estar distraído? ¿Escogerás el crecimiento incluso cuando suponga trabajar duro?

Lo diré de nuevo. Dios te escogió. *¿Lo harás tú?*

Tal vez estás en un lugar donde quieres darte por vencido contigo mismo en este momento. Quizá quieres renunciar a poder ser libre. Puede que quieras renunciar a la madurez, o renunciar a la disciplina, o renunciar a ser más balanceado, o renunciar a recibir sanidad.

Pero, si Dios no te abandonará, tampoco lo hagas tú.

Si Jesús recorrió todo el camino hasta la cruz por ti y soportó la cruz, menospreciando su vergüenza, y se sentó a la diestra de Dios, tú también puede soportar.

Puede que te tome un poco más tiempo del que esperabas. Tal vez te duela un poco más de lo que esperabas, pero el Dios que te escoge te pide que *tú* mismo te escojas hoy.

Él sabe lo que estás atravesando, pero también sabe de lo que eres capaz. ¿Lo sabes tú? Él sabe lo que te estás perdiendo, pero también sabe que Él te ha dado lo que necesitas para la etapa en la que estás. ¿Puedes verlo?

Lo que me encanta de la mentalidad: «Dios me ha dado todo lo que necesito para la temporada en la que estoy» es que no señala solamente al presente, señala al futuro. Tienes suficiente para este periodo, y tendrás suficiente para el periodo de mañana.

Jesús dijo: «Por lo tanto, no se preocupen por el mañana, el cual tendrá sus propios afanes. Cada día tiene ya sus problemas» (Mateo 6:34). Ese fue un modo oscuro, pero también humorístico de decir que Dios sabe lo que necesitas y cuándo lo necesitas, y se asegurará de que lo tengas.

A pesar de lo que haya al otro lado de la curva en el camino, puedes descansar en el conocimiento de que tendrás suficiente y serás suficiente. Dios ya conoce la temporada en la que entrarás mañana, los retos que enfrentarás de aquí a un año, las puertas que Él va a abrir en diez años. Puede que tú no lo sepas, pero Él sí lo sabe, y su provisión estará ahí cuando llegues allá.

PASO A PASO, DÍA A DÍA

Recientemente conversaba con un amigo mío, y me dijo: «Vaya, ¿no se supone que será más fácil en este punto en nuestra vida? ¿Va a seguir siendo una batalla cada día?».

Yo sabía a qué se refería. Cuando tenía veinte años, suponía que cuando cumpliera los cuarenta lo tendría todo solucionado. Mis mayores batallas estarían a mis espaldas, y el futuro sería más fácil. La actitud correcta sería más automática. Sería obvio qué sería lo correcto que tendría que hacer.

Resulta que yo me equivocaba.

Resulta que siempre hay algún reto inesperado y abrumador al otro lado de la siguiente curva. Resulta que hay una diferencia entre luchar contra algo y rendirte a ello. Resulta que sigue habiendo cosas sobre mí mismo que puedo y debería cambiar. Hay errores que necesito cometer, habilidades que tengo que aprender, «demonios» con los que necesito lidiar, y puertas que tengo que atravesar con valentía y tenacidad.

Resulta que Dios no ha terminado conmigo todavía.

Y tampoco ha terminado contigo todavía.

Esa es una idea extraordinaria. Significa que no estás encerrado en tu presente. Significa que tus mejores tiempos no están a tus espaldas. Sigue habiendo montañas por subir, batallas por ganar y sueños por cumplir.

En el libro de Salmos leemos que los pensamientos de Dios hacia ti superan los granos de arena y que tus días están escritos en su libro. Eso significa que Él tiene una visión mayor para ti que tú mismo. Él confía en ti más que tú mismo. Él cree en ti más que tú. Y no te abandonará como tú haces algunas veces.

Recuerda, sin embargo, a medida que caminas hacia tu yo renovado, que depende mucho de a quién permitas entrar en tu cabeza. Tu estabilidad y tu paz interior dependen de si sintonizas con la voz de Dios por encima de todo el ruido, o si cada rumor, amenaza, e imaginación vana tiene acceso a tus oídos.

El viejo yo habría sido influenciado por esas voces negativas, pero creo que el yo renovado está aprendiendo a enfocarse en la voz de Dios. Estás aprendiendo a escuchar a Aquel que te conoce mejor y que te ve como fuiste creado.

No estoy diciendo que deberías negarte a escuchar otras opiniones o a pedir consejo. Tan solo digo que, si quieres renovarte, no puedes escuchar cada opinión o crítica que se cruza en tu camino. Las voces equivocadas son las que no conocen tu ser renovado y siguen pensando que pueden decirte quién eres y cuánto vales. Son las voces que destacan tus problemas y agrandan tus errores, no para ayudarte a crecer sino para retenerte; para mantenerte encerrado en la versión de ti que siempre han conocido, en lugar de alentarte a crecer hacia convertirte en el ser que fuiste creado.

Algunas veces, esas voces son personas reales; sin embargo, con mayor frecuencia son voces internas. Son recuerdos. Son imaginaciones. Son inseguridades. Son modelos mentales que has adoptado, adaptado y aceptado con el tiempo. Son trucos para niños, lagartos mentirosos, comadrejas muertas.

Las seis mentalidades que hemos explorado en este libro pretenden sustituir a esas voces. En lugar de escuchar las cosas que te retienen, tienes la capacidad y el potencial de cambiar tu diálogo interior y adoptar una mentalidad enfocada en Dios. A pesar cuál sea el reto, la batalla o la oportunidad que enfrentes, puedes hacer eso que haría tu yo renovado, porque ese es tu verdadero yo.

Veamos una vez más las seis mentalidades. Si puedes, declara en voz alta estas seis mentalidades, una cada vez, con toda la convicción y la fe que tengas. Esta es la voz del yo renovado. Este es el modo en que el yo renovado piensa, habla y responde.

1. *No estoy estancado, a menos que me detenga.*
   Paso de acción: Comprométete a progresar.

2. *Cristo está en mí, por lo que soy suficiente.*
   Paso de acción: Acepta tu Yo.

3. *Con Dios, siempre hay un camino y por la fe lo encontraré.*
   Paso de acción: Enfócate en la posibilidad.

4. *Dios no está en mi contra; Él está conmigo, obrando a través de mí y peleando por mí.*
   Paso de acción: Camina con confianza.

5. *Estar alegre es mi tarea.*
   Paso de acción: Aprópiate de tus emociones.

6. *Dios me ha dado todo lo que necesito para la temporada en la que estoy.*
   Paso de acción: Acepta tu presente.

Espero que incluso escribas estas seis mentalidades en notas adhesivas y las pongas en algún lugar donde las verás en los momentos que más las necesites. A veces no parecerán ciertas y otras veces parecerán tan solo ilusiones, pero son las palabras que Dios ha declarado sobre tu vida. Son tan ciertas en el valle como lo son en la cumbre del monte. Son tan ciertas cuando dudas como lo son cuando sientes seguridad.

Escucha al Espíritu Santo susurrándolas a tu corazón ahora mismo.

Dios está contigo.

Dios está por ti.

Dios te escogió.

¿Lo harás tú?

RECONOCIMIENTOS

Justin Jaquith, fuiste el colaborador creativo ideal para dar vida a este libro juntamente conmigo. Posees una combinación poco frecuente de consciencia del cuadro general y una meticulosidad implacable. Te sumergiste hasta lo más profundo. Y lo hiciste del modo correcto, que no fue el modo fácil, hasta que descubrimos y captamos la energía y la esencia de este mensaje. Gracias por ser tenaz y paciente, por fluir con un predicador, y mantenerte completamente involucrado hasta el final.

Shannon Marven, ampliaste mi concepto de lo que puede ser un agente. Aportaste un nivel de apoyo y aliento que proviene solamente de alguien que se interesa profundamente. Gracias por creer realmente en mí y ayudarme a atravesar momentos preciosos y avanzar hacia lo personal.

Jan Miller, gracias por tu visión y compromiso con mi siguiente paso.

Daisy Hutton, Beth Adams, Patsy Jones y el equipo de FaithWords, estoy emocionado por publicar con ustedes. Son unos colaboradores excelentes.

Lindsey Newton, eres una archivera ungida. Gracias

por administrar fielmente la grabación y distribución de mis sermones por tantos años.

Lindsey Pruitt, Chad Zollo, Cherish Rush y Christy Collins, desearía que todo pastor pudiera tener un equipo como ustedes. Gracias.

Chunks Corbett, sé que probablemente no leerás este libro completo, pero espero que llegues hasta aquí porque, de no ser por ti, no existiría. Gracias por no permitirme que olvide nunca esta parte de mi llamado también. Gracias por cada vez que has despejado el camino para mí a fin de que pudiera nacer algo creativo.

Holly Anna, tú insististe en que había más libros en mí, e hiciste algo más que decir eso. Te aseguraste de que encontrara el siguiente y te aseguraste de que no se quedara en mi interior. Eso es lo que siempre haces. Gracias. Eres el regalo más extraordinario que Dios me dio.

ACERCA DEL AUTOR

STEVEN FURTICK es pastor, autor de éxitos de ventas del *New York Times*, y compositor y productor galardonado con un Grammy. Como fundador y pastor principal, ha ayudado a hacer crecer la iglesia Elevation Church (con varias ubicaciones) hasta convertirla en un ministerio global mediante transmisión en línea, televisión y la música del grupo Elevation Worship. Tiene una maestría en divinidades del Seminario Southern Theological, y es autor de *Bloquea al charlatán; Cosas mayores; Sol, detente; (Des)calificado;* y *Milagro de siete millas*. Steven y Holly viven en Charlotte, Carolina del Norte, con sus dos hijos, Elijah y Graham, y su hija, Abbey.